Claudia Nikolenko

Mein AMIGURUMI BAUMHAUS

EMF

EIN BUCH DER
EDITION MICHAEL FISCHER

INHALT

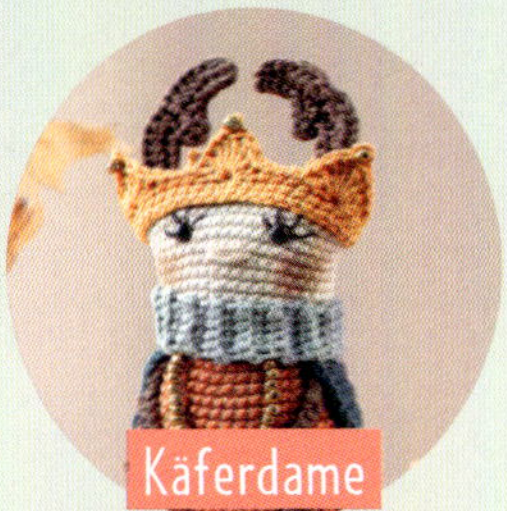

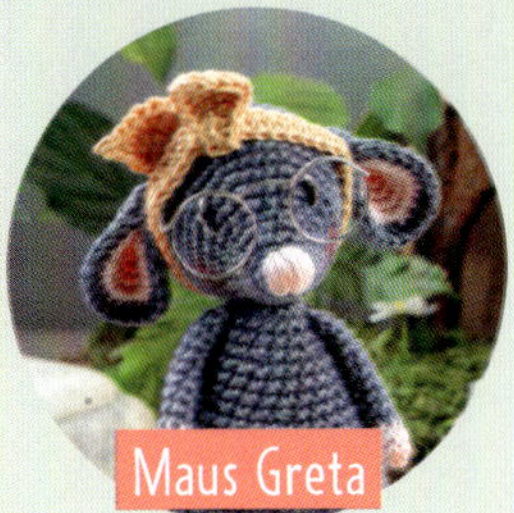

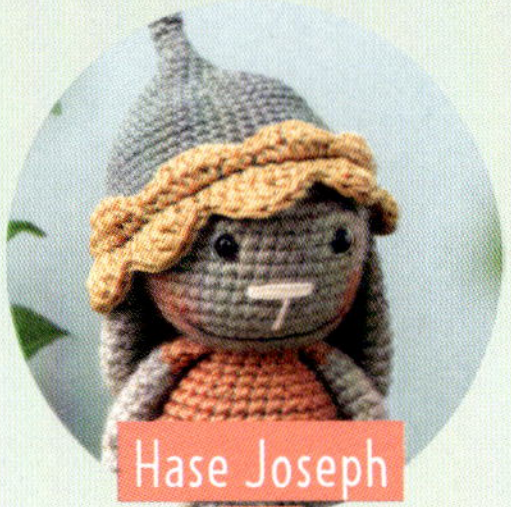

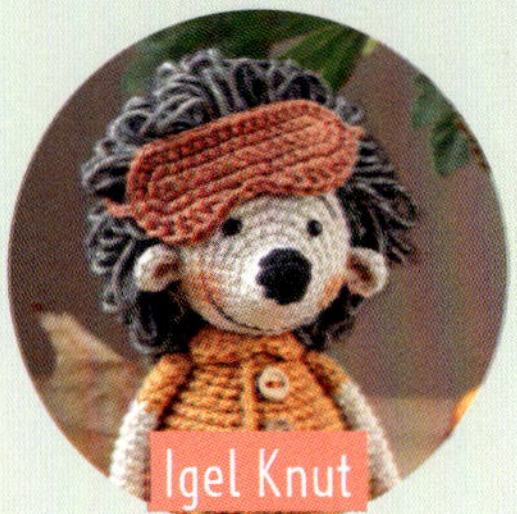

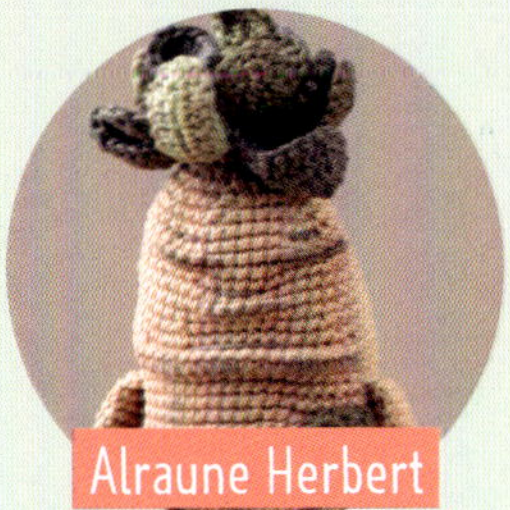

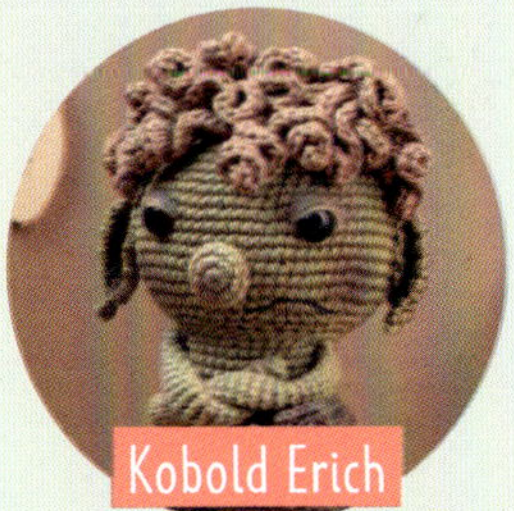

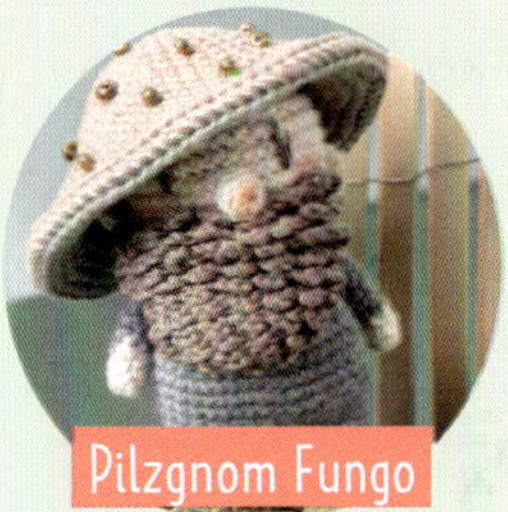

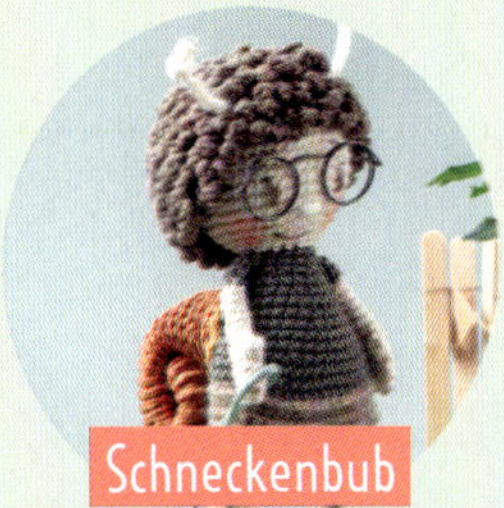

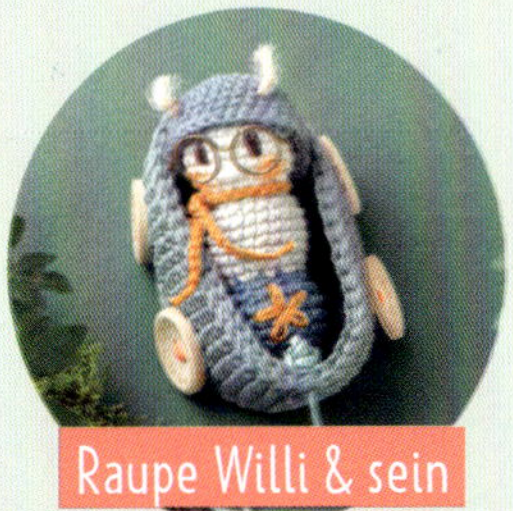

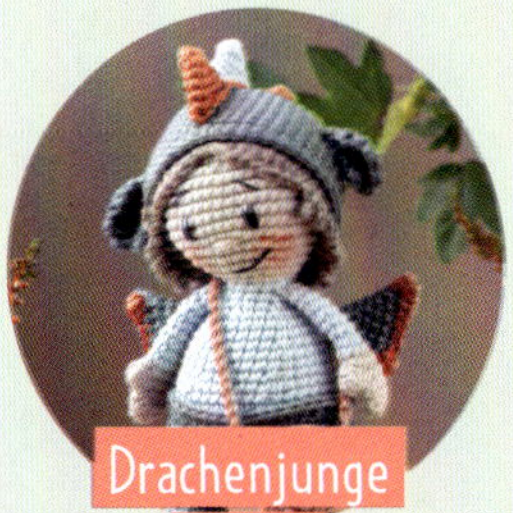

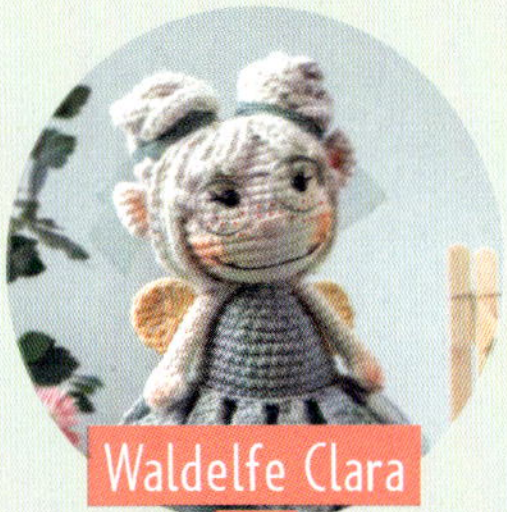

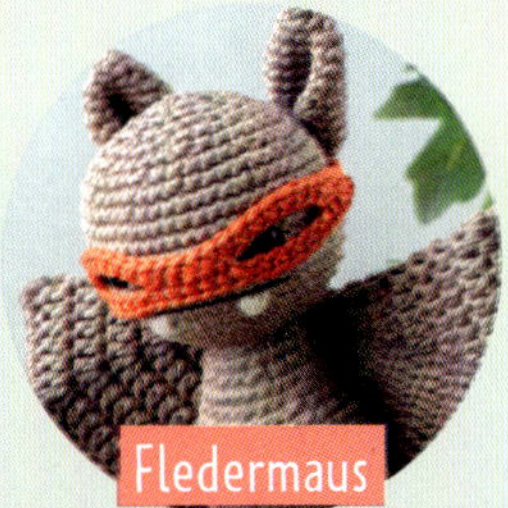

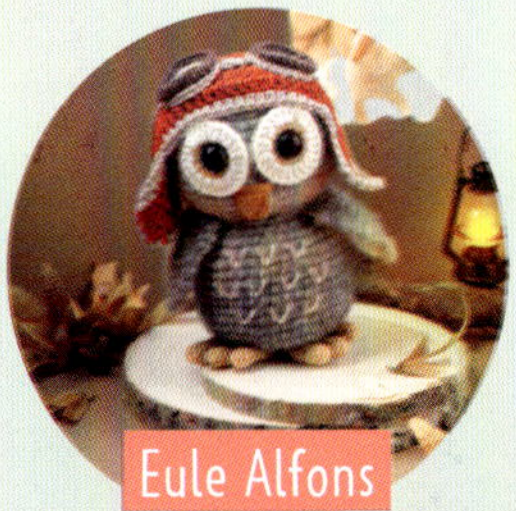

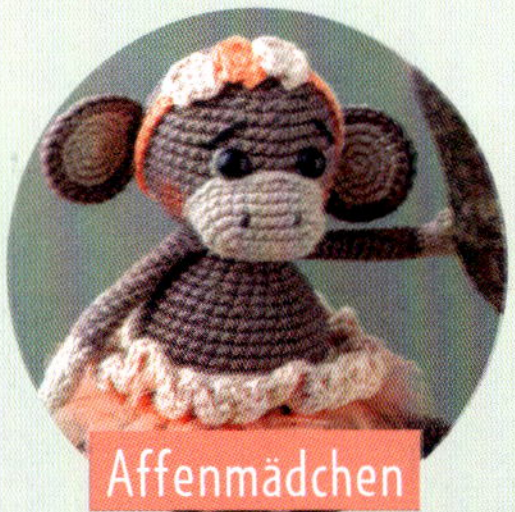

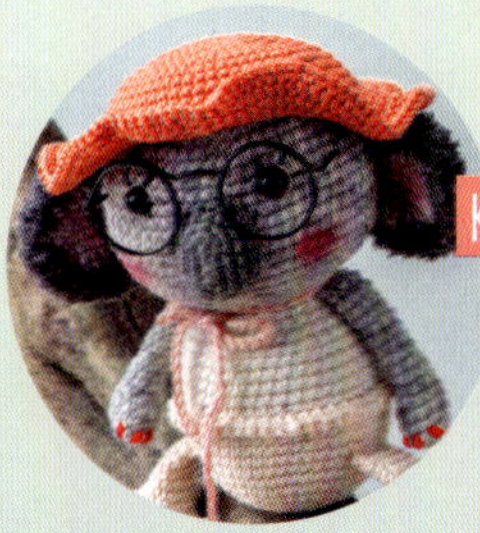

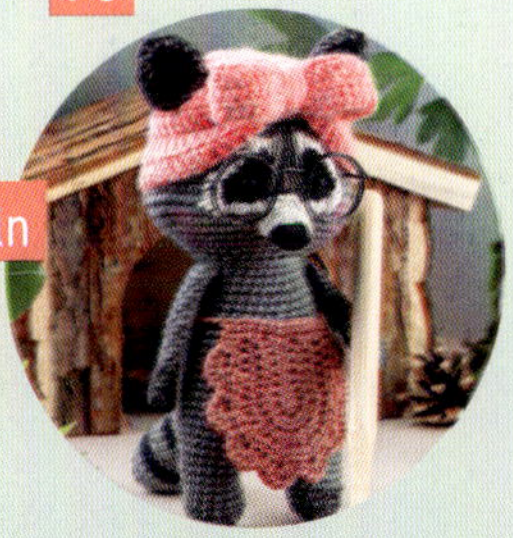

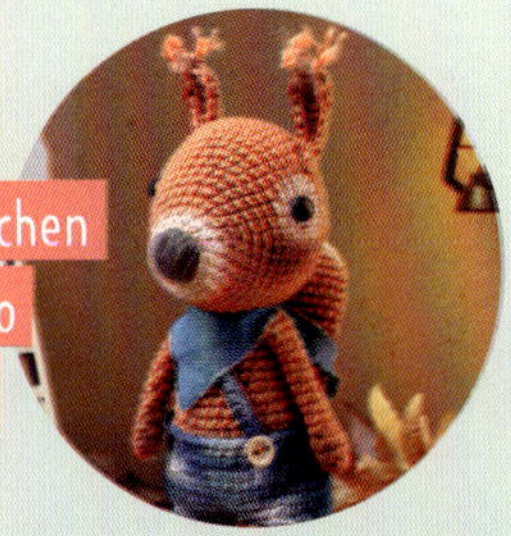

Vorwort

Hallo, liebe*r Häkelfreund*in!

Ich bin Claudia – ein echtes Küstenkind. Geboren 1985 in Rostock, heute verheiratet mit dem tollsten Mann der Welt und zwei Teenager-Kindern, die mir allesamt sehr großen Freiraum lassen für das Ausleben meiner Kreativität. Mecklenburg-Vorpommern ist unsere Heimat, hier leben wir alle unter einem Dach. Das Häkeln ist meine Leidenschaft, mein Alltagsausgleich. Als ich 7 Jahre alt war, hielt ich das erste Mal eine Häkelnadel in der Hand, und habe bei Oma auf der Couch meine ersten Runden gehäkelt. Schon damals war ich fasziniert von den Ergebnissen, die ich mit Nadel und Garn erschaffen konnte. 2018, viele Jahre später, hat mich nach einer kreativen Pause das Amigurumi- und Puppenfieber gepackt. Mit dem Label „**himbeersalz**" präsentiere ich mich bis dato mit meinen Arbeiten auf Instagram. Markenzeichen meiner Projekte: die Brille. Mit diesem Buch gibt es neben meinen Puppenanleitungen nun die ersten Tierprojekte. Eine neue, wunderschöne Erfahrung für mich. Grundsätzlich häkle ich am liebsten mit einfachen Maschen und pimpe mit Tüll, Knöpfen, Perlen und/oder Stickereien bzw. nutze ich einfach verschiedene Garnarten. Das schafft Individualität und setzt deiner Kreativität keine Grenzen. In diesem Sinne: Ich freue mich sehr über dein Interesse an meinem Werk und wünsche dir viel Spaß beim Häkeln!

Deine Claudia

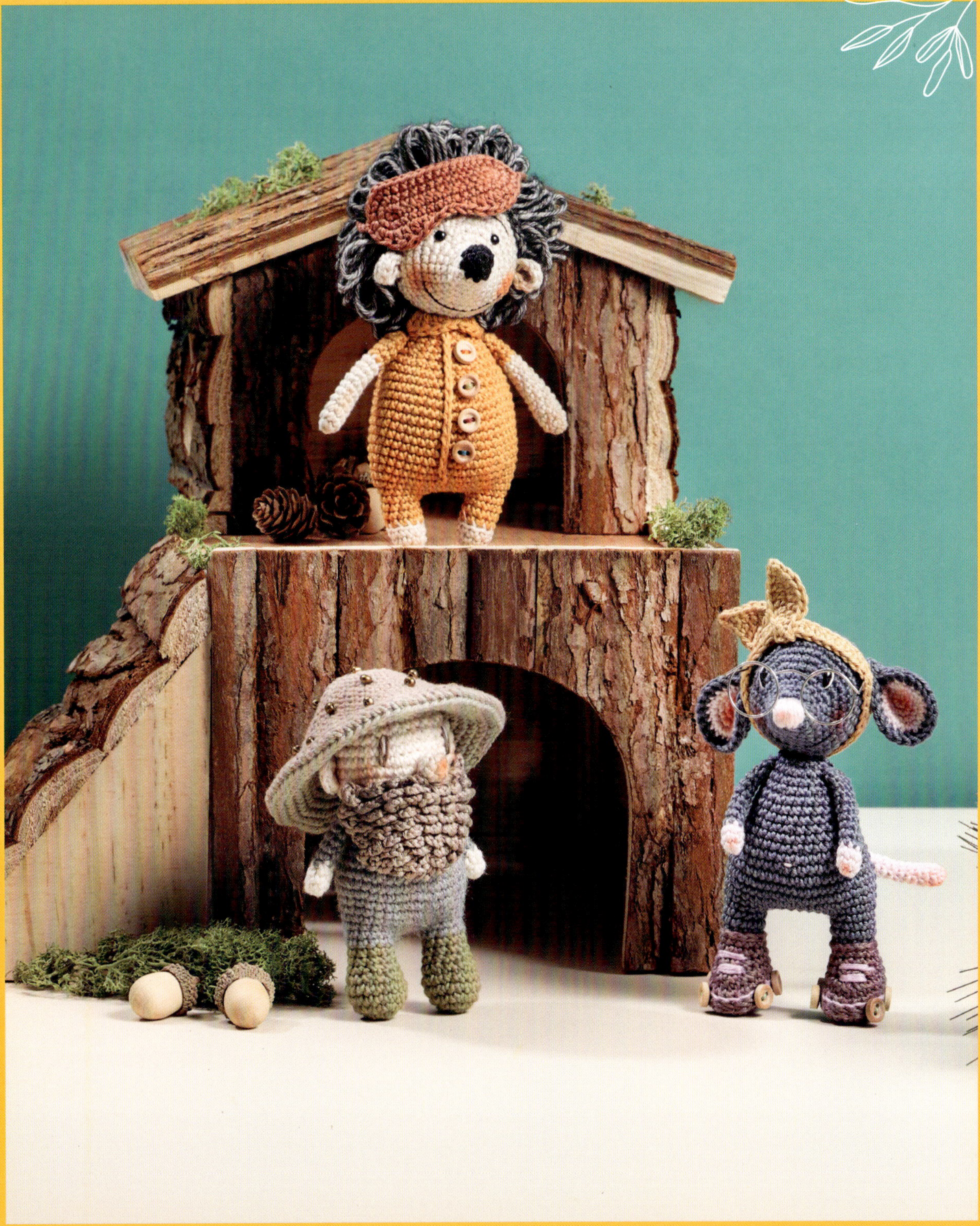

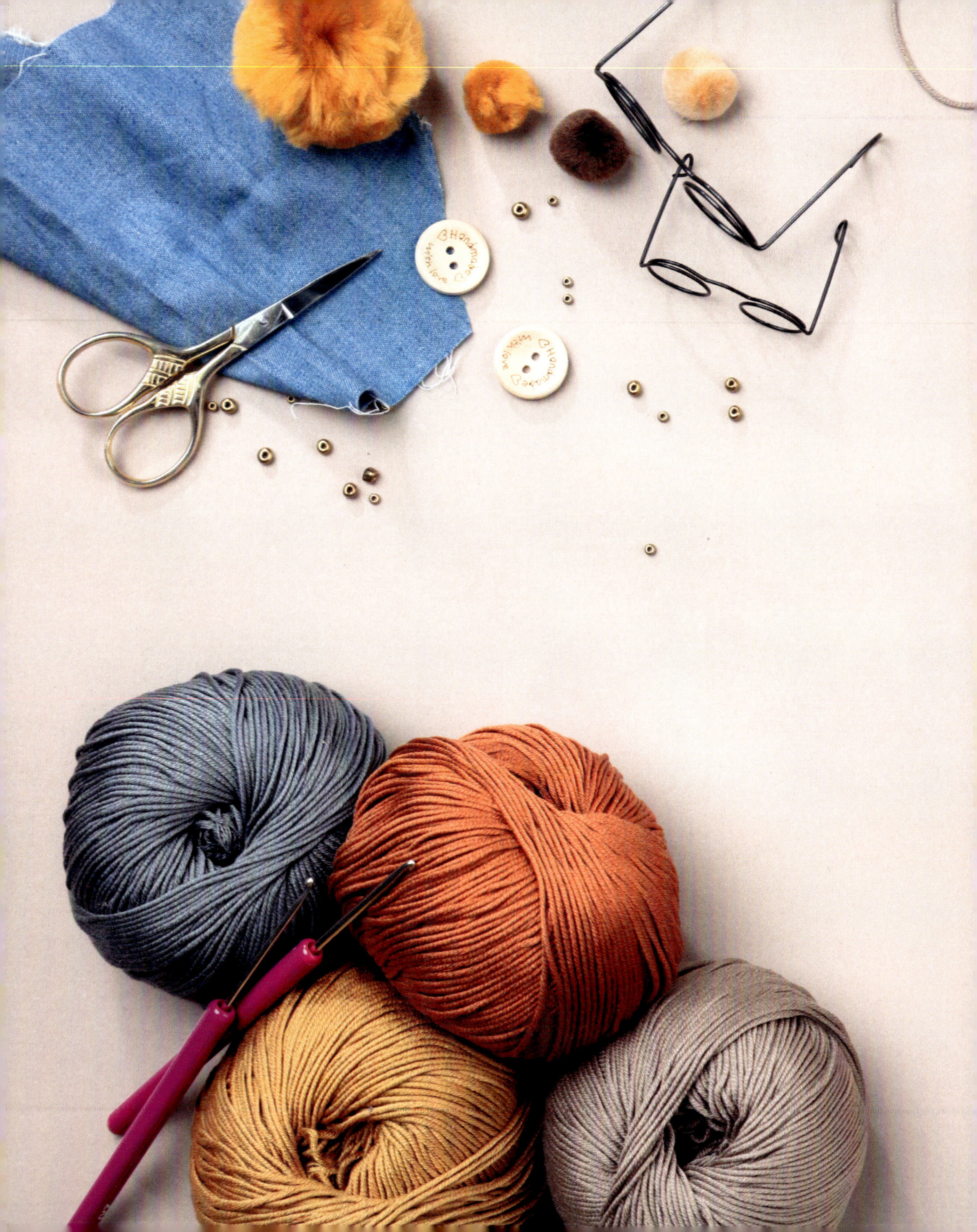
Handmade with love
Handmade with love

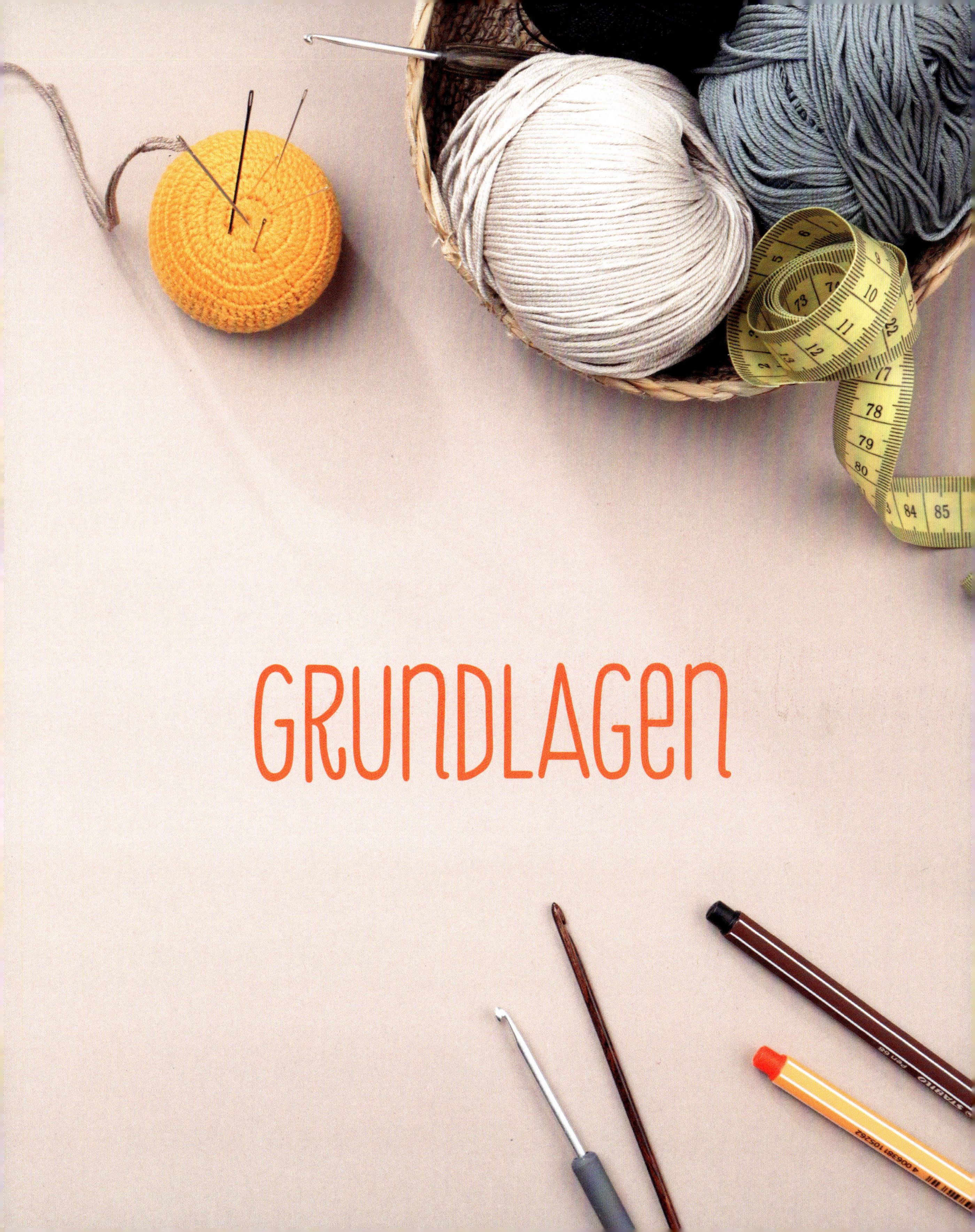

GRUNDLAGEN

Häkelgrundlagen & -Techniken

Welche Materialien du zum Häkeln nutzen möchtest, ist ganz dir überlassen. Du wirst deine eigene Meinung haben, welche Hilfsmittel und Nadeln für dich am geeignetsten sind. Als Faustregel gilt: Je dicker der Faden und je stärker die Nadel, desto größer die Masche. Wenn du eher locker häkelst, solltest du zu einer kleineren Häkelnadel greifen, damit die Arbeit fester wird. Häkelst du eher fester, solltest du dich für eine größere Häkelnadel entscheiden. Im Prinzip entscheidest du selbst, welches Ergebnis du schöner findest und vor allem, welche Technik dich am einfachsten dorthin bringt.

Du solltest außerdem Maschenmarkierer, Schere, Füllmaterial, Stickgarn und Vernähnadel zur Hand haben. Ich benutze für das Füllen an schmalen Stellen eine lange, abgerundete Pinzette. Das erleichtert das Stopfen und sorgt für eine gleichmäßigere Füllung. Beim Füllen solltest du darauf achten, dass die jeweiligen (Körper-)Teile eine gute Form erhalten. Der Kopf z. B. sollte im Ergebnis schön rund, und nicht „langgezogen“ oder „eierig“ sein.

Beachte: Alle Anleitungen in diesem Buch sind mit X-Maschen gehäkelt (siehe Seite 11).

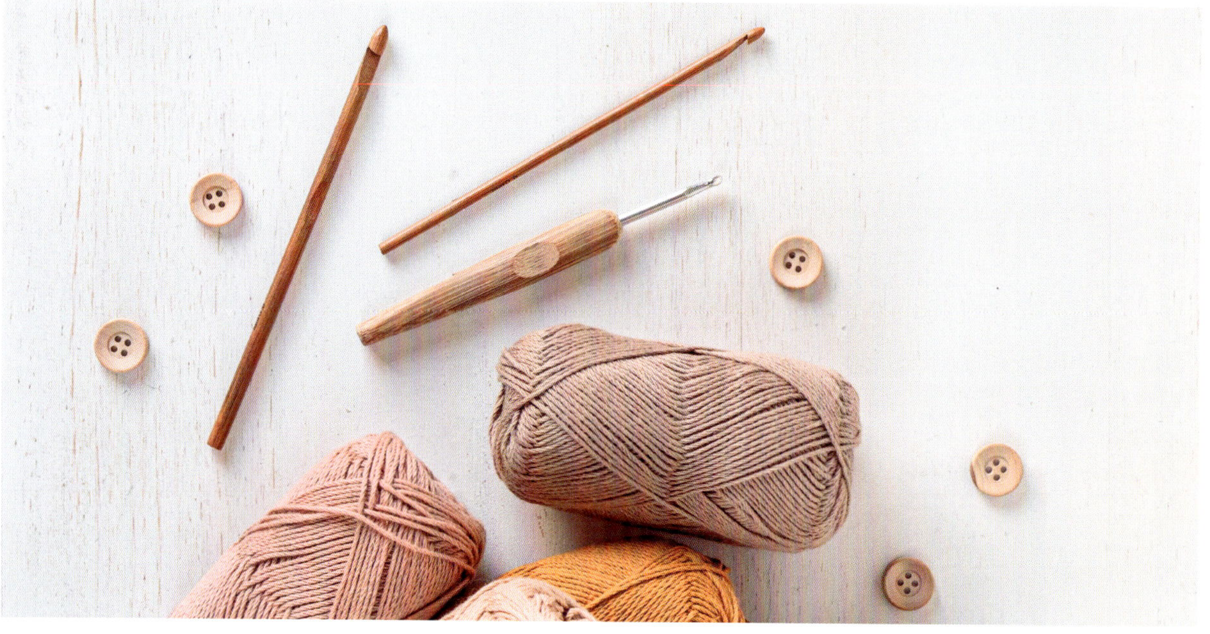

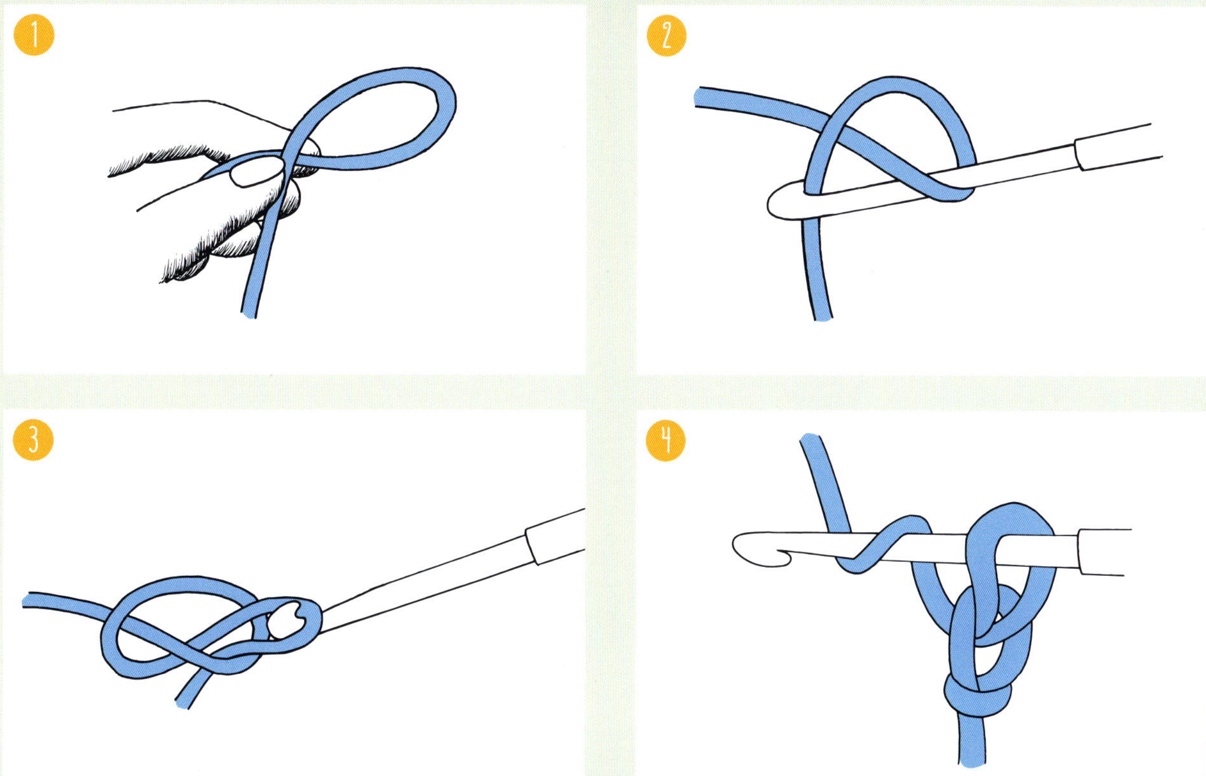

LUFTMASCHEN ANSCHLAGEN

1. Lege den Faden zu einer Schlinge und fixiere ihn mithilfe deines Daumens und Zeigefingers. Der Arbeitsfaden befindet sich unten.

2. Stich nun mit der Nadel durch die Schlaufe und hole den Faden durch die Öffnung.

3. Ziehe die so entstandene Schlaufe leicht fest, indem du an beiden Fäden, dem Fadenende und dem Arbeitsfaden, ziehst. So entsteht die Anfangsschlinge, in die du nun weitere Luftmaschen häkeln kannst.

4. Um weitere Luftmaschen anzuschlagen, die Anfangsschlinge gut festhalten, mit der Nadel durch die Schlinge stechen, den Faden holen und wieder durch die Schlinge ziehen. So oft wie nötig wiederholen.

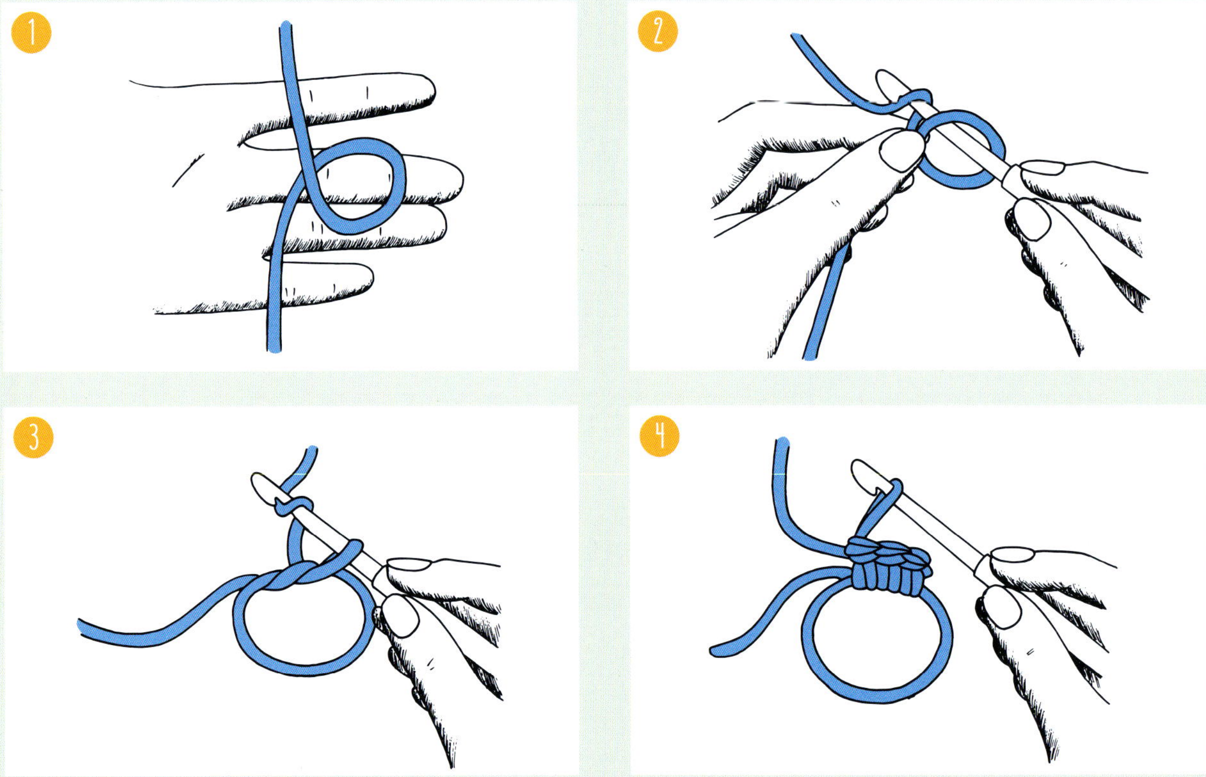

FADENRING

1. Bilde mit dem Garn eine Schlaufe, wobei das Ende des Fadens nach unten zeigt. Lege den Rest des Garnes nach hinten über den Zeigefinger und fixiere das Garn zwischen Ring- und Mittelfinger.

2. Halte die Schlaufe mit dem Daumen und dem Zeigefinger fest, führe die Nadel durch die Schlaufe, hole den Faden und ziehe diesen durch die Schlaufe.

3. Hole den Arbeitsfaden erneut und ziehe ihn durch die Schlinge. So wird der Ring fixiert.

4. Ab jetzt können die Maschen wie gewohnt gehäkelt werden. Stich dabei immer um den Ring herum, nicht in die Schlaufen des Ringes hinein. Sind alle Maschen gehäkelt, kann der Ring durch Ziehen am Fadenende zusammengezogen werden.

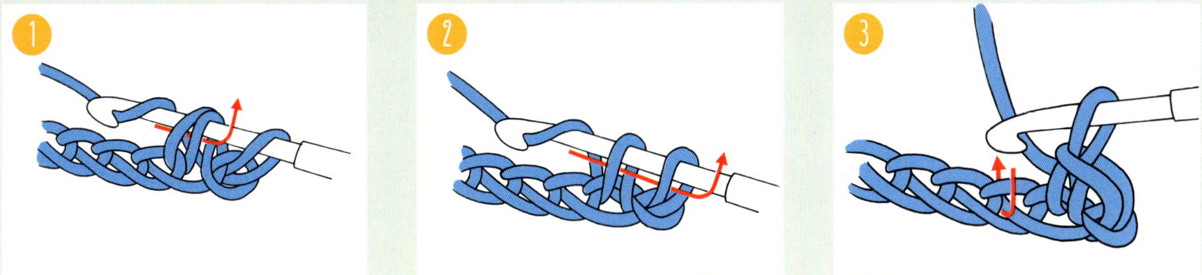

Feste Maschen (V-Maschen)

1. Stich mit der Nadel durch die folgende Masche und hole den Faden. Es befinden sich nun zwei Schlingen auf der Nadel.
2. Hole den Arbeitsfaden erneut und ziehe ihn durch beide Schlingen auf der Nadel. Nun ist die erste feste Masche entstanden.
3. In die nächste Einstichstelle stechen und den Vorgang wiederholen.

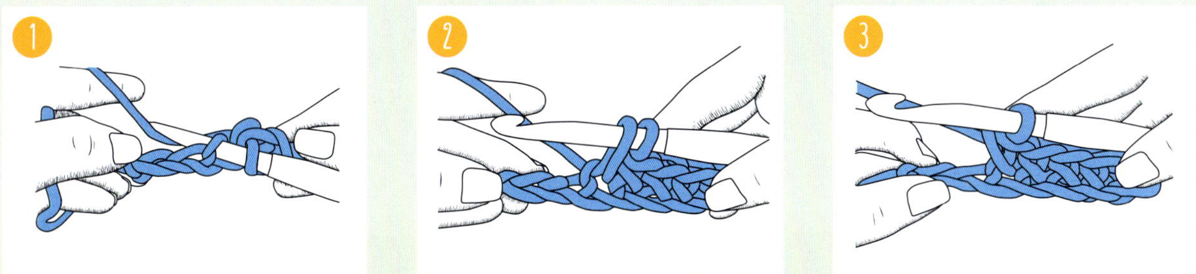

Feste Maschen (X-Maschen)

1. Eine umgedrehte feste Masche. Stich mit der Nadel durch die folgende Masche und hole den Faden von links. Der Faden befindet sich dabei unter der Häkelnadel. Ziehe nun den Faden durch.
2. Es befinden sich nun zwei Schlingen auf der Nadel.
3. Hole den über der Häkelnadel liegenden Arbeitsfaden erneut und ziehe ihn durch beide Schlingen auf der Nadel. Nun ist die erste X-Masche entstanden.

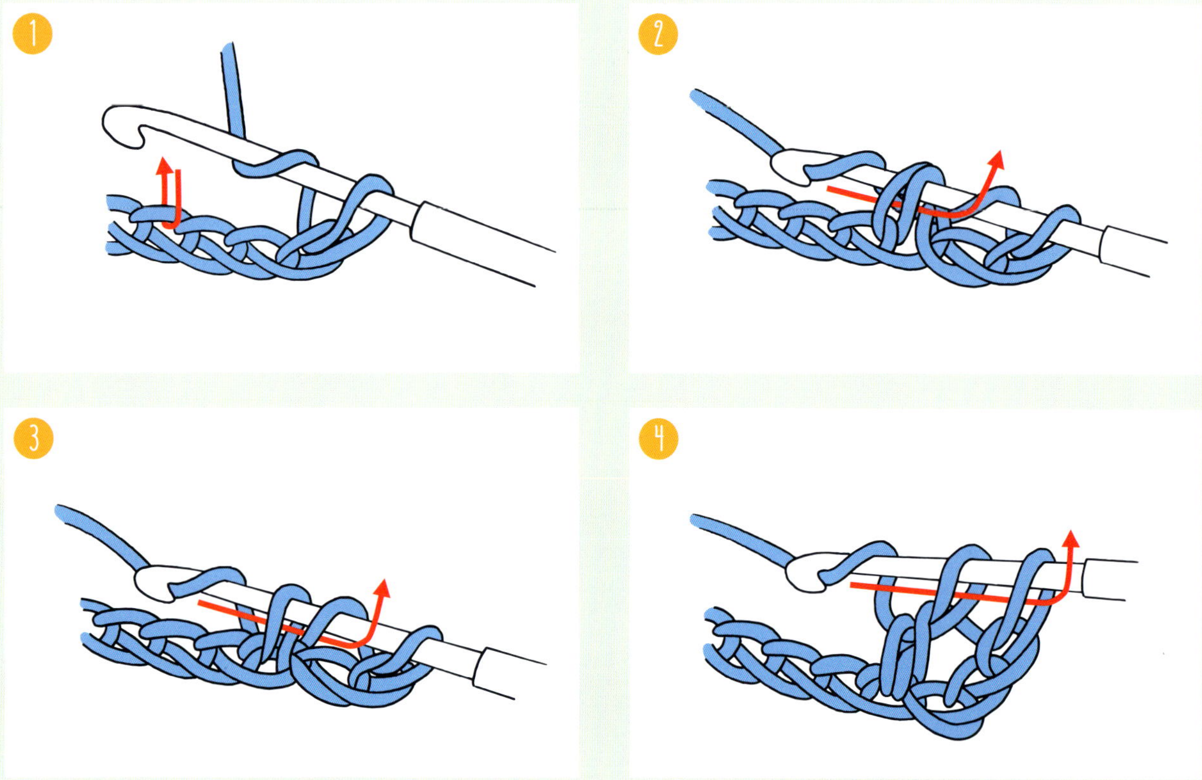

Stäbchen

1. Lege den Faden einmal um die Nadel (Umschlag). Stich dann in die folgende Masche ein...
2. ... und hole den Faden. Es befinden sich nun drei Schlingen auf der Nadel.
3. Hole den Faden erneut und ziehe ihn durch die ersten beiden Schlingen auf der Nadel. Es liegen nun noch zwei Schlingen auf der Nadel.
4. Den Faden wieder holen und durch die letzten beiden Schlingen ziehen. Nun ist das erste Stäbchen entstanden.

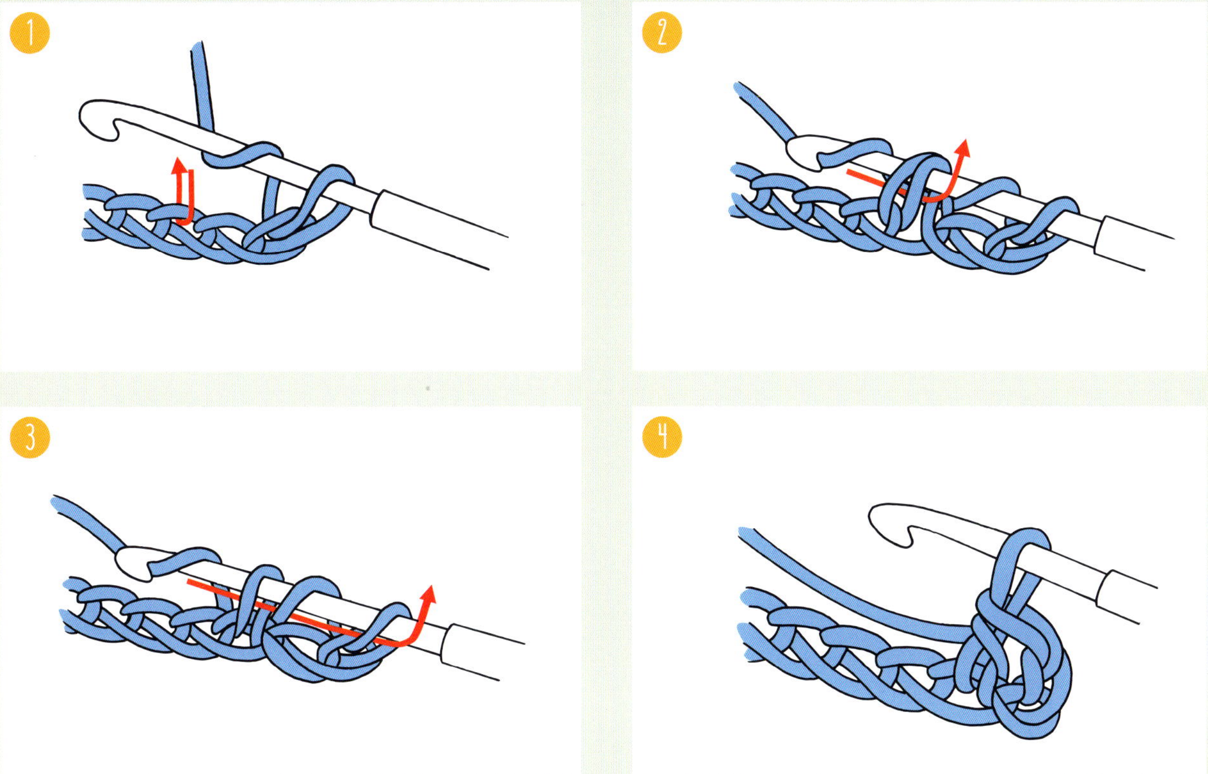

Halbe Stäbchen

1. Lege den Faden einmal um die Nadel (Umschlag). Stich dann in die folgende Masche ein...
2. ... und hole den Faden. Es befinden sich dann drei Schlingen auf der Nadel.
3. Hole den Faden erneut und ziehe ihn durch alle drei auf der Nadel befindlichen Schlingen.
4. So sieht das fertige halbe Stäbchen aus.

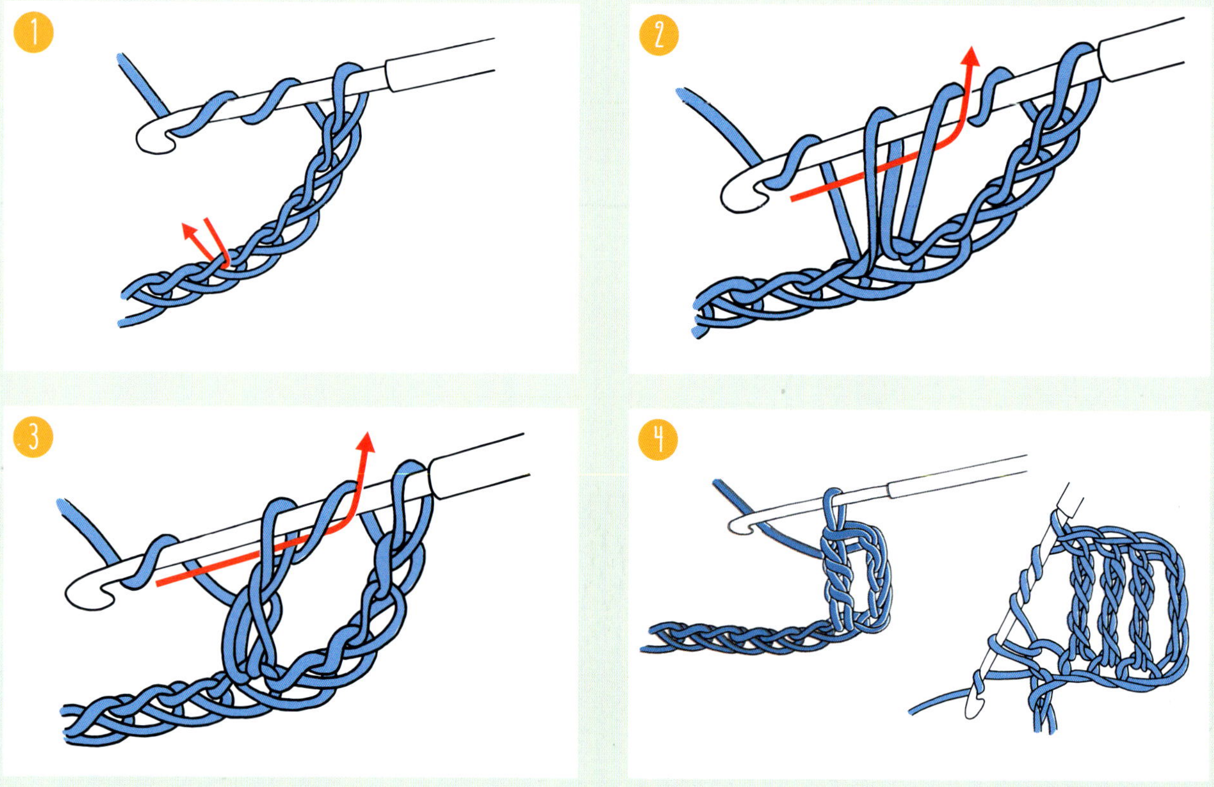

Doppelstäbchen/Dreifachstäbchen

1. Lege den Faden zweimal um die Nadel und stich dann in die folgende Masche ein und hole den Faden. Es liegen nun vier Schlingen auf der Nadel.

2. Hole den Faden erneut und ziehe ihn durch die ersten beiden Schlingen auf der Nadel. Es liegen dann noch drei Schlingen auf der Nadel.

3. Hole erneut den Faden und ziehe ihn durch die ersten beiden Schlingen auf der Nadel. Es liegen dann nur noch zwei Schlingen auf der Nadel. Hole den Faden erneut und ziehe ihn nun noch durch die letzten beiden Schlingen. Fertig ist das Doppelstäbchen.

4. Für das Dreifachstäbchen legst du am Anfang den Faden dreimal statt zweimal um die Nadel und wiederholst die Schritte für das Doppelstäbchen.

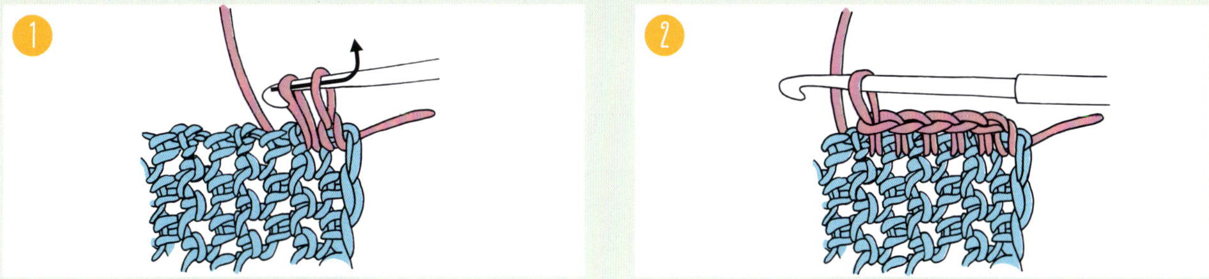

Kettmaschen

Kettmaschen werden nicht nur verwendet, um Kanten zu verzieren, mit ihnen schließt man auch Runden.

1. Um eine Kante zu verzieren, schlinge den Faden an einer Kante des Häkelstücks an. Stich unterhalb der Wendeluftmasche in die folgende Reihe ein, hole den Faden zur Schlinge und ziehe ihn durch die Schlaufe.

2. So sieht eine mit Kettmaschen verzierte Abschlusskante aus.

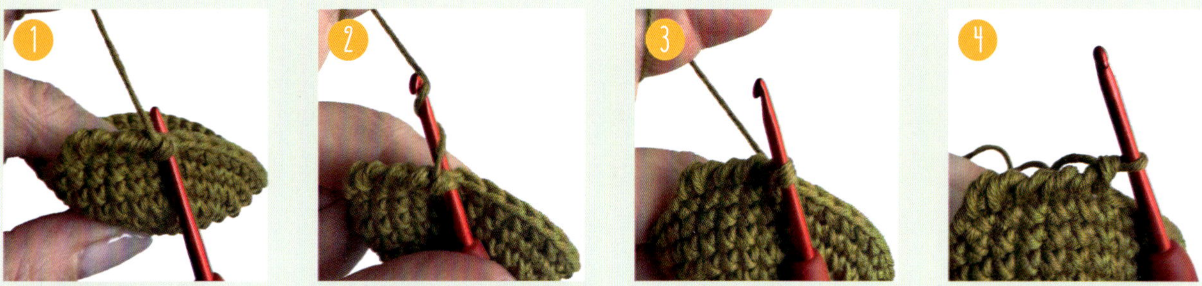

Krebsmaschen

Krebsmaschen sind feste Maschen, die von links nach rechts gehäkelt werden.

1. Von rechts nach links in die Masche einstechen.

2. Den Faden umschlagen, von unten hervorholen und die so entstandene Schlinge auf die Nadel nehmen.

3. Es befinden sich nun zwei Schlingen auf der Nadel, dabei liegt die aufgenommene Schlinge links neben der Arbeitsschlinge.

4. Jetzt den Arbeitsfaden locker durch beide Schlingen ziehen und die Krebsmasche vervollständigen.

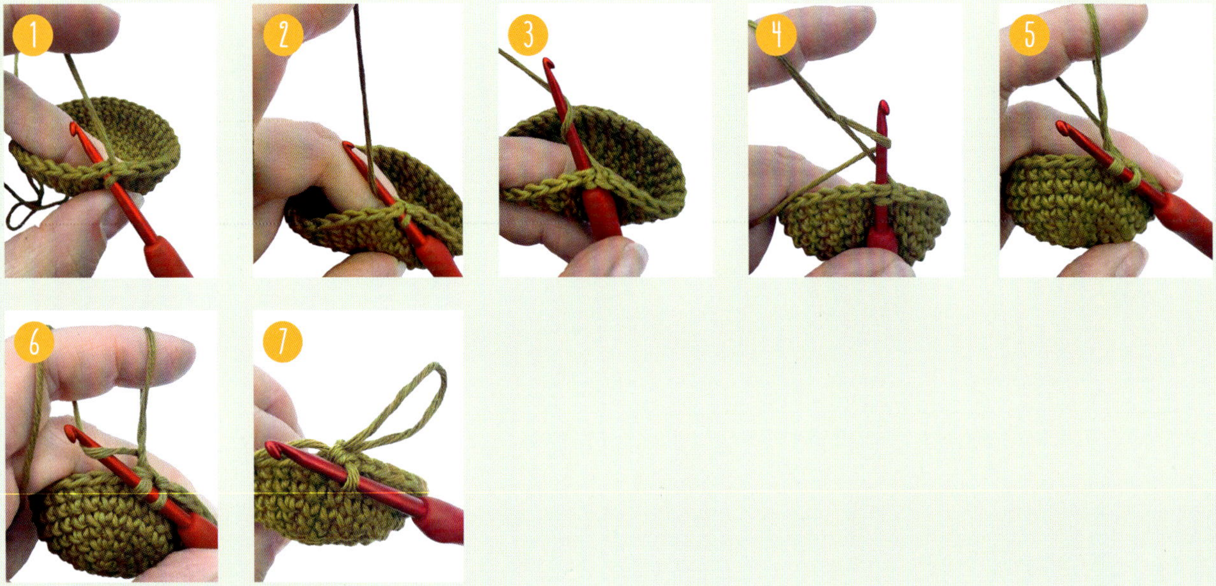

Schlingenmaschen

Die Schlingenmasche ist eine einfach zu häkelnde Masche bzw. ein Zusatz, der bei festen Maschen, Stäbchen und vielen anderen Maschen mitgehäkelt werden kann. Du kannst die Schlaufe beliebig groß erstellen. In diesem Buch wird die Schlaufenmasche lediglich in Kombination mit der festen Masche in Spiralrunden gehäkelt.

1. & 2. Stich die Häkelnadel in die nächste Masche ein und führe diese von rechts nach links, erst über und dann unter den rechten Faden.

3., 4. & 5. Nimm nun den linken Faden, der über deinen Zeigefinger läuft, auf. Dieser Faden bestimmt, wie groß die Schlaufe wird. Je länger der Faden ist, der über deinem Zeigefinger verläuft, desto größer ist die Schlaufe später. Ziehe diesen Faden hinter dem rechten Faden nach vorne und durch die durchgestochene Masche. Es liegen zwei Schlaufen auf der Nadel.

6. & 7. Nimm den linken, zum Knäuel verlaufenden Faden auf und ziehe ihn durch beide Schlaufen auf der Häkelnadel. Nun ist auf der Rückseite deines Häkelstücks die Schlaufe entstanden, die du jetzt loslassen kannst.

Noppen

1. Häkle ein Stäbchen bis vor das Abmaschen: Ein Umschlag, in die nächste Masche der Vorreihe/Vorrunde einstechen, den Faden holen, den Faden erneut holen und durch die ersten beiden Schlingen auf der Nadel ziehen. Nun liegen zwei Schlingen auf der Nadel.
2. In dieselbe Masche der Vorreihe/Vorrunde noch so viele weitere Stäbchen bis vors Abmaschen häkeln, wie in der Anleitung angegeben.
3. Dann holst du den Faden erneut und ziehst ihn durch alle Schlingen auf der Nadel (alle Stäbchen gemeinsam abmaschen).

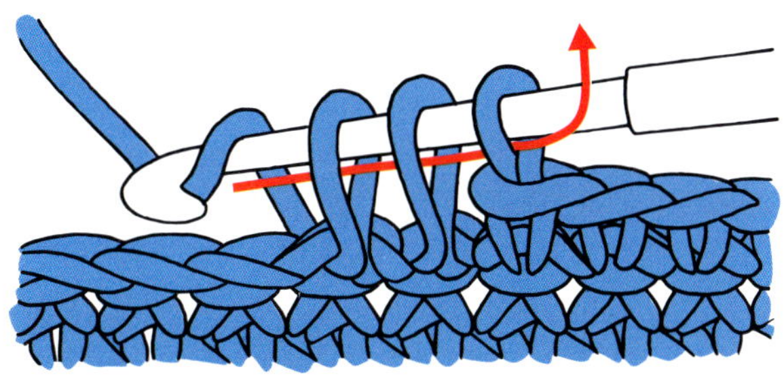

Feste Maschen abnehmen

Um Maschen abzunehmen, werden diese zusammen abgemascht. Bei festen Maschen wie folgt vorgehen: Die Nadel wie beim Häkeln einer festen Masche durch die folgende Masche ziehen und den Faden holen, diese feste Masche jedoch nicht beenden. Nun in die folgende Masche einstechen und erneut den Faden holen. Es liegen drei Schlingen auf der Nadel. Den Faden erneut holen und durch alle drei Schlingen ziehen. Die Maschenzahl hat sich somit um eine feste Masche verringert.

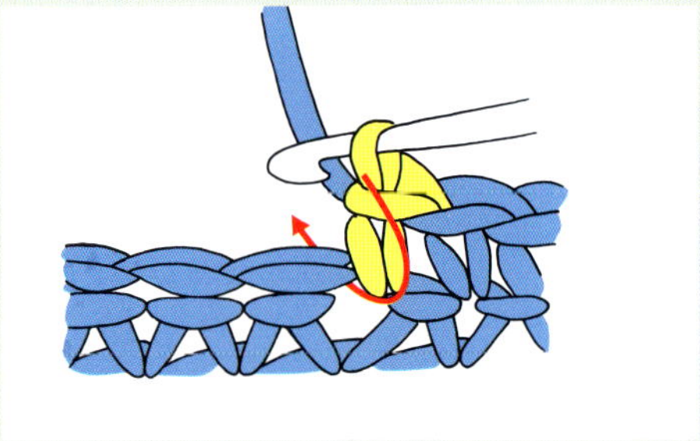

Maschen zunehmen

Um Maschen jeglicher Art zu verdoppeln, wird einfach in eine Einstichstelle zweimal eingestochen. Die Masche dann wie gewohnt häkeln.

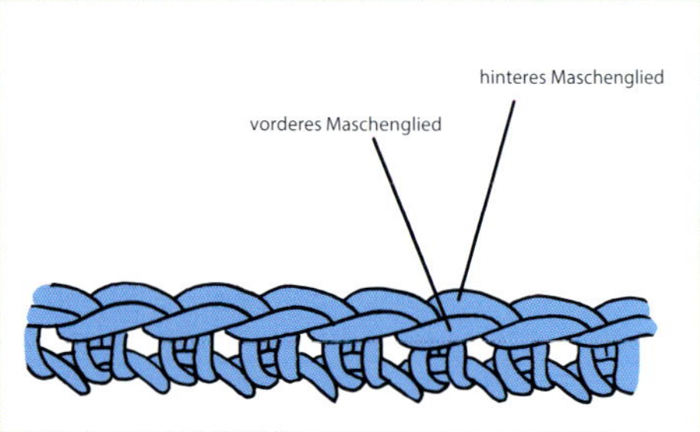

Maschenglieder

Bei manchen Anleitungen wird angegeben, dass man nur in ein Maschenglied häkeln soll. Diese Illustration verdeutlicht, wo sich das vordere bzw. das hintere Maschenglied befinden.

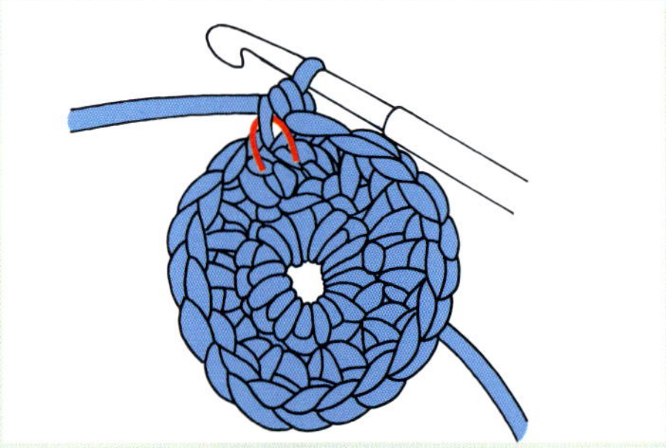

Spiralrunden

Wird in Spiralrunden gehäkelt, so wird am Ende der Runde keine Kettmasche und am Anfang der Runde keine Luftmasche gehäkelt. Die Runde läuft also einfach schneckenförmig weiter. Du kannst dir den Anfang der Runde mit einem Faden, einem Maschenmarkierer oder einer Sicherheitsnadel markieren. Das erleichtert das Zählen der Maschen.

In Reihen häkeln

Beim Häkeln in Reihen wird das Häkelstück am Ende jeder Reihe gewendet. Vor dem Wenden häkelst du noch eine entsprechende Anzahl an (Steige-)Luftmaschen (siehe jeweilige Anleitung), um auf die entsprechende Höhe zu kommen.

RUNDE UNSICHTBAR SCHLIESSEN

Ist die letzte Runde gehäkelt, schneidest du den Faden lang ab und ziehst ihn durch die letzte Schlinge. Mit einer Vernähnadel webst du den Faden nun in die vorderen Maschenglieder der letzten Runde und ziehst ihn abschließend fest an. Die Öffnung schließt sich dadurch. Das Fadenende vernähst du.

LUFTMASCHENKETTE UMHÄKELN

1. Häkle die gewünschte Menge an Luftmaschen, die deine Luftmaschenkette haben soll.
2. Du startest in der zweiten Masche von der Nadel aus (oder in der Masche, die in der Anleitung angegeben wird) und häkelst in jedes hintere Maschenglied der Kette auf dieser Seite eine feste Masche.
3. Am Ende der Luftmaschenkette drehst du die Arbeit um 180° und fährst auf der anderen Seite der Luftmaschenkette, ebenfalls mit festen Maschen, fort.
4. Wenn jede Masche der Luftmaschenkette behäkelt ist, beendest du die Runde mit einer Kettmasche und häkelst in Runden weiter.

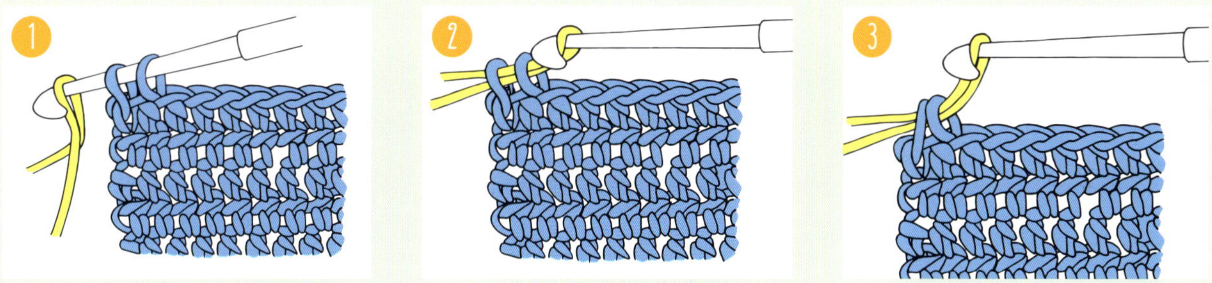

FARBWECHSEL IN REIHEN

1. Häkle deine Reihe bis zum Ende, masche die letzte Masche jedoch nicht mit der alten sondern mit der neuen Farbe ab. Schlinge dazu die neue Farbe an ...
2. ... und ziehe den Faden durch die letzten beiden Schlingen der letzten Masche.
3. Mit dieser neuen Farbe kann nun die erste Steigeluftmasche für die nächste Reihe gehäkelt werden.

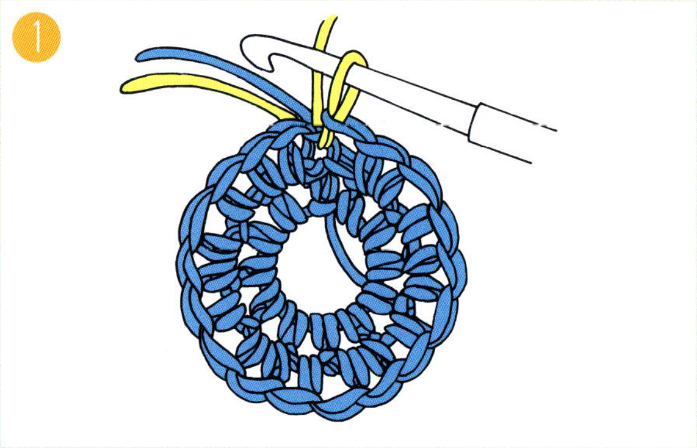

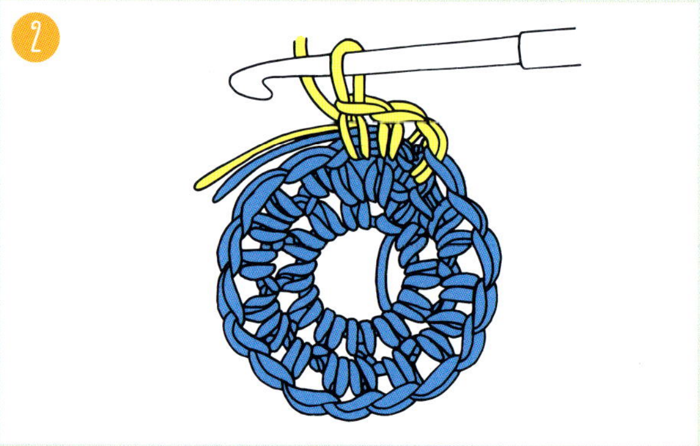

Farbwechsel in Runden

1. Um eine Runde zu schließen, stich in die erste Masche der Runde ein, hole den Faden und ziehe ihn durch beide Schlingen (Kettmasche).

2. Die Runde ist nun sauber geschlossen. Soll nun mit einer neuen Farbe weitergehäkelt werden, nimm den neuen Faden auf und bilde – je nach Art der Masche – eine (feste Masche), zwei (halbes Stäbchen), drei (Stäbchen), vier (Doppelstäbchen) oder fünf Luftmaschen (Dreifachstäbchen). Die erste Masche stichst du in die gleiche Einstichstelle wie die Luftmasche(n) und die Kettmasche. Du hast die Runde nun ohne Versatz weitergehäkelt.

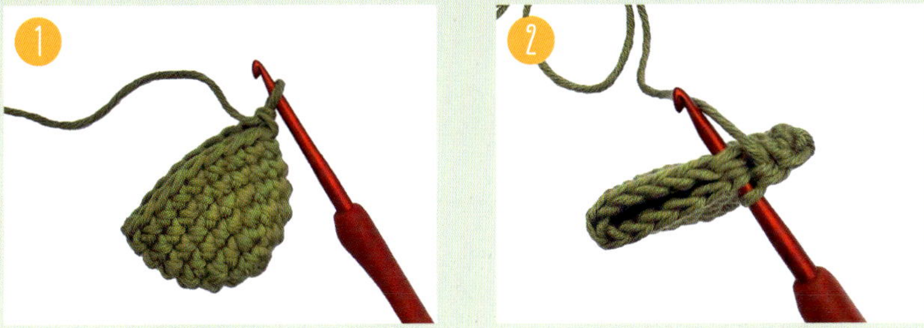

ÖFFNUNG ZUSAMMENHÄKELN

1. Drücke dein gehäkeltes Teil flach zusammen ...

2. ... und stich die Häkelnadel durch die beiden sich gegenüberliegenden Maschen. Häkle durch beide Seiten eine feste Masche.

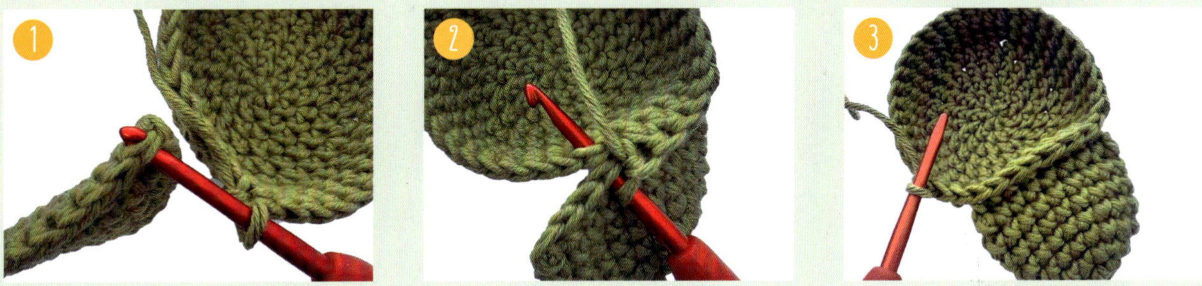

KÖRPERTEILE (ARM, BEIN, SCHWANZ) EINHÄKELN

1. Nach dem Häkeln der letzten Masche am Körper bleibt die Schlaufe auf deiner Nadel. Du führst die Nadel durch die erste feste Masche der geschlossenen Öffnung von Arm, Bein oder Schwanz ...

2. & 3. ... und anschließend durch die nächste Masche an deinem Häkelstück (Körper).

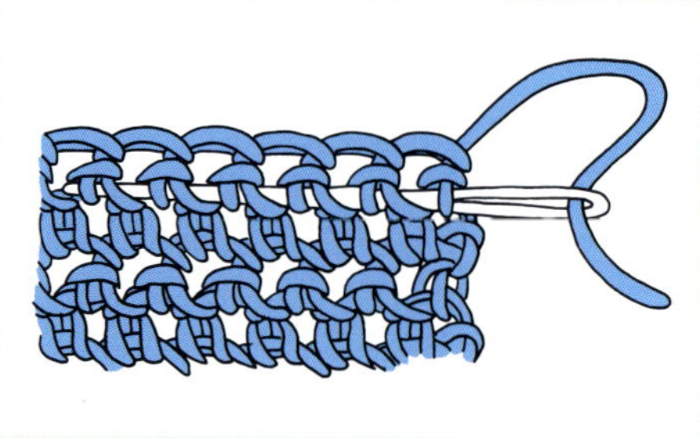

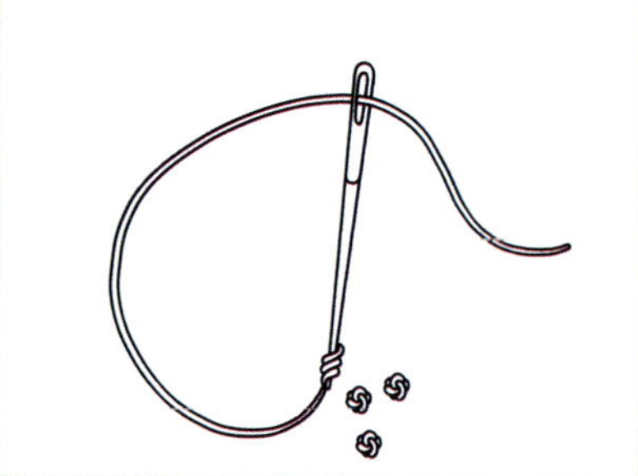

Fäden vernähen

Um Fäden unsichtbar zu vernähen, fädle den Endfaden in eine Stopfnadel und ziehe die Nadel durch die Maschen auf der Rückseite deiner Arbeit. Schneide den Faden im Anschluss ab.

Knötchenstich

Den Faden mehrmals um die Nadel wickeln. Dann in die Einstichstelle einstechen und den Faden fixieren.

Picots

Picots werden zum Schluss gehäkelt, um ein fertiges Häkelstück zu verzieren. Häkle eine Kettmasche, drei Luftmaschen, dann eine Kettmasche zurück in die erste Luftmasche. Fixiere anschließend das Picot mit einer Kettmasche.

Benutzung von Rouge & anderen Hilfsmitteln

Ich benutze für die Gestaltung des Gesichts gerne gut pigmentiertes Rouge, weil ich den Ausdruck etwas kräftiger mag. Damit kannst du auch Innenohren, Nasen, Fußspitzen und Arme akzentuieren. Alternativ eignet sich auch Pastellkreide hervorragend. Sommersprossen mag ich besonders gern. Hierfür benutze ich Fineliner in Rot, Braun, Gelb oder Orange.

Abkürzungen

abn/Abn = abnehmen/Abnahme(n)

anschl = anschlagen

DreifachStb = Dreifachstäbchen

DStb = Doppelstäbchen

Fb = Farbe

fM = feste Masche(n)

hStb = halbe(s) Stäbchen

ihM = ins hintere Maschenglied

ivM = ins vordere Maschenglied

Km = Kettmasche(n)

LL = Lauflänge

Lm = Luftmasche(n)

M = Masche(n)

N = Noppe(n)

Nd = Nadel

R = Reihe(n)

Rd = Runde(n)

Stb = Stäbchen

wdh = wiederholen

zun/Zun = zunehmen/Zunahme(n)

+ = die angegebenen M werden in eine M gehäkelt

Schwierigkeitsgrade

Die angegebenen Schwierigkeitsgrade sind subjektiv. Ich habe sie gemeinsam mit meinem Testteam eingeschätzt und wie folgt festgelegt:

EINFACH

Diese Anleitungen sind für Anfänger*innen super geeignet. Du musst nur die grundlegenden Begriffe und Techniken kennen.

MITTEL

Diese Anleitungen sind für Geübte geeignet. Du solltest schon mit der Häkelsprache vertraut sein und eine gewisse Routine entwickelt haben.

SCHWER

Hierfür solltest du schon etwas erfahrener sein. Diese Anleitungen erfordern erweiterte Grundkenntnisse. Bestenfalls hast du einen Überblick über alle Techniken und kennst dich in der Häkelsprache bestens aus.

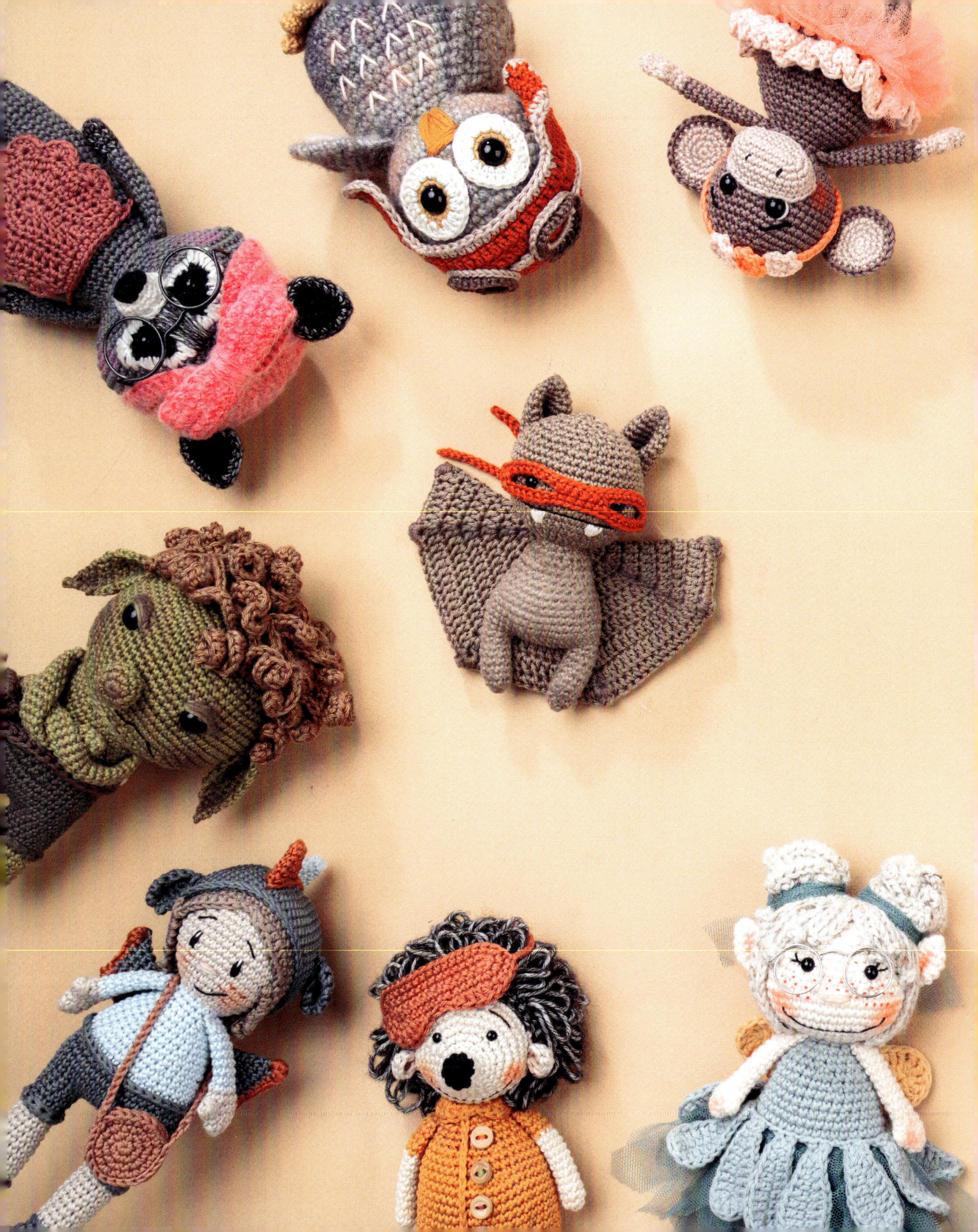

PROJEKTE

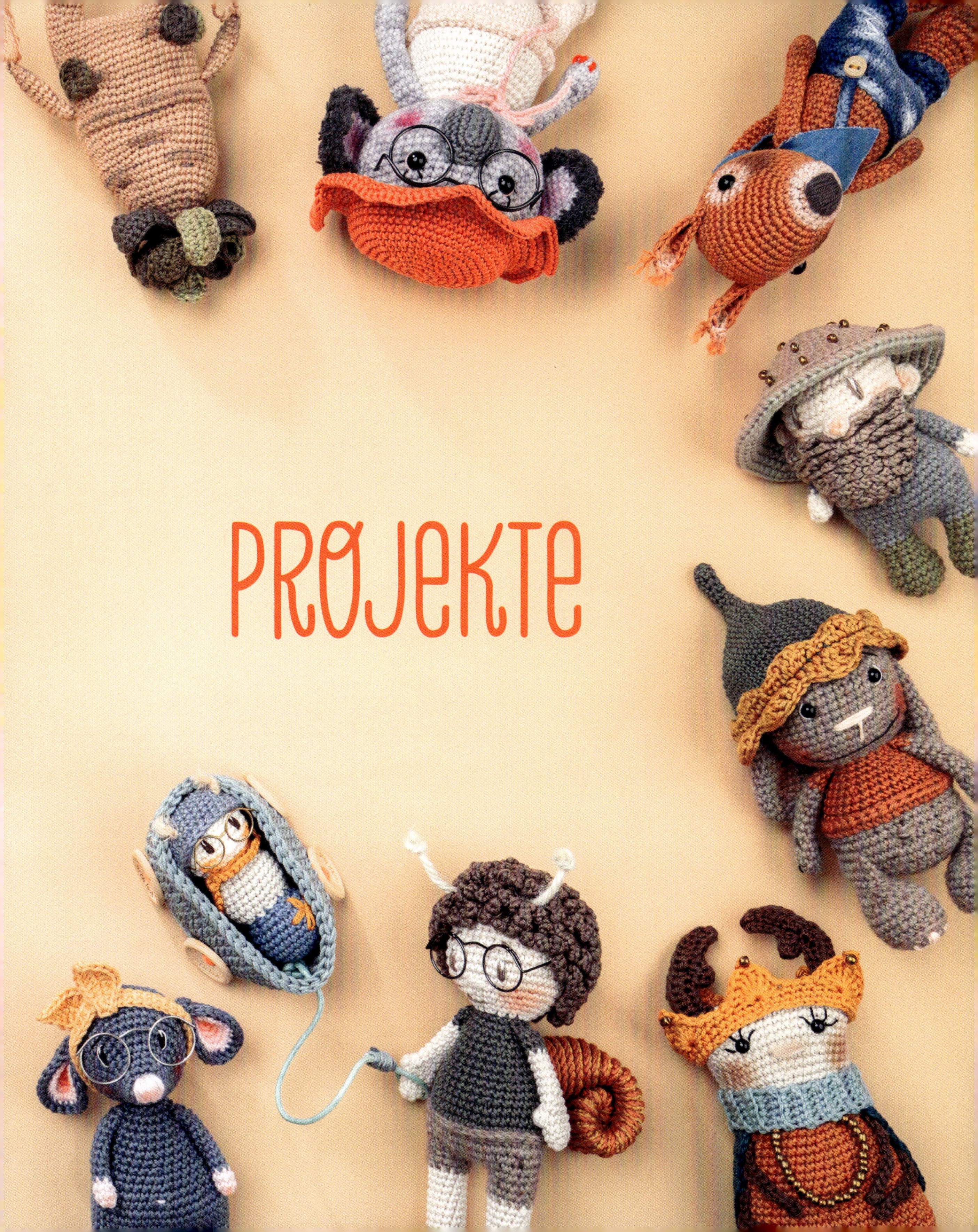

KÄFERDAME Fräulein Margarete

Fräulein Margarete legt nicht immer ein freundliches Lächeln an den Tag. Als Oberhaupt des Baumhauses hat sie ihre Augen überall und so manch andere*r Bewohner*in hat daher nicht gut lachen. Aber sie ist eine gute Zuhörerin und steht allen mit Rat und Tat zur Seite.

GRÖSSE

Bei Verwendung der angegebenen Materialien wird Fräulein Margarete ca. 17 cm groß.

MATERIAL

SCHEEPJES CATONA
(100 % Baumwolle LL 125 m/50 g) in
Champagne (Fb 248), 7 g
Spruce (FB 244), 5 g
Silver Blue (Fb 528), Rest
Black Coffee (Fb 162), Rest
Ginger Gold (Fb 383), Rest

SCHACHENMAYR CATANIA
(100 % Baumwolle, LL 125 m/50 g) in
Fuchs (Fb 426), 14 g

2 Sicherheitsaugen Ø 6 mm
35 Rocaillesperlen Ø 4 mm in Gold
Transparentes Nähgarn
Stickgarn in Schwarz
Häkelnadel 2,0 mm
Füllwatte
Stecknadeln
Wollnadel
Maschenmarkierer
Schere
Goldenes Rouge

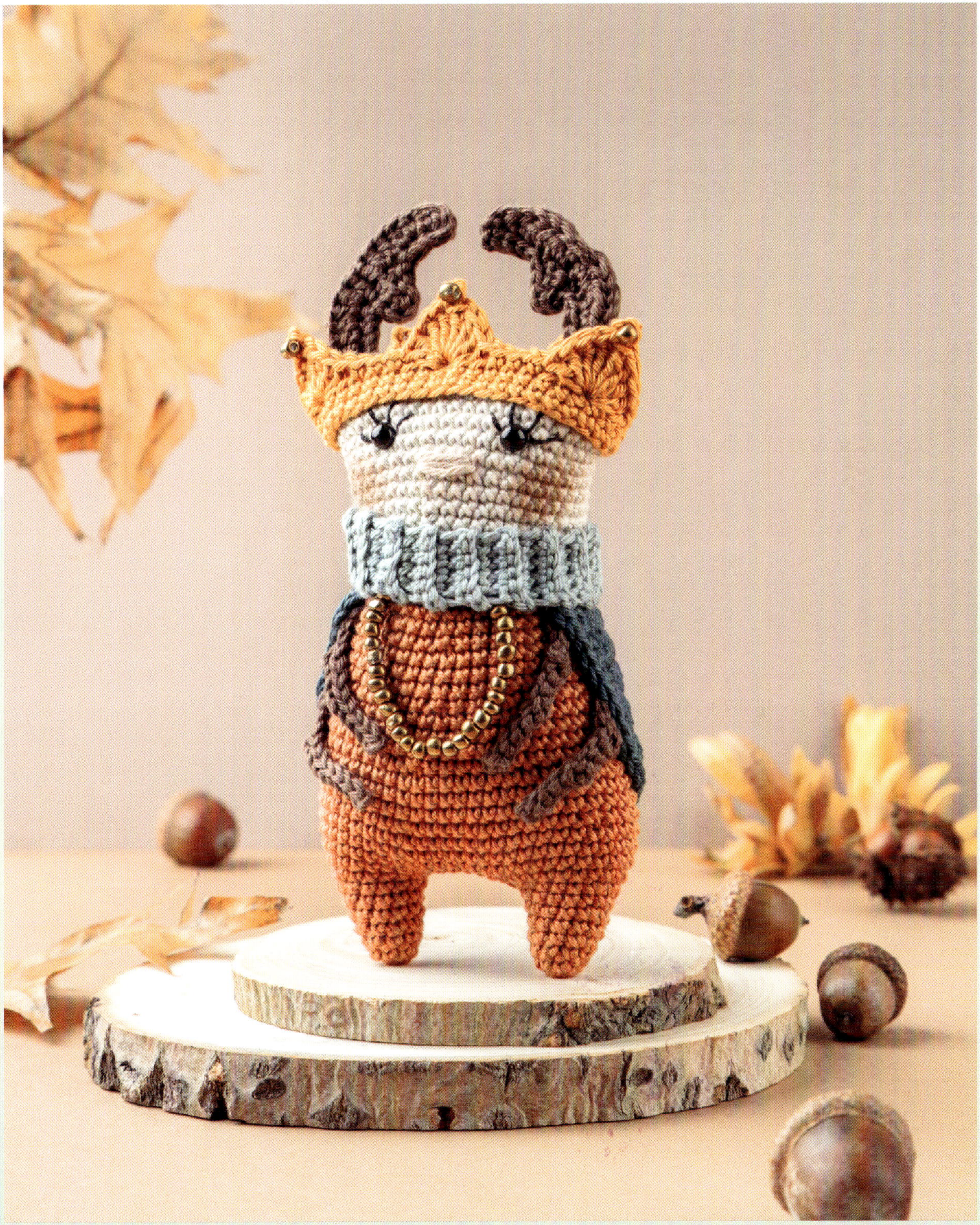

So wird's gemacht

Es wird, wenn nicht anders angegeben, in Spiral-Rd gehäkelt. Denke schon während des Häkelns daran, die Teile nach und nach mit Watte zu füllen.

Arm

(4x, in Black Coffee)

Schlage eine Lm-Kette mit 16 Lm an und achte darauf, dass sich die Lm-Kette nicht verdreht. Beginne in der 3. Lm von der Nd aus und häkle wie folgt zurück: 4 Km, 1 M überspringen, 3 Km, 2 M überspringen, 2 Km, 2 fM. Den Faden abschneiden und vernähen 1.

1

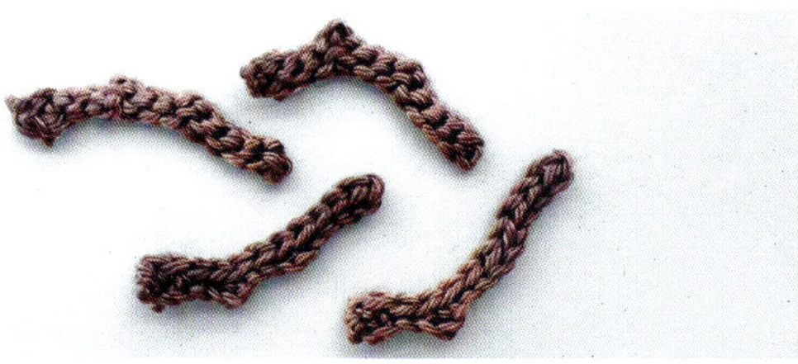

Geweih

(4x Horn, in Black Coffee)

Das Geweih besteht aus zwei Hörnern. Ein Horn besteht aus zwei Teilen.

Schlage eine Lm-Kette mit 10 Lm an und achte darauf, dass sich die Lm-Kette nicht verdreht. Stich in die 3. Lm von der Nd aus und häkle wie folgt zurück: 2 fM, 7 Lm (Steg) und zurück ab der 3. M von der Nd aus: 2 fM, 2 hStb, 3x hStb zun, 4 hStb. Fäden abschneiden und vernähen 2.

2

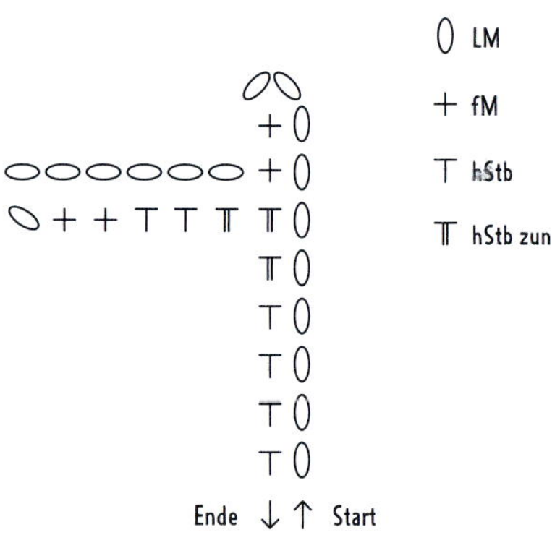

Häkle ein weiteres Horn auf dieselbe Weise, schneide den Endfaden aber nicht ab. Lege das 1. und 2. Horn (und später das 3. und 4. Horn) aufeinander und verbinde sie einmal rundherum mit Km. Den Faden lang abschneiden und zum späteren Annähen an den Kopf nutzen.

Bein

(2x, in Fuchs)

1. Rd: 6 fM in einen Fadenring arbeiten.

2. Rd: *1 fM, 1 M zun*, von * bis * noch 2x wdh [9].

3. Rd: 9 fM häkeln.

4. Rd: *2 fM, 1 M zun*, von * bis * noch 2x wdh [12].

5. Rd: 12 fM häkeln.

6. Rd: *3 fM, 1 M zun*, von * bis * noch 2x wdh [15].

7. Rd: 15 fM häkeln.

Beim 1. Bein den Faden abschneiden und vernähen oder später miteinhäkeln. Beim 2. Bein den Faden nicht abschneiden, du häkelst nahtlos mit dem Körper weiter.

Körper

(in Fuchs)

Um die Beine nun miteinander zu verbinden, häkelst du am 2. Bein eine Lm-Kette aus 5 Lm. Achte darauf, dass sich die Lm-Kette nicht verdreht. Häkle seitlich in das 1. Bein.

1. Rd: In das 1. Bein: *4 fM, 1 M zun*, von * bis * noch 2x wdh, 5 fM in Lm-Kette, in das 2. Bein: *4 fM, 1 M zun*, von * bis * noch 2x wdh, 5 fM in Lm-Kette [46].

2. Rd: *7 fM, 1 M zun, 6 fM, 1 M zun, 7 fM, 1 M zun*, von * bis * 1x wdh [52].

3.–5. Rd: 52 fM häkeln.

6. Rd: *11 fM, 1 M abn*, von * bis * noch 3x wdh [48].

7.–9. Rd: 48 fM häkeln.

10. Rd: *10 fM, 1 M abn*, von * bis * noch 3x wdh [44].

11.–12. Rd: 44 fM häkeln.

In der 13. und 19. Rd häkelst du vorne am Körper die Arme mit ein. Ggf. musst du die M-Aufteilung vor und nach dem Einhäkeln der Arme etwas anpassen. Zwischen den Armen liegen vorne 18 M (13. Rd) bzw. 13 M (19. Rd) und die sichtbaren „Zacken" zeigen jeweils nach innen.

13. Rd: 10 fM, 1. Arm mit 2 fM, 18 fM, 2. Arm mit 2 fM, 12 fM [44].

14. Rd: *9 fM, 1 M abn*, von * bis * noch 3x wdh [40].

15.–17. Rd: 40 fM häkeln.

18. Rd: *8 fM, 1 M abn*, von * bis * noch 3x wdh [36].

19. Rd: 10 fM, 1. Arm mit 2 fM, 13 fM, 2. Arm mit 2 fM, 9 fM [36].

20.–22. Rd: 36 fM häkeln.

Den Faden abschneiden, Rd unsichtbar schließen und den Faden vernähen (3).

3

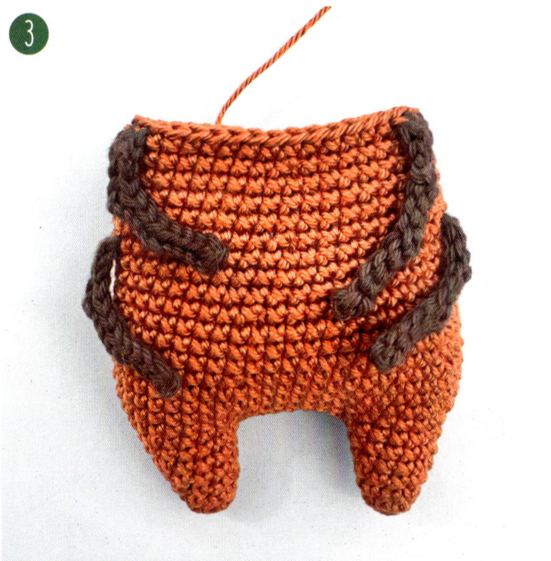

KOPF

(in Champagne)

Schlage eine Lm-Kette mit 21 Lm an und achte darauf, dass sich die Lm-Kette nicht verdreht. Beginne in der 2. Lm von der Nd aus und häkle entlang beider Seiten der Lm-Kette in Rd wie folgt:

1. Rd: 1 M zun, 18 fM, 4 fM in eine M, 18 fM, 1 M zun [44].

2.–3. Rd: 44 fM häkeln.

4. Rd: *10 fM, 1 M abn, 10 fM*, von * bis * 1x wdh [42].

5. Rd: 42 fM häkeln.

6. Rd: *5 fM, 1 M abn, 14 fM*, von * bis * 1x wdh [40].

7.–8. Rd: 40 fM häkeln.

Die Sicherheitsaugen setzt du zwischen der 6. und 7. Rd des Kopfs mit einem Abstand von 7 sichtbaren M ein.

9. Rd: *15 fM, 1 M abn, 3 fM*, von * bis * 1x wdh [38].

10. Rd: 38 fM häkeln.

11. Rd: *10 fM, 1 M abn, 7 fM*, von * bis * 1x wdh [36].

12.–13. Rd: 36 fM häkeln.

Den Faden lang abschneiden und zum späteren Annähen an den Körper nutzen.

PANZER

(in Spruce)

Schlage eine Lm-Kette mit 26 Lm an und achte darauf, dass sich die Lm-Kette nicht verdreht. Beginne in der 2. Lm von der Nd aus und häkle in R wie folgt:

1.–10. R: 25 fM, 1 Km, Arbeit wenden [25].

11. R: 1 M abn, 21 fM, 1 M abn, 1 Wende-Lm, Arbeit wenden [23].

12. R: 1 M abn, 19 fM, 1 M abn, 1 Wende-Lm, Arbeit wenden [21].

13. R: 2x 1 M abn, 13 fM, 2x 1 M abn, 1 Wende-Lm, Arbeit wenden [17].

14. R: 2x 1 M abn, 9 fM, 2x 1 M abn, 1 Wende-Lm, Arbeit wenden [13].

15. R: 1 M abn, 9 fM, 1 M abn, 1 Wende-Lm, Arbeit wenden [11].

16. R: 1 M abn, 7 fM, 1 M abn, 1 Wende-Lm, Arbeit wenden [9].

17. R: 1 M abn, 5 fM, 1 M abn [7].

Anschließend häkelst du einmal rundherum fM. An der oberen Kante häkelst du in die Ecken jeweils 2 fM. Mit Km beenden, den Faden lang abschneiden und zum späteren Annähen an den Körper nutzen.

HALSKRAUSE

(in Silver Blue)

Schlage eine Lm-Kette mit 6 Lm an und achte darauf, dass sich die Lm-Kette nicht verdreht. Beginne in der 2. Lm von der Nd aus und häkle in R ihM wie folgt:

1.–33. R: ihM: 5 fM, 1 Wende-Lm, Arbeit wenden [5].

34. R: ihM: 5 fM häkeln.

Teste, ob die Krause lang genug für Fräulein Margaretes Hals ist. Dafür legst du sie zwischen Kopf und Körper um dein Projekt. Ggf. musst du eine R weniger oder mehr häkeln. Wenn sie passend ist, beendest du die Arbeit zunächst. Lasse einen langen Faden, um die Krause später zusammenzunähen.

KRONE

(in Ginger Gold)

Schlage eine Lm-Kette mit 42 Lm an und achte darauf, dass sich die Lm-Kette nicht verdreht. Schließe sie mit einer Km zum Kreis.

1.–2. Rd: 42 fM häkeln.

3. Rd: 1 Lm, *2 fM, 2 M überspringen, 1 Stb + 1 Stb + 1 DStb + 1 DStb + Picot mit 3 Lm + 1 DStb + 1 DStb + 1 Stb + 1Stb, 2 M überspringen, 1 fM*, von *bis * noch 4x wdh, 1 Km (4).

4

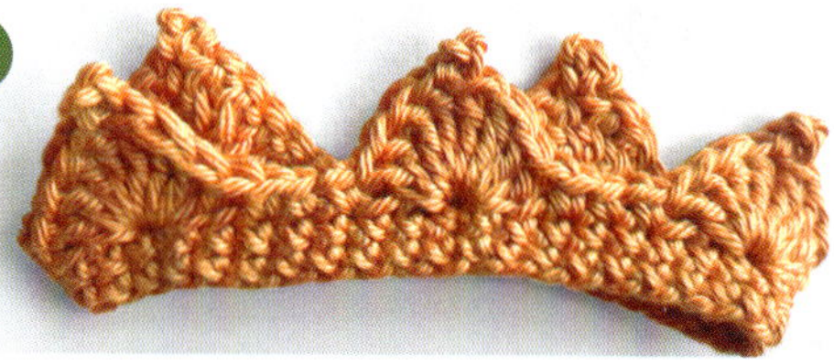

FERTIGSTELLUNG

Verbinde Kopf und Körper, indem du beide Teile durch alle 36 M zusammennähst. Stopfe noch einmal gut nach, bevor du die letzten Stiche machst. Die Augen und die Arme liegen vorne. Den Panzer nähst du am Rücken fest. Er schließt vorne an den Armen ab. Stecke ihn dir zunächst fest und nähe ihn an, wenn alles bündig ist (5) (6). Abschließend führst du den Faden am Rücken genau mittig von unten nach oben außen auf dem Panzer entlang. Den Faden vernähen (7). Bevor du die Halskrause annähst, platzierst du zunächst die Kette. Hierfür fädelst du 30 Rocaillesperlen auf ein transparentes Nähgarn und vernähst die Enden. Sie sollen später unter der Halskrause zwischen der 20. und 21. Rd des Körpers liegen. Die Halskrause liegt auf dem Übergang vom Kopf zum Körper. Nähe sie hinten zusammen und nutze ggf. noch ein paar Stiche zum Fixieren der Halskrause rundherum. Die Hörner für das Geweih nähst du oben auf dem Kopf fest. Sie liegen rechts und links auf der Lm-Kette (8). Die Augen bestickst du mit Wimpern und die Nase stickst du zwischen der 5. und 6. Rd des Kopfs (von unten gezählt) über 4 M vorne mittig auf. Verziere die Krone verzierst du an den Zacken mit Rocaillesperlen. Ziehe sie über den Kopf und entscheide, ob du sie festnähen möchtest. Abschließend benutzt du etwas goldenes Rouge für die Wangen und die Nase.

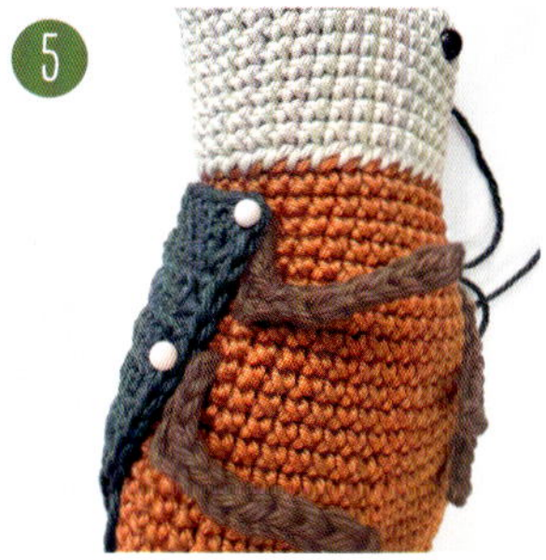
5

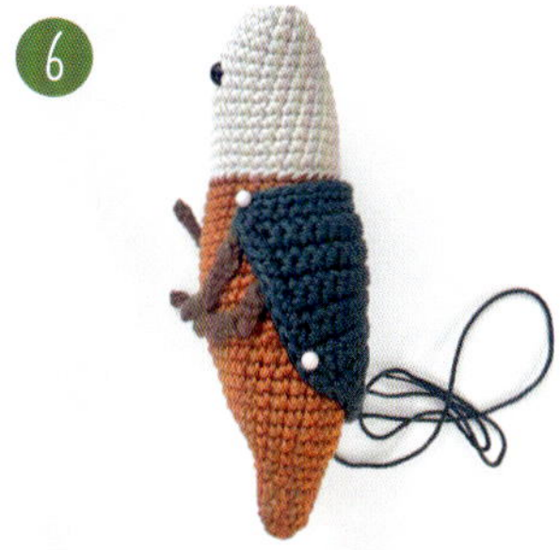
6

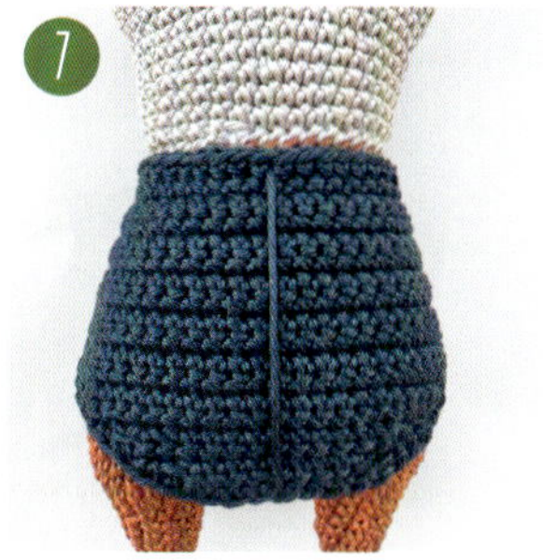
7

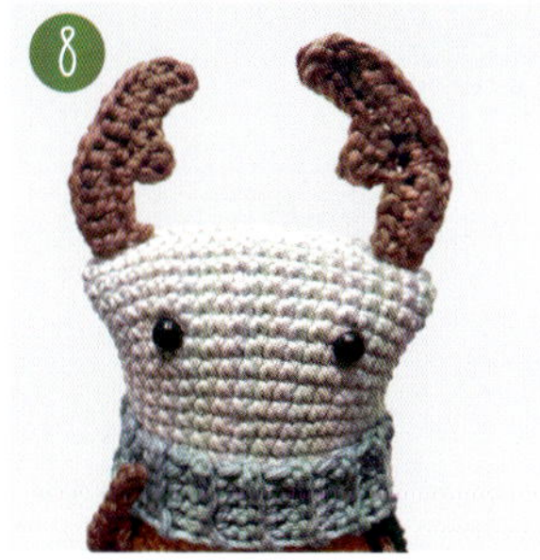
8

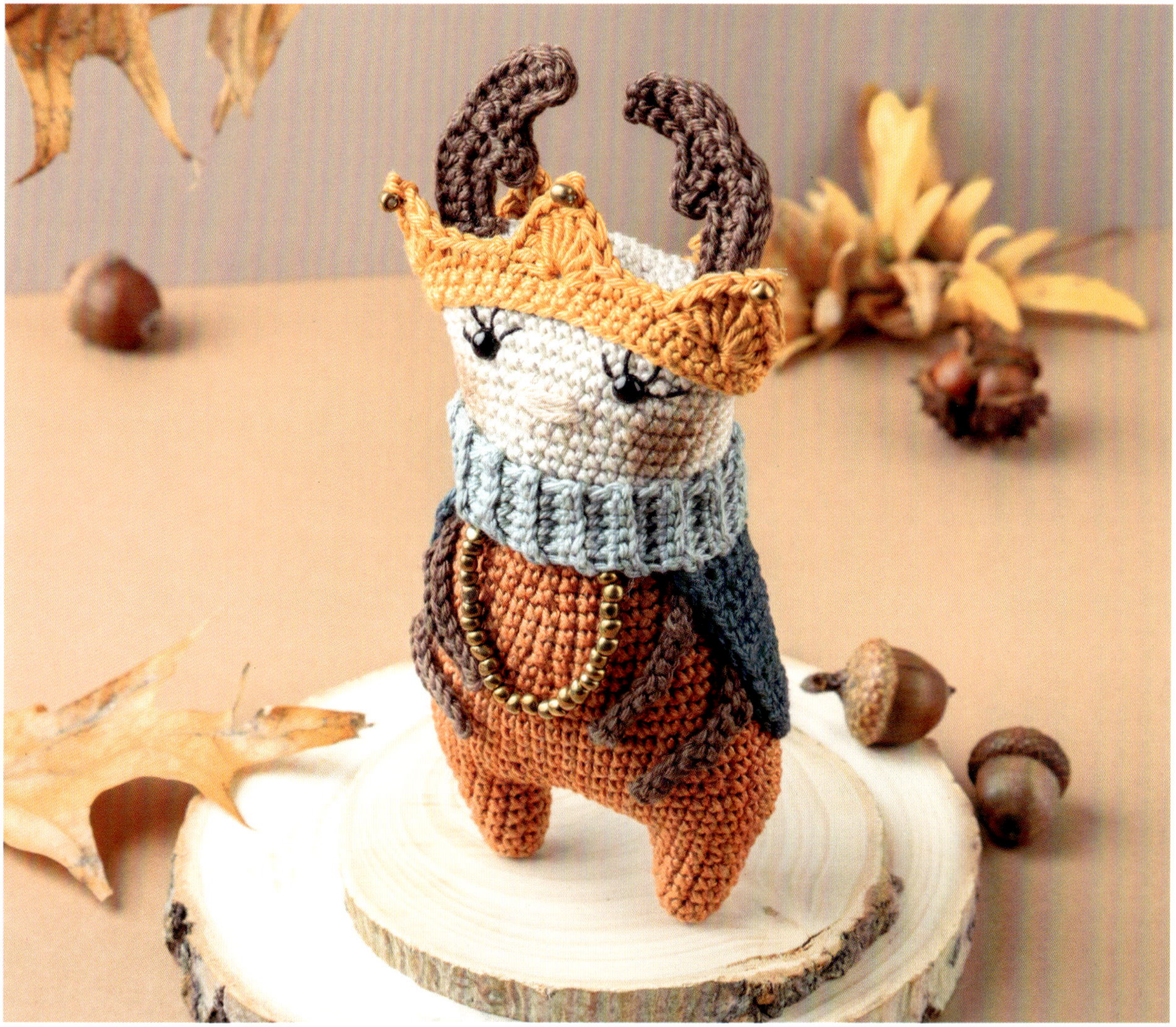

MAUS Greta

Greta liebt das Rollschuhfahren. In den ausgehöhlten Gängen zwischen den Baumwurzeln sorgen kleine Kurven und einige Steigungen für großen Fahrspaß. Am liebsten baut sie sich Rampen und lebt ihr akrobatisches Talent aus.

GRÖSSE

Bei Verwendung der angegebenen Materialien wird Greta ca. 14 cm groß.

MATERIAL

SCHEEPJES CATONA
(100 % Baumwolle LL 125 m/50 g) in
Charcoal (Fb 393), 21 g
Ashes (Fb 526), 7 g
Powder Pink (Fb 238), Rest
Topaz (Fb 179), Rest
Light Orchid (Fb 226), Rest

Stickgarn in Schwarz, Weiß und Grün
Häkelnadel 2,0 mm
(Holz)Knöpfe 8 mm Ø,
alternativ Druckknöpfe
Füllwatte
Stecknadeln
Wollnadel
Maschenmarkierer
Schere
Pinkes Rouge
Optional: Drahtbrille 5 cm

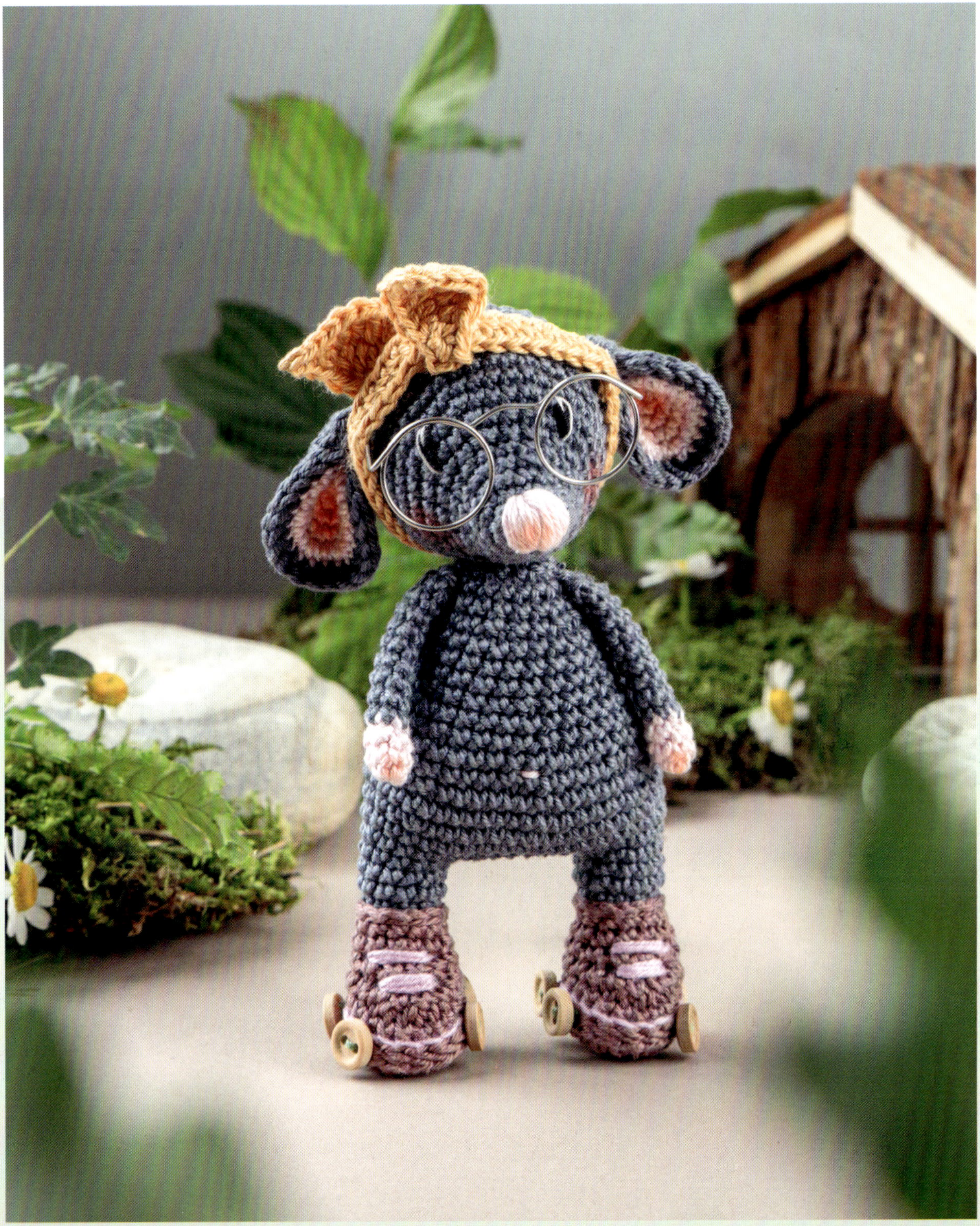

So wird's gemacht

Es wird, wenn nicht anders angegeben, in Spiral-Rd gehäkelt. Denke schon während des Häkelns daran, die Teile nach und nach mit Watte zu füllen.

ARM

(2x, in Powder Pink und Charcoal)

Beginne mit Powder Pink. Die Arme werden nicht mit Watte gefüllt.

1. Rd: 6 fM in einen Fadenring arbeiten.

2.–3. Rd: 6 fM häkeln.

Fb-Wechsel zu Charcoal.

4.–12. Rd: 6 fM häkeln.

Die Öffnung häkelst du mit 2 fM zusammen. Den Faden abschneiden und vernähen oder später miteinhäkeln.

SCHWANZ

(in Powder Pink)

1. Rd: 6 fM in einen Fadenring arbeiten.

2.–18. Rd: 6 fM häkeln.

Die Öffnung häkelst du mit 3 fM zusammen. Den Faden abschneiden und vernähen oder später miteinhäkeln.

ROLLSCHUH & BEIN

(2x, in Ashes, Light Orchid und Charcoal)

Beginne mit Ashes. Schlage 4 Lm an. Achte darauf, dass sich die Lm-Kette nicht verdreht. Beginne in der 2. Lm von der Nd aus und häkle entlang beider Seiten der Lm-Kette in Rd wie folgt:

1. Rd: 1 M zun, 1 fM, 4 fM in eine M, 1 fM, 1 M zun [10].

2. Rd: 2x 1 M zun, 1 fM, 4x 1 M zun, 1 fM, 2x 1 M zun [18].

3. Rd: 18 fM häkeln.

Den Faden abschneiden und Rd unsichtbar beenden. Häkle auf diese Weise ein weiteres Oval. Lege die beiden Ovale dann mit der linken Seite aufeinander. Um sie nun zu verbinden, häkelst du einmal rundherum Km mit Light Orchid. Stich dafür in eine äußere M des oben liegenden Ovals ein und komme in der darunter liegenden äußeren M des unteren Ovals wieder heraus (1). Den Faden abschneiden und die Endfäden vernähen.

Schlage mit Ashes in der hinten mittig liegenden Km ihM neu an und häkle wie folgt:

1. Rd: 18 fM ihM häkeln (2).

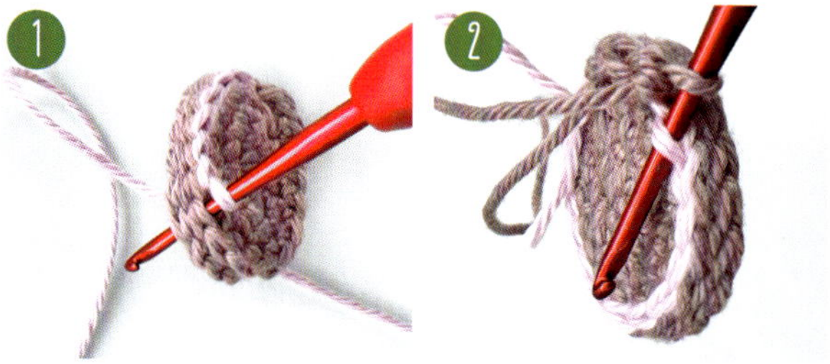

In den folgenden Rd befinden sich die Abn genau vorne mittig. Ggf. musst du deine M etwas anpassen.

2. Rd: 6 fM, 3x 1 M abn, 6 fM [15].

3. Rd: 5 fM, 3x 1 M abn, 4 fM [12].

4.–5. Rd: 12 fM häkeln.

Schneide den Faden in Ashes ca. 15 cm lang ab und ziehe ihn zunächst nach außen.

Fb-Wechsel zu Charcoal.

6. Rd: 12 fM ihM häkeln.

7.–8. Rd: 12 fM häkeln.

Den Faden abschneiden und vernähen oder später miteinhäkeln. Mit dem langen Faden in Ashes häkelst du nun einmal rundherum Km ivM der 6. Rd. Den Faden beim 1. Bein abschneiden und vernähen oder später miteinhäkeln. Beim 2. Bein schneidest du den Faden nicht ab. Du häkelst im Anschluss direkt mit dem Körper weiter.

KÖRPER

(in Charcoal)

Um die Beine nun miteinander zu verbinden, häkelst du am 2. Bein noch ca. 3 fM, damit das Ende dieser Rd seitlich liegt, und anschließend eine Lm-Kette aus 6 Lm. Achte darauf, dass sich die Lm-Kette nicht verdreht. Häkle seitlich in das 1. Bein, achte dabei darauf, dass auch dieses Bein die Rd-Übergänge hinten hat.

1. Rd: 12 fM ins 1. Bein, 6 fM in die Lm-Kette, 12 fM ins 2. Bein, 6 fM in die Lm-Kette [36].

2. Rd: *5 fM, 1 M zun*, von * bis * noch 5x wdh [42].

3. Rd: 42 fM häkeln.

4. Rd: *3 fM, 1 M zun, 3 fM*, von * bis * noch 5x wdh [48].

5. Rd: 48 fM häkeln.

6. Rd: *3 fM, 1 M abn, 3 fM*, von * bis * noch 5x wdh [42].

7. Rd: *5 fM, 1 M abn*, von * bis * noch 5x wdh [36].

In der 16. Rd häkelst du den Schwanz mit ein. Er liegt hinten mittig. Ggf. musst du die M-Aufteilung vor und nach dem Einhäkeln des Schwanzes etwas anpassen.

8. Rd: 32 fM, 3 fM mit dem Schwanz, 1 fM [36].

9. Rd: *2 fM, 1 M abn, 2 fM*, von * bis * noch 5x wdh [30].

10. Rd: 30 fM häkeln.

11. Rd: *3 fM, 1 M abn*, von * bis * noch 5x wdh [24].

12.–14. Rd: 24 fM häkeln.

15. Rd: *1 fM, 1 M abn, 1 fM*, von * bis * noch 5x wdh [18].

16. Rd: 18 fM häkeln.

In der 17. Rd häkelst du die Arme mit ein. Sie liegen seitlich auf einer Linie mit den Beinen. Ggf. musst du die M-Aufteilung vor und nach dem Einhäkeln der Arme etwas anpassen. Zwischen den Armen liegen vorne 7 fM.

17. Rd: 3 fM, 1. Arm mit 2 fM, 7 fM, 2. Arm mit 2 fM, 4 fM [18].

18. Rd: *1 fM, 1 M abn*, von * bis * noch 5x wdh [12].

Den Faden lang abschneiden und zum späteren Annähen des Kopfs nutzen.

KOPF

(in Charcoal)

1. Rd: 6 fM in einen Fadenring arbeiten.

2. Rd: 6x 1 M zun [12].

3.–4. Rd: 12 fM häkeln.

Lege dir hier einen Markierungsfaden ein. Dieser hilft dir beim späteren Annähen des Kopfs bei der Positionsfindung.

5. Rd: *1 fM, 1 M zun*, von * bis * noch 5x wdh [18].

6. Rd: 18 fM häkeln.

7. Rd: 3 fM, *1 fM, 1 M zun*, von * bis * noch 5x wdh, 3 fM [24].

8. Rd: 3 fM, *2 fM, 1 M zun*, von * bis * noch 5x wdh, 3 fM [30].

9. Rd: 3 fM, *3 fM, 1 M zun*, von * bis * noch 5x wdh, 3 fM [36].

10.–17. Rd: 36 fM häkeln.

18. Rd: *2 fM, 1 M abn, 2 fM*, von * bis * noch 5x wdh [30].

19. Rd: *3 fM, 1 M abn*, von * bis * noch 5x wdh [24].

20. Rd: *1 fM, 1 M abn, 1 fM*, von * bis * noch 5x wdh [18].

21. Rd: *1 fM, 1 M abn*, von * bis * noch 5x wdh [12].

22. Rd: 6x 1 M abn [6].

Den Faden abschneiden, die Öffnung unsichtbar schließen, den Faden vernähen (3).

So geht's weiter

3

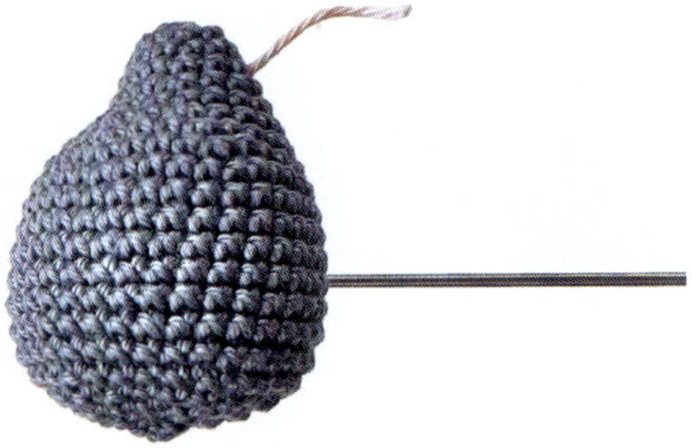

OHR

(2x, in Powder Pink und Charcoal)

Beginne mit Powder Pink.

1. Rd: 6 fM in einen Fadenring arbeiten.

2. Rd: 6x 1 M zun [12].

3. Rd: *1 fM, 1 M zun*, von * bis * noch 5x wdh [18].

4. Rd: *1 fM, 1 M zun, 1 fM*, von * bis * noch 5x wdh [24].

Den Faden abschneiden und die Rd unsichtbar beenden. Arbeite auf dieselbe Weise einen Kreis in Charcoal, schneide den Faden aber nicht ab. Du legst nun den Kreis in Powder Pink auf den Kreis in Charcoal, wobei die schöne Seite jeweils außen liegt, und häkelst die Außenkanten wie folgt zusammen:

5. Rd: 24 fM häkeln 4.

6. Rd: 24 Km häkeln.

Den Faden lang abschneiden. Den Ohr-Ansatz zusammenfalten und mit einigen Stichen zusammennähen 5. Den Restfaden zum späteren Annähen an den Kopf nutzen.

4

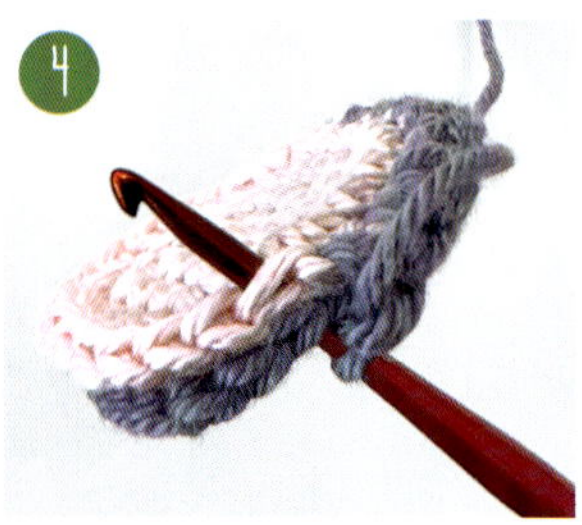

5

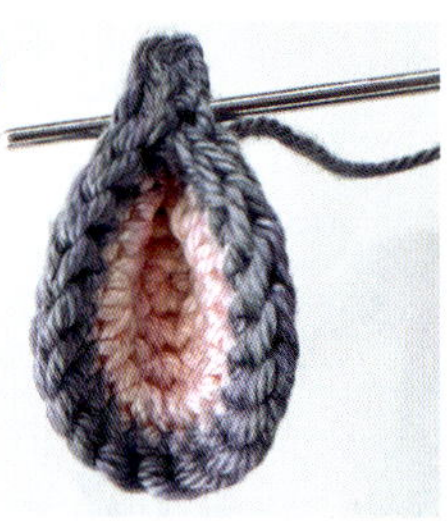

HAARBAND

(in Topaz)

Schlage eine Lm-Kette mit 59 Lm an. Achte darauf, dass sich die Lm-Kette nicht verdreht. Beginne in der 2. Lm von der Nd aus und häkle entlang beider Seiten der Lm-Kette in Rd wie folgt:

1 Km, 1 fM, 1 hStb, 1 Stb, 1 Stb zun, 1 Stb, 1 hStb, 1 fM, 1 Km, 40 fM, von * bis * 1x wdh, 1 Lm, von * bis * 1x wdh, 40 fM, von * bis * 1x wdh.

Den Faden abschneiden und vernähen 6 7.

6

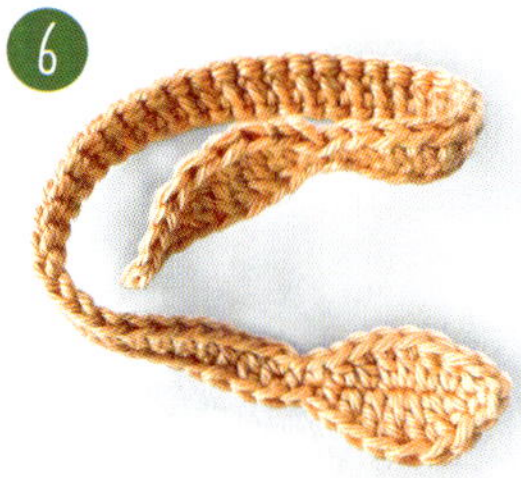

7

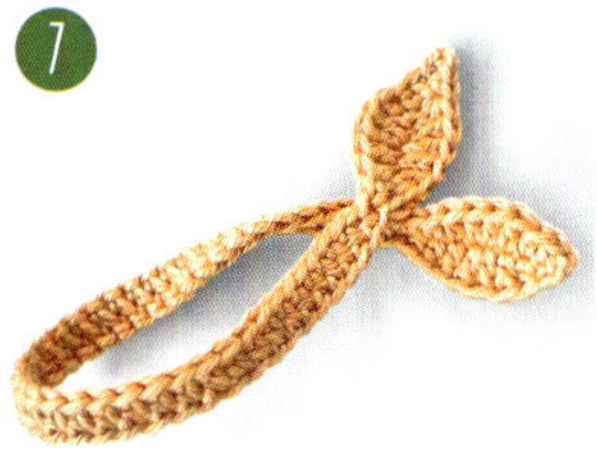

FERTIGSTELLUNG

Dein gesetzter Markierungsfaden hilft dir bei der Positionierung zum Annähen des Kopfs auf dem Körper. Benutze den lang abgeschnittenen Faden vom Körper und stopfe den Halsbereich noch einmal schön fest aus, damit der Kopf später nicht wackelt 8 9 10. Die Nase stickst du mit Powder Pink vorne über den Fadenring und der 2. Rd des Kopfs auf. Hierfür führst du den Faden ein paar Mal von oben nach unten durch die M 11. Sticke Augen mit schwarzem und weißem Stickgarn rechts und links von der gestickten Nase über der 9. und 10. Rd des Kopfs auf; zwischen den Augen liegen 6 sichtbare M. Die Augenbrauen liegen zwischen der 11. und 12. Rd über 3 M über den Augen. Den Mund stickst du zwischen der 9. und 10. Rd des Kopfs über 8 M. Das Haarband wird um den Kopf gelegt und oben verknotet. Positioniere rechts und links, hinter und leicht überlappend über dem Haarband, die Ohren.

Sie werden zwischen der 15. und 16. Rd des Kopfs festgenäht, nachdem du das Haarband positioniert und festgenäht hast (12) (13) (14). Den Bauchnabel stickst du zwischen der 15. und 16. Rd vom Körper vorne vertieft mittig auf (15). Die Knöpfe der Rollschuhe nähst du jeweils seitlich fest. Benutze hierfür das grüne Stickgarn. Sticke mit Light Orchid abschließend noch die Schnürsenkel auf. Sie liegen zwischen der 2. und 3. sowie der 4. und 5. Rd der Rollschuhe über 2 bis 3 M. Verwende für die Wangen und in den Innenohren etwas Rouge.

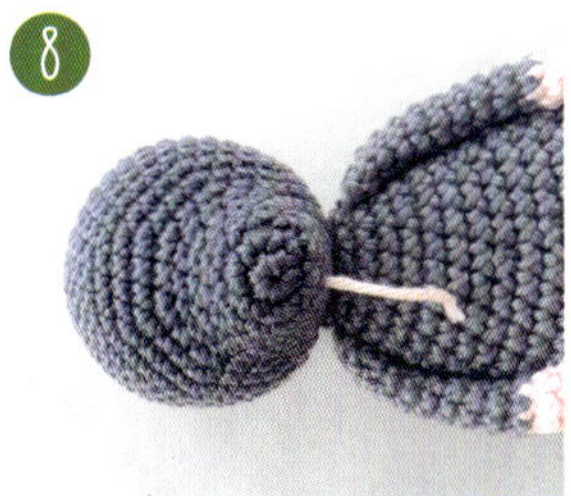
8

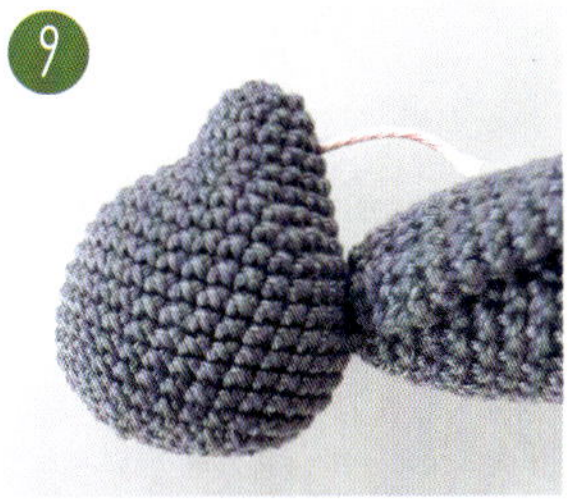
9

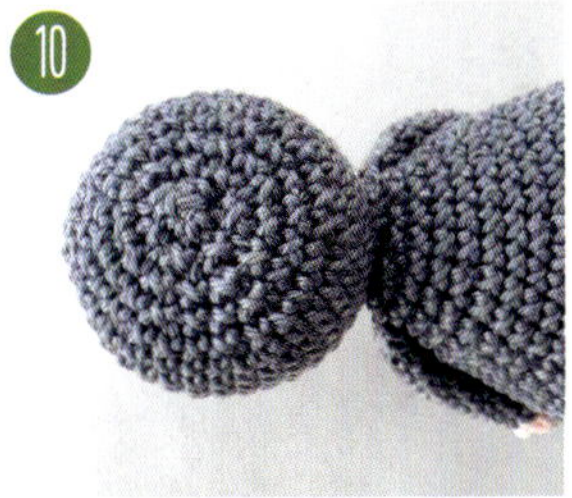
10

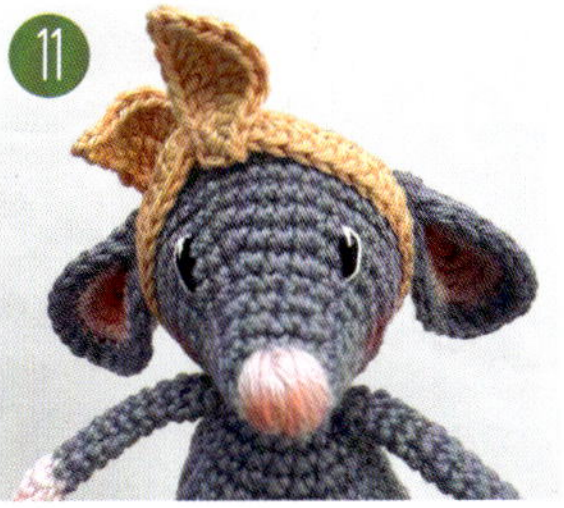
11

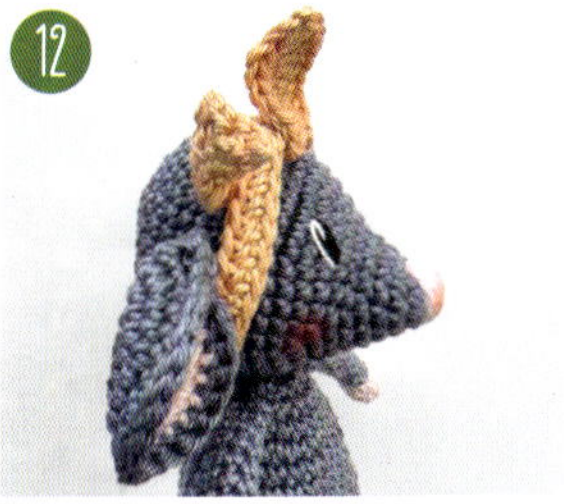
12

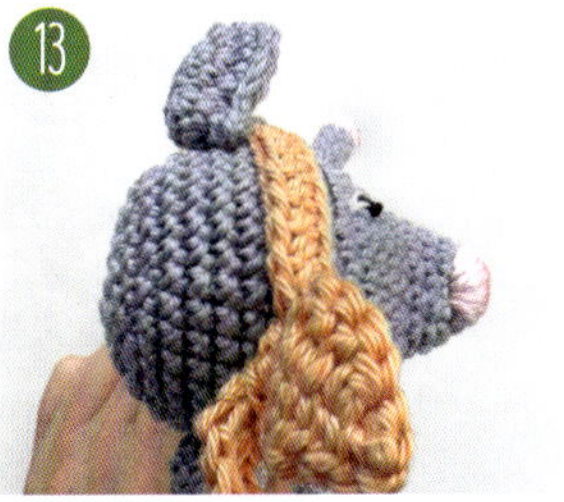
13

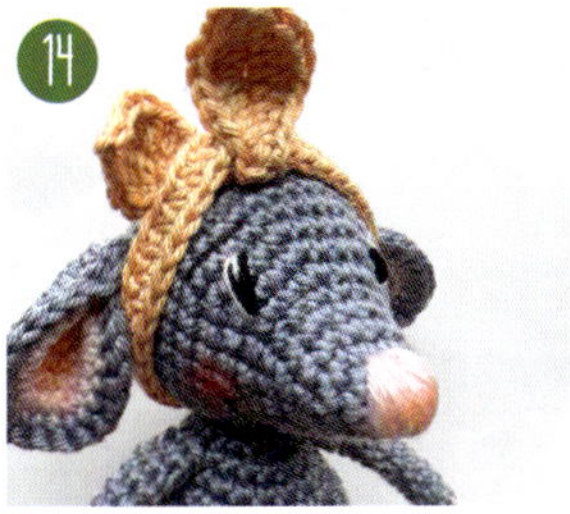
14

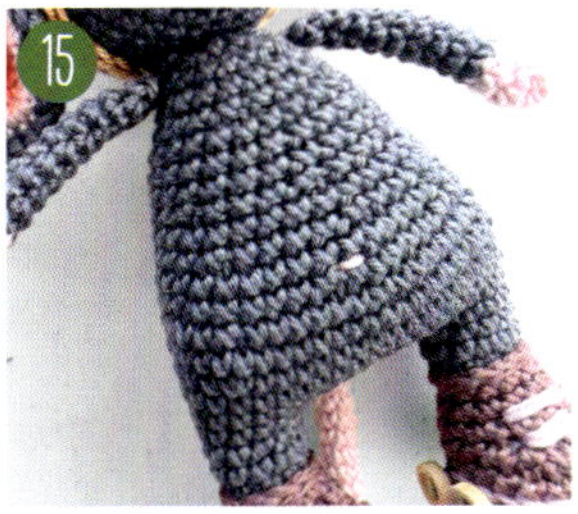
15

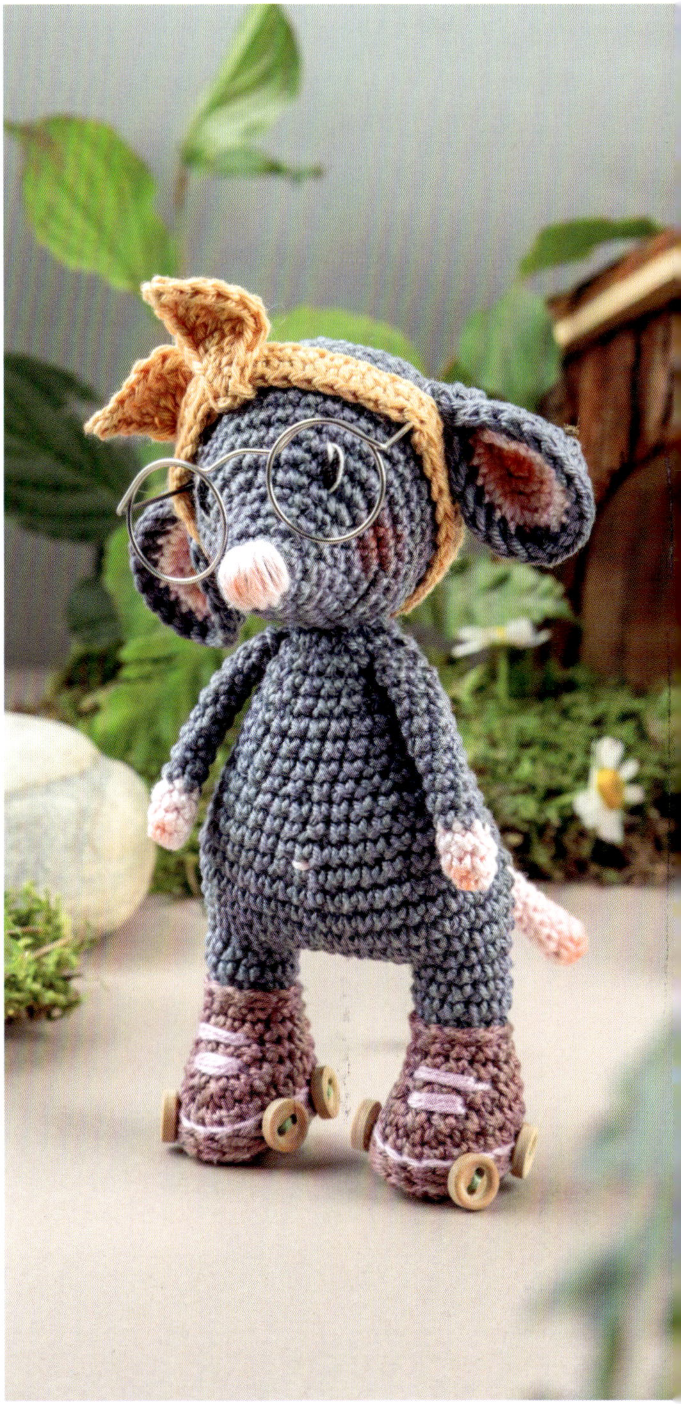

HASE
Joseph

Joseph ist ein ruhiger Charakter. Etwas verträumt verbringt er am liebsten Zeit auf der großen Blumenwiese neben dem Baum. Dort fühlt er sich inmitten der Butterblumen pudelwohl.

GRÖSSE

Bei Verwendung der angegebenen Materialien wird Joseph ca. 13 cm groß (ohne Mütze).

MATERIAL

RICO DESIGN ESSENTIALS MERINO PLUS DK TWEED
(45% Polyacryl, 45% Schurwolle, 10% Viskose, LL 125 m/50 g) in
Beige (Fb 002), 30 g

RICO ESSENTIAL COTTON DK
(100 % Baumwolle, LL 120 m/50 g) in
Rot-Braun (Fb 79), 5 g
Karamell (Fb 94), 6 g
Khaki (Fb 117), 9 g

RICORUMI DK
(100 % Baumwolle, LL 57,5 m/25 g) in
Holz (Fb 073), Rest

Stickgarn in Schwarz, Weiß und Rosa
Häkelnadel 2,5 mm
2 Sicherheitsaugen ø 6 mm
Pompon ø 45 mm
Füllwatte
Stecknadeln
Wollnadel
Maschenmarkierer
Schere
Rouge

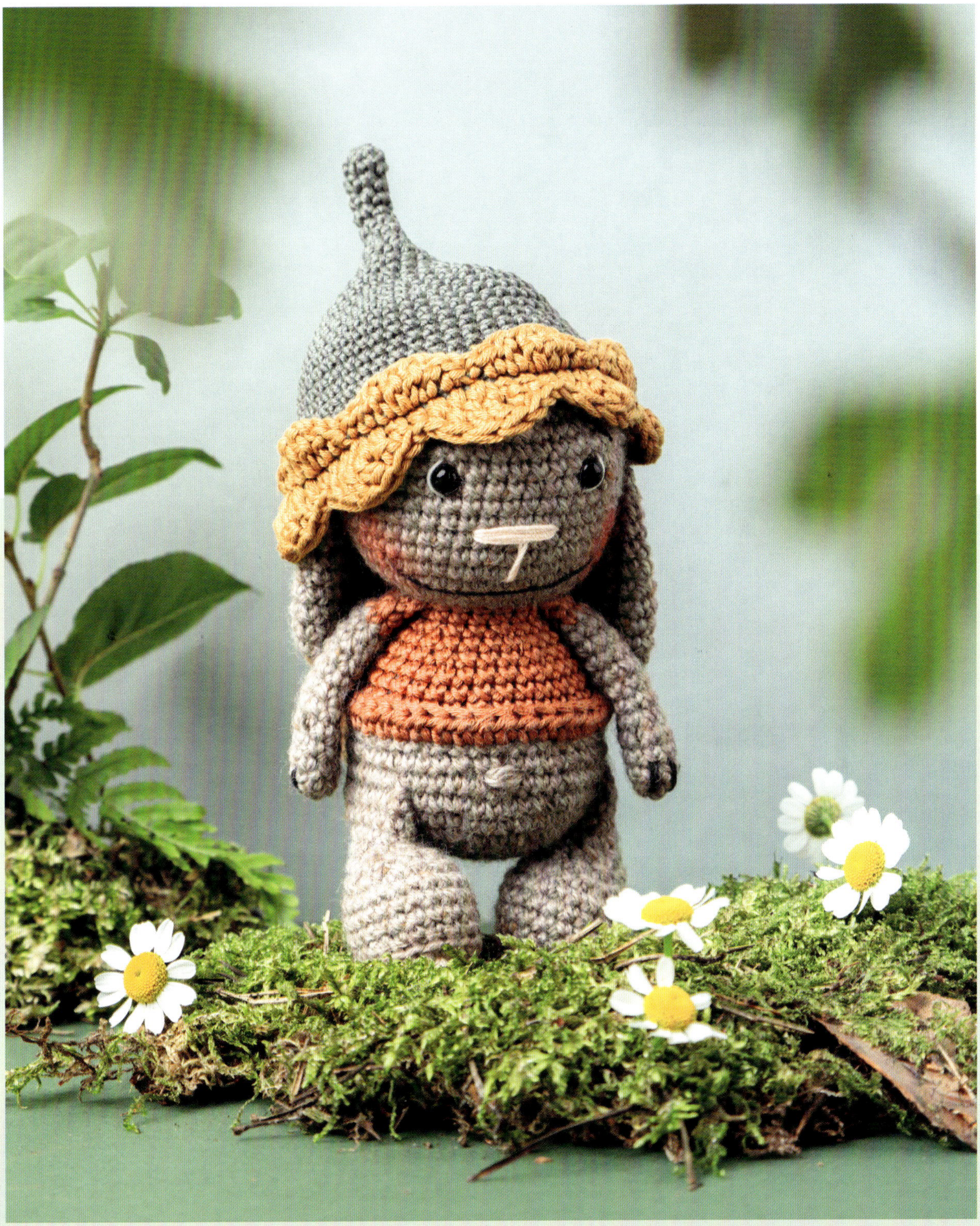

So wird's gemacht

Es wird, wenn nicht anders angegeben, in Spiral-Rd gehäkelt. Denke schon während des Häkelns daran, die Teile nach und nach mit Watte zu füllen.

ARM

(2x, in Beige und Rot-Braun)

Die Arme werden nicht mit Watte gefüllt.

1. Rd: 6 fM in einen Fadenring arbeiten.

2. Rd: *1 fM, 1 M zun*, von * bis * noch 2x wdh [9].

3.–5. Rd: 9 fM häkeln.

6. Rd: 1 fM, *2 fM, 1 M abn*, von * bis * noch 1x wdh [7].

7.– 12. Rd: 7 fM häkeln.

Fb-Wechsel zu Rot-Braun.

13.-14. Rd: 7 fM häkeln.

Die Öffnung häkelst du mit 3 fM zusammen. Den Faden abschneiden oder später miteinhäkeln.

BEIN

(2x, in Beige und Holz)

Beginne mit Holz. Das Bein wird nur unten am Fuß leicht gefüllt, der Rest des Beins wird nicht mit Watte gefüllt. Schlage 6 Lm an. Achte darauf, dass sich die Lm-Kette nicht verdreht. Beginne in der 2. Lm von der Nd aus und häkle entlang beider Seiten der Lm-Kette in Rd wie folgt:

1. Rd: 1 M zun, 3 fM, 3 fM in eine M, 4 fM [12].

2. Rd: 2x 1 M zun, 3 fM, 3x 1 M zun, 3 fM, 1 M zun [18].

3. Rd: *1 fM, 1 M zun*, von * bis * noch 1x wdh, 3 fM, von * bis * noch 3x wdh, 4 fM, 1 M zun [24].

Fb-Wechsel zu Beige.

4. Rd: 24 fM ihM häkeln.

5.–7. Rd: 24 fM häkeln.

Die folgenden Rd musst du ggf. etwas anpassen, die Abnahmen liegen vorne.

8. Rd: 8 fM, *1 fM, 1 M abn*, von * bis * noch 3x wdh, 4 fM [20].

9. Rd: 8 fM, 4x 1 M abn, 4 fM [16].

10. Rd: 6 fM, 4x 1 M abn, 2 fM [12].

11.–13. Rd: 12 fM häkeln.

Die Öffnung häkelst du mit 6 fM zusammen. Achte darauf, dass die zusammengehäkelten M vertikal zu den Fußspitzen nach vorne zeigen. Den Faden abschneiden und vernähen oder später miteinhäkeln.

OHR

(2x, in Beige)

Die Ohren werden nicht mit Watte gefüllt.

1. Rd: 5 fM in einen Fadenring arbeiten.

2. Rd: 5x 1 M zun [10].

3. Rd: *1 fM, 1 M zun*, von * bis * noch 4x wdh [15].

4. Rd: *1 fM, 1 M zun, 1 fM*, von * bis * noch 4x wdh [20].

5.–10. Rd: 20 fM häkeln.

11. Rd: *8 fM, 1 M abn*, von * bis * noch 1x wdh [18].

12.–13. Rd: 18 fM häkeln.

14. Rd: *2 fM, 1 M abn, 2 fM*, von * bis * noch 2x wdh [15].

15.–16. Rd: 15 fM häkeln.

17. Rd: *3 fM, 1 M abn*, von * bis * noch 2x wdh [12].

18.–19. Rd: 12 fM häkeln.

20. Rd: *1 fM, 1 M abn, 1 fM*, von * bis * noch 2x wdh [9].

Die Öffnung häkelst du mit 4 fM zusammen. Den Faden abschneiden und vernähen oder später miteinhäkeln.

KÖRPER

(in Beige und Rot-Braun)

Beginne mit Beige.

1. Rd: 6 fM in einen Fadenring arbeiten.

2. Rd: 6x 1 M zun [12].

3. Rd: *1 fM, 1 M zun*, von * bis * noch 5x wdh. [18].

4. Rd: *1 fM, 1 M zun, 1 fM*, von * bis * noch 5x wdh. [24].

5. Rd: *3 fM, 1 M zun*, von * bis * noch 5x wdh [30].

6. Rd: *2 fM, 1 M zun, 2 fM*, von * bis * noch 5x wdh [36].

7. Rd: *5 fM, 1 M zun*, von * bis * noch 5x wdh [42].

8. Rd: *3 fM, 1 M zun, 3 fM*, von * bis * noch 5x wdh [48].

In der 9. Rd häkelst du die Beine mit ein. Achte darauf, dass die Fussspitzen nach vorne zeigen. Ggf. musst du die M-Aufteilung vor und nach dem Einhäkeln der Beine etwas anpassen. Zwischen den Beinen liegen vorne 16 fM.

9. Rd: 10 fM, 6 fM mit dem 1. Bein, 16 fM, 6 fM mit dem 2. Bein, 10 fM [48].

10. Rd: *3 fM, 1 M abn, 3 fM*, von * bis * noch 5x wdh [42].

11. Rd: *5 fM, 1 M abn*, von * bis * noch 5x wdh [36].

Fb-Wechsel zu Rot-Braun. Achte darauf, dass du einen sehr langen (ca. 150 cm) Anfangsfaden lässt, um damit später ivM zu häkeln. Oder schlage später neu an.

12. Rd: 36 fM ihM häkeln.

13. Rd: *2 fM, 1 M abn, 2 fM*, von * bis * noch 5x wdh [30].

14.–15. Rd: 30 fM häkeln.

Ziehe den langen Anfangsfaden nach außen, wende die Arbeit (Beine zeigen von dir weg) und häkle einmal rundherum hStb ivM der 12. Rd (1). Faden vernähen.

(1)

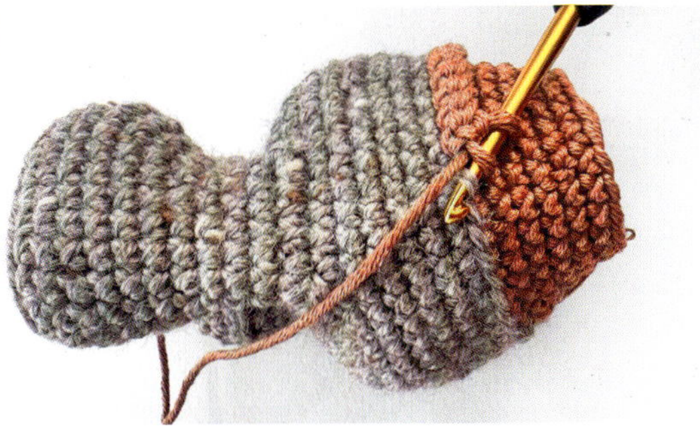

16. Rd: *3 fM, 1 M abn*, von * bis * noch 5x wdh [24].

17. Rd: 24 fM häkeln.

18. Rd: *1 fM, 1 M abn, 1 fM*, von * bis * noch 5x wdh [18].

19. Rd: 18 fM häkeln.

In der 20. Rd häkelst du die Arme mit ein. Sie liegen seitlich auf einer Linie mit den Beinen. Ggf. musst du die M-Aufteilung vor und nach dem Einhäkeln der Arme etwas anpassen. Zwischen den Armen liegen vorne 6 fM.

20. Rd: 5 fM, 3 fM mit dem 1. Arm, 6 fM, 3 fM mit dem 2. Arm, 1 fM [18].

Faden nicht abschneiden, du häkelst nahtlos mit dem Kopf weiter. Achte darauf, dass insbesondere der Halsbereich gut gefüllt ist und der Kopf beim Stopfen seine Form behält. Fb-Wechsel zu Beige.

KOPF

(in Beige)

1. Rd: 18x 1 M zun [36].

2. Rd: *5 fM, 1 M zun*, von * bis * noch 5x wdh [42].

3.–12. Rd: 42 fM häkeln.

In der 13. Rd häkelst du die Ohren mit ein. Ggf. musst du die M-Aufteilung vor und nach dem Einhäkeln der Ohren etwas anpassen. Zwischen den Ohren liegen vorne 25 fM.

13. Rd: 5 fM, 4 fM mit dem 1. Ohr, 25 fM, 4 fM mit dem 2. Ohr, 4 fM [42].

So geht's weiter

14. Rd: *5 fM, 1 M abn*, von * bis * noch 5x wdh [36].

15. Rd: *2 fM, 1 M abn, 2 fM*, von * bis * noch 5x wdh [30].

Setze die Sicherheitsaugen zwischen der 9. und 10. Rd mit einem Abstand von 6 sichtbaren M ein.

16. Rd: *3 fM, 1 M abn*, von * bis * noch 5x wdh [24].

17. Rd: *1 fM, 1 M abn, 1 fM*, von * bis * noch 5x wdh [18].

18. Rd: *1 fM, 1 M abn*, von * bis * noch 5x wdh [12].

19. Rd: 6x 1 M abn [6].

Die Öffnung schließen. Den Faden abschneiden und vernähen.

Blumenmütze

(in Khaki und Karamell)

Die Mütze soll eng auf dem Kopf sitzen, falls dein Hase allerdings etwas größer wurde als in der Anleitung angegeben (weil du ein anderes Garn verwendet hast oder lockerer als ich häkelst), dann häkle die Mütze etwas lockerer. Beginne mit Khaki.

1. Rd: 6 fM in einen Fadenring arbeiten.

2.–6. Rd: 6 fM häkeln.

7. Rd: *1 fM, 1 M zun, 1 fM*, von * bis * noch 1x wdh. [8].

8. Rd: *3 fM, 1 M zun*, von * bis * noch 1x wdh [10].

9. Rd: *2 fM, 1 M zun, 2 fM*, von * bis * noch 1x wdh [12].

10. Rd: *5 fM, 1 M zun*, von * bis * noch 1x wdh [14].

11. Rd: *3 fM, 1 M zun, 3 fM*, von * bis * noch 1x wdh [16].

12. Rd: *7 fM, 1 M zun*, von * bis * noch 1x wdh [18].

13. Rd: *1 fM, 1 M zun, 1 fM*, von * bis * noch 5x wdh. [24].

14. Rd: *3 fM, 1 M zun*, von * bis * noch 5x wdh [30].

15. Rd: *2 fM, 1 M zun, 2 fM*, von * bis * noch 5x wdh [36].

16. Rd: *5 fM, 1 M zun*, von * bis * noch 5x wdh [42].

17. Rd: *3 fM, 1 M zun, 3 fM*, von * bis * noch 5x wdh [48].

18.–25. Rd: 48 fM häkeln.

Fb-Wechsel zu Karamell.

26. Rd: ivM: *1 fM, 1 hStb, 1 Stb, 1 DStb zun, 1 Stb, 1 hStb*, von * bis * noch 7x wdh 2 3.

In der folgenden Rd häkelst du die Blütenblätter versetzt zu denen aus der 26. Rd und startest deshalb zunächst mit Km 4.

27. Rd: ihM: 3 Km, *1 hStb, 1 Stb, 1 DStb, 1 DreifachStb + 1 DreifachStb, 1 DStb, 1 Stb*, von * bis * noch 7x wdh und dabei die am Anfang gehäkelten Km mitbehäkeln.

Den Faden abschneiden und vernähen.

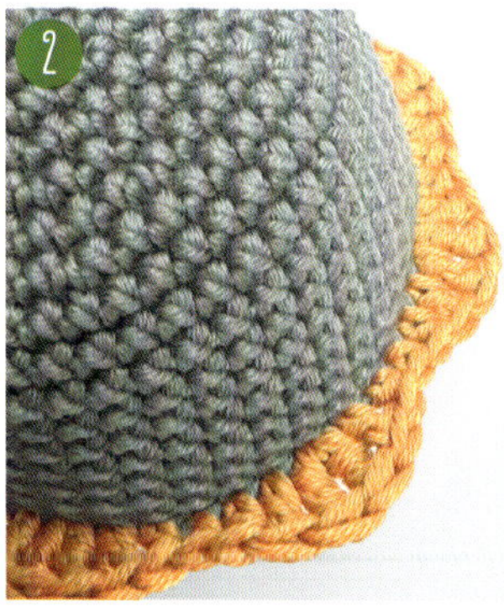

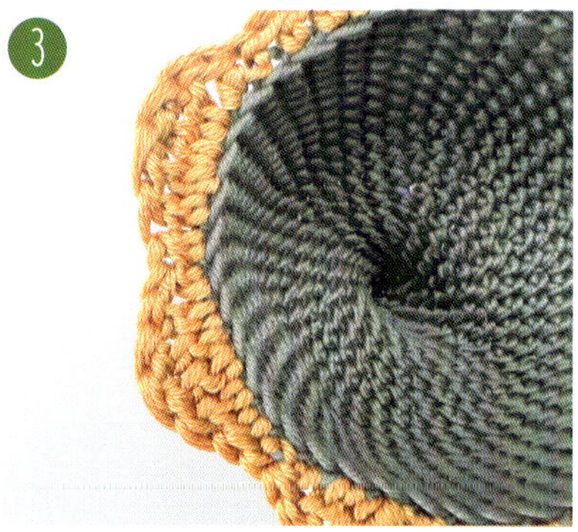

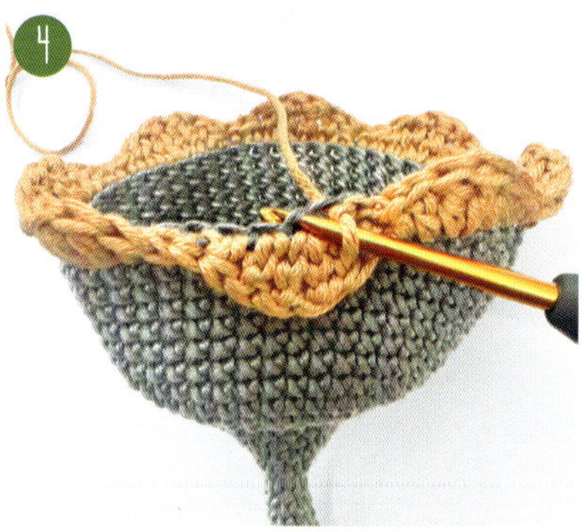

Fertigstellung

Die Nase stickst du mit rosa Stickgarn mit ein paar Stichen zwischen der 6. und 7. Rd des Kopfs über 5 M quer und dann über der 4. bis 6. Rd vertikal mit zwei Stichen auf. Setze weiße Akzente an den Augen. Die Augenbrauen liegen über der 11. und 12. Rd des Kopfs. Den Mund stickst du über 15 M zwischen der 4. und 5. Rd des Kopfs mit schwarzem Stickgarn auf (5). An den Armen und Füßen stickst du mit schwarzem bzw. rosafarbenem Stickgarn die Krallen auf (6) (7). Der Bauchnabel sitzt zwischen der 9. und 10. Rd des Körpers. Falls du nicht schon zwischen der 15. und 16. Rd des Körpers die vorderen M-Glieder der 12. Rd behäkelt hast, maschst du hier jetzt neu an und häkelst einmal rundherum hStb ivM. Sollten dir die Beine zu weit abstehen, nähe sie mit ein paar Stichen am Körper fest. Verwende für die Wangen und die Innenohren etwas Rouge (8). Den Pompon klebst oder nähst du abschließend am Po mittig fest.

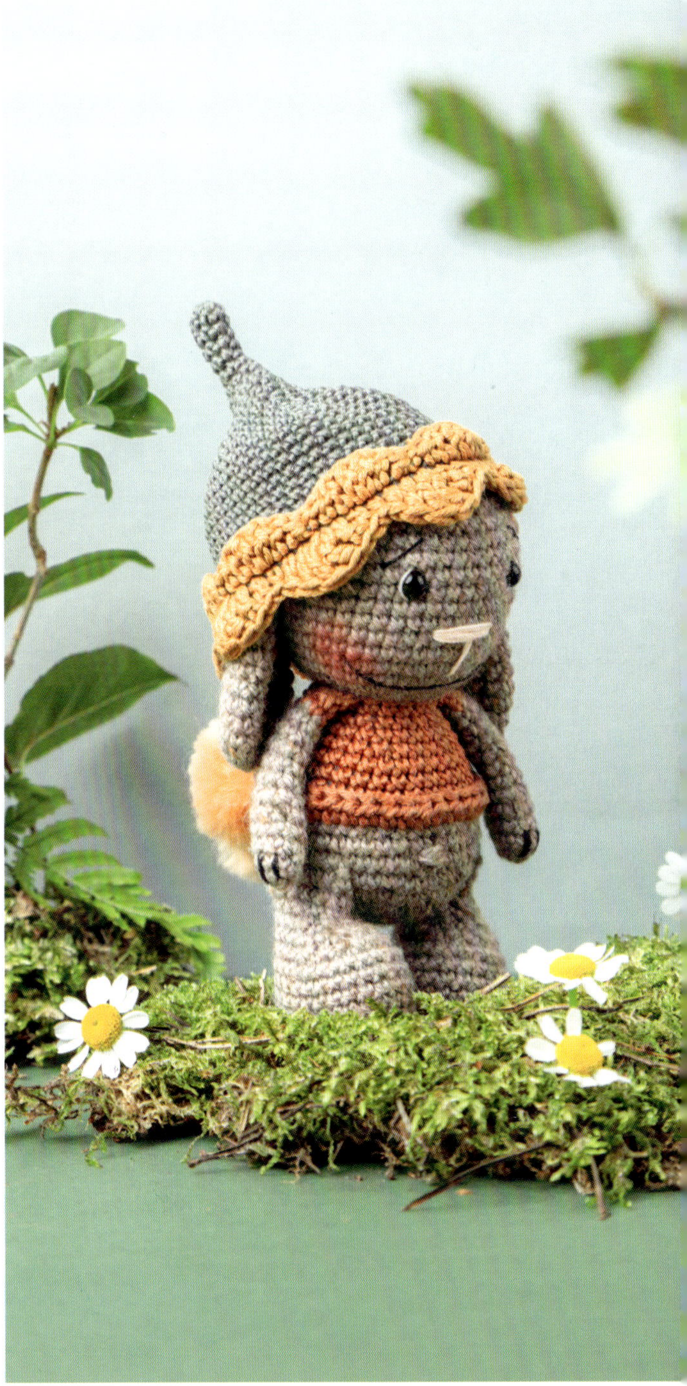

5

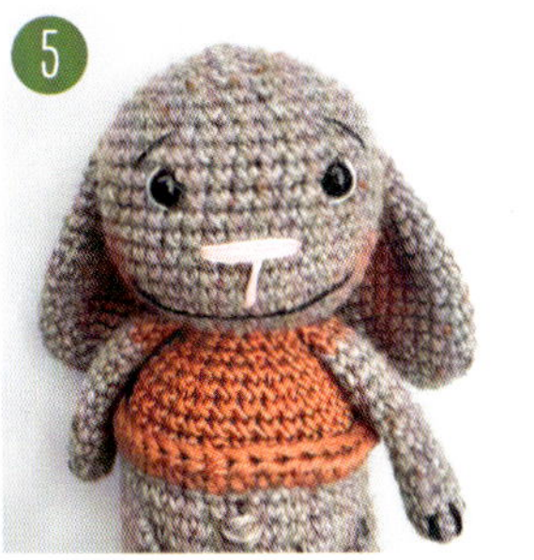

6

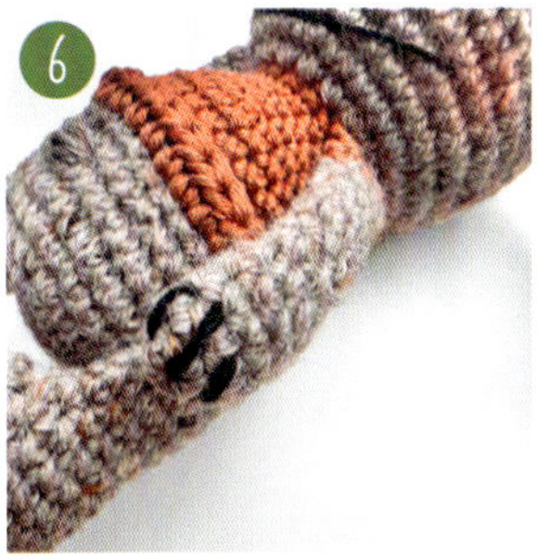

7

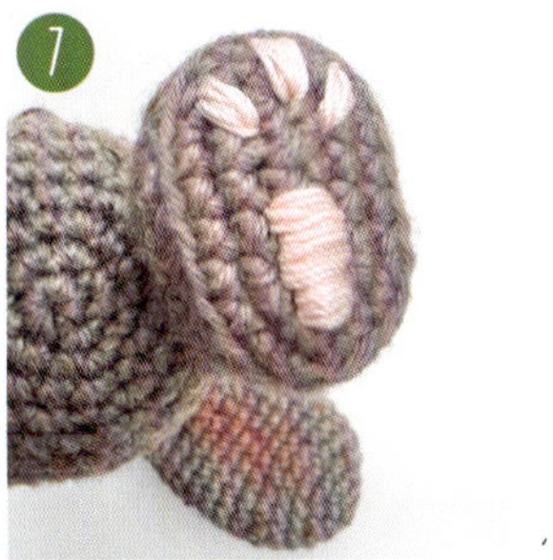

8

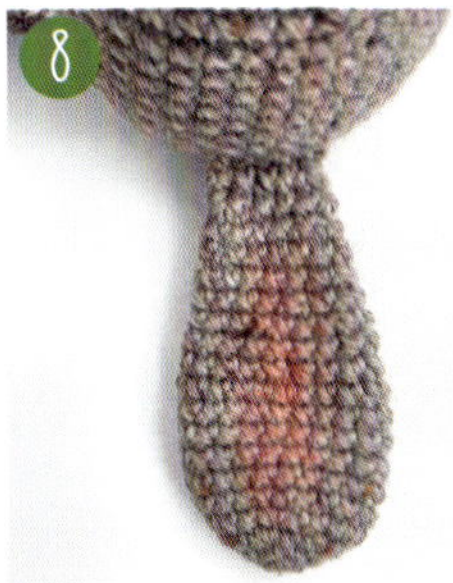

IGEL Knut

Knut ist eine Schlafmütze. Die meiste Zeit des Tages verbringt er im Untergeschoss des Baumhauses in seinem Bett. Er teilt sich eine Höhle mit Joseph, die beiden sind sehr gut befreundet. Greta sieht er allerdings noch öfter, weil sie beide nachtaktiv sind.

GRÖSSE

Bei Verwendung der angegebenen Materialien wird Knut ca. 16 cm groß.

MATERIAL

SCHEEPJES CATONA
(100 % Baumwolle, LL 125 m/50 g) in
Linen (Fb 505), 14 g
Ginger Gold (Fb 383), 15 g
Brick Red (Fb 504), Rest
Schwarz (Fb 110), Rest

SCHEEPJES STONE WASHED
(78 % Baumwolle, 22 % Acryl) in
Black (Fb 803), 12 g

2 Sicherheitsaugen Ø 4 mm
Häkelnadel 2,0 mm
4 (Holz-)Knöpfe Ø 8 mm
Stickgarn in Schwarz
Buntes Nähgarn
Füllwatte
Stecknadeln
Wollnadel
Maschenmarkierer
Schere
Rouge

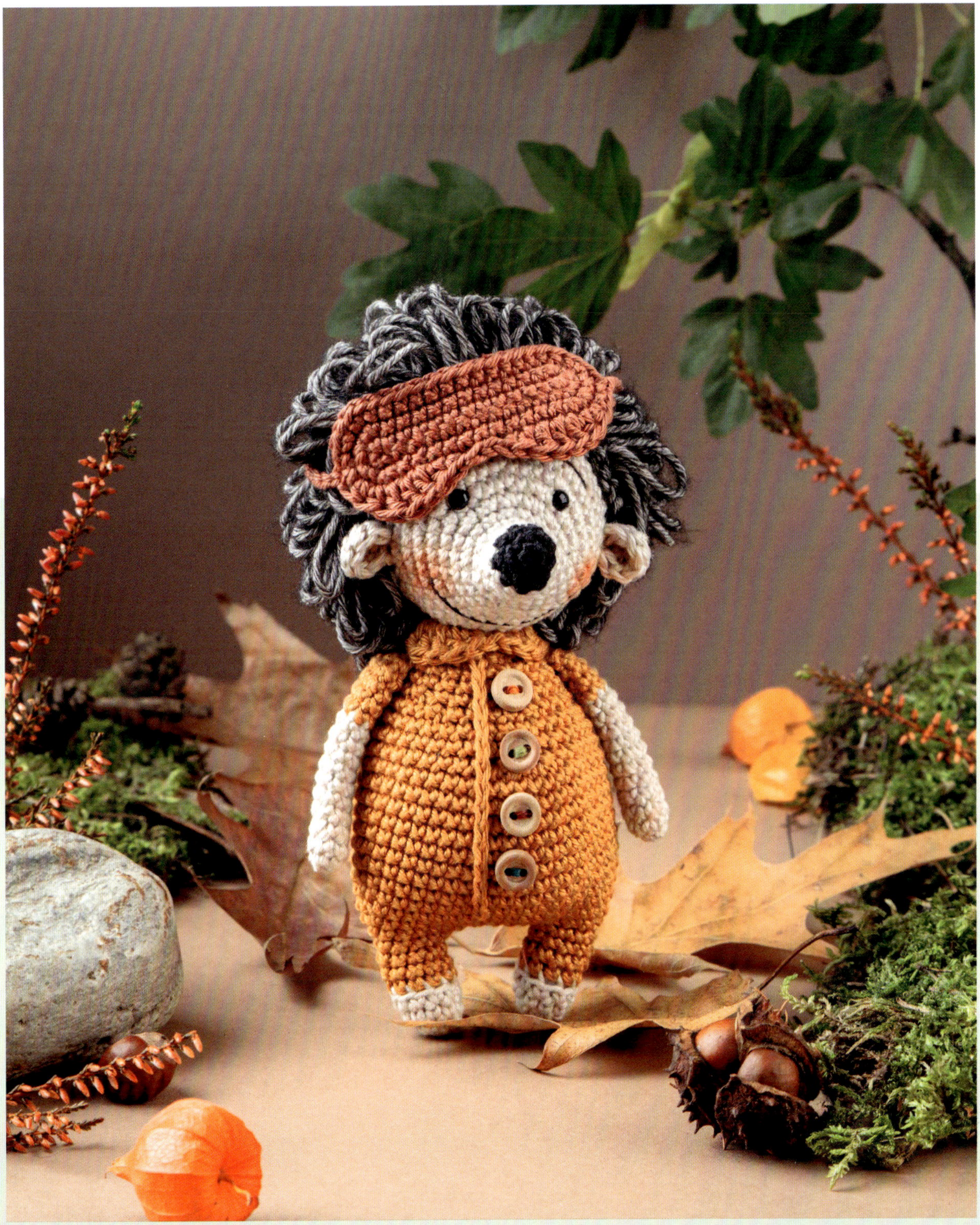

So wird's gemacht

Es wird, wenn nicht anders angegeben, in Spiral-Rd gehäkelt. Denke schon während des Häkelns daran, die Teile nach und nach mit Watte zu füllen.

ARM

(2x, in Linen und Ginger Gold)

Beginne mit Linen. Die Arme werden nicht mit Watte gefüllt.

1. Rd: 8 fM in einen Fadenring arbeiten.

2.–11. Rd: 8 fM häkeln.

Fb-Wechsel zu Ginger Gold.

12.–14. Rd: 8 fM häkeln.

15. Rd: *1 fM, 1 M abn*, von * bis * von * bis * 1x wdh, 2 fM [6].

Die Öffnung häkelst du mit 2 fM zusammen. Den Faden abschneiden und vernähen oder später miteinhäkeln.

BEIN

(2x, in Linen und Ginger Gold)

Beginne mit Linen.

1. Rd: 5 fM in einen Fadenring arbeiten.

2. Rd: 5x 1 M zun [10].

3.–4. Rd: 10 fM häkeln.

Fb-Wechsel zu Ginger Gold.

5. Rd: 10 fM ihM häkeln.

6.–7. Rd: 10 fM häkeln.

Den Faden beim 1. Bein abschneiden und vernähen oder später miteinhäkeln. Beim 2. Bein den Faden nicht abschneiden, du häkelst direkt mit dem Körper weiter.

KÖRPER

(in Ginger Gold)

Um die beiden Beine nun miteinander zu verbinden, häkelst du am 2. Bein noch ca. 5 fM, damit das Ende dieser Rd seitlich liegt, und anschließend eine Lm-Kette aus 6 Lm. Achte darauf, dass sich die Lm-Kette nicht verdreht. Häkle seitlich in das 1. Bein, achte dabei darauf, dass auch dieses Bein die Rd-Übergänge hinten hat. Diese zeigen zu dir.

1. Rd: 10 fM ins 1. Bein, 6 fM in die Lm-Kette, 10 fM ins 2. Bein, 6 fM in die Lm-Kette [32].

2. Rd: 5 fM, *1 M zun, 4 fM, 1 M zun*, 10 fM, von * bis * 1x wdh, 5 fM [36].

3. Rd: 5 fM, *1 M zun, 6 fM, 1 M zun*, 10 fM, von * bis * 1x wdh, 5 fM [40].

4. Rd: 5 fM, *1 M zun, 8 fM, 1 M zun*, 10 fM, von * bis * 1x wdh, 5 fM [44].

5.–13. Rd: 44 fM häkeln.

In der folgenden 14. Rd liegen die Abn vorne mittig. Ggf. musst du die M-Aufteilung etwas anpassen.

14. Rd: 15 fM, 4x 1 M abn, 21 fM [40].

15. Rd: 40 fM häkeln.

16. Rd: *8 fM, 1 M abn*, von * bis * noch 3x wdh [36].

17. Rd: *2 fM, 1 M abn, 2 fM*, von * bis * noch 5x wdh [30].

18. Rd: *3 fM, 1 M abn*, von * bis * noch 5x wdh [24].

19. Rd: 24 fM häkeln.

In der 20. Rd häkelst du die Arme mit ein. Sie liegen seitlich auf einer Linie mit den Beinen. Ggf. musst du die M-Aufteilung vor und nach dem Einhäkeln der Arme etwas anpassen. Zwischen den Armen liegen vorne 9 fM.

20. Rd: 5 fM, 1. Arm mit 2 fM, 9 fM, 2. Arm mit 2 fM, 6 fM [24].

21. Rd: *1 fM, 1 M abn, 1 fM*, von * bis * noch 5x wdh [18].

22. Rd: 18 fM häkeln.

Den Faden lang abschneiden und zum späteren Annähen des Kopfes nutzen.

KOPF

(in Schwarz und Linen)

Beginne mit Schwarz.

1. Rd: 6 fM in einen Fadenring arbeiten.

2. Rd: *1 fM, 1 M zun*, von * bis * noch 2x wdh [9].

3. Rd: 9 fM häkeln.

Fb-Wechsel zu Linen.

4. Rd: 9 fM häkeln.

5. Rd: *1 fM, 1 M zun, 1 fM*, von * bis * noch 2x wdh [12].

6. Rd: 12 fM häkeln.

7. Rd: *1 fM, 1 M zun*, von * bis * noch 5x wdh [18].

8. Rd: 18 fM häkeln.

9. Rd: 6 fM, 6x 1 M zun; 6 fM [24].

10. Rd: 6 fM, *1 fM, 1 M zun*, von * bis * noch 5x wdh, 6 fM [30].

11. Rd: *2 fM, 1 M zun, 2 fM*, von * bis * noch 5x wdh [36].

12. Rd: *5 fM, 1 M zun*, von * bis * noch 5x wdh [42].

Die Augen setzt du zwischen der 10. und 11. Rd mit einem Abstand von 8 sichtbaren M ein.

13.–20. Rd: 42 fM häkeln.

21. Rd: *5 fM, 1 M abn*, von * bis * noch 5x wdh [36].

22. Rd: *2 fM, 1 M abn, 2 fM*, von * bis * noch 5x wdh [30].

23. Rd: *3 fM, 1 M abn*, von * bis * noch 5x wdh [24].

24. Rd: *1 fM, 1 M abn, 1 fM*, von * bis * noch 5x wdh [18].

25. Rd: *1 fM, 1 M abn*, von * bis * noch 5x wdh [12].

26. Rd: 6x 1 M abn [6].

Den Faden abschneiden und die Öffnung unsichtbar schließen, den Faden vernähen (1) (2).

1

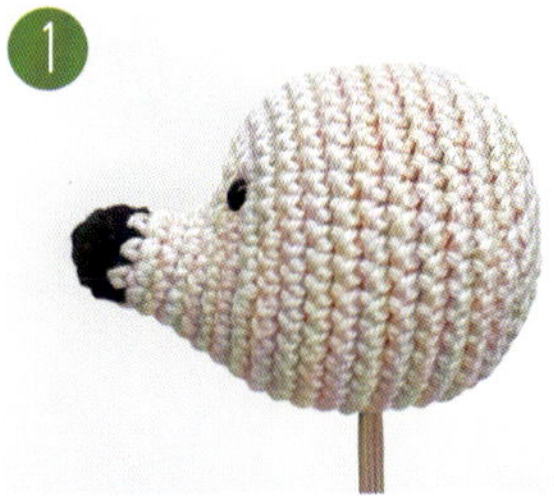

2

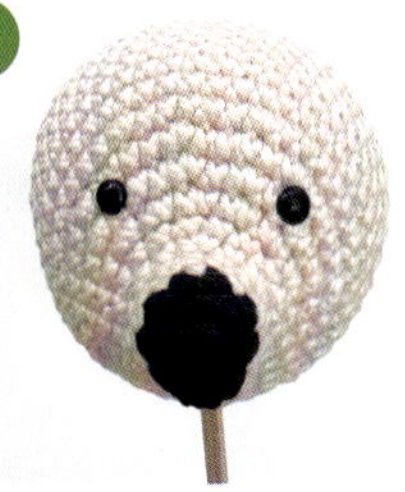

OHR

(2x, in Linen)

Arbeite in einen Fadenring 8 Stb und beende die Rd mit einer Km. Es ist gewollt, dass sich der Kreis optisch nicht schließt. Faden lang abschneiden und zum späteren Annähen an den Kopf nutzen.

HAARKAPPE/STACHELN

(in Stone Washed Black)

1. Rd: 6 fM in einen Fadenring arbeiten.

Ab der 2. Rd arbeitest du jede M mit einer Schlaufe (Schlingenmasche, siehe Seite 16). Achte darauf, dass du die Schlaufen gleichmäßig arbeitest (ca. 2 cm lang).

2. Rd: 6x 1 M zun [12].

3. Rd: *1 fM, 1 M zun*, von * bis * noch 5x wdh [18].

4. Rd: *1 fM, 1 M zun, 1 fM*, von * bis * noch 5x wdh [24].

5. Rd: *3 fM, 1 M zun*, von * bis * noch 5x wdh [30].

6. Rd: *2 fM, 1 M zun, 2 fM*, von * bis * noch 5x wdh [36].

7.–10. Rd: 36 fM häkeln.

11. Rd: 31 fM häkeln. Die Rd wird nicht zu Ende gehäkelt.

Den Faden lang abschneiden und zum späteren Annähen an den Kopf nutzen 3.

3

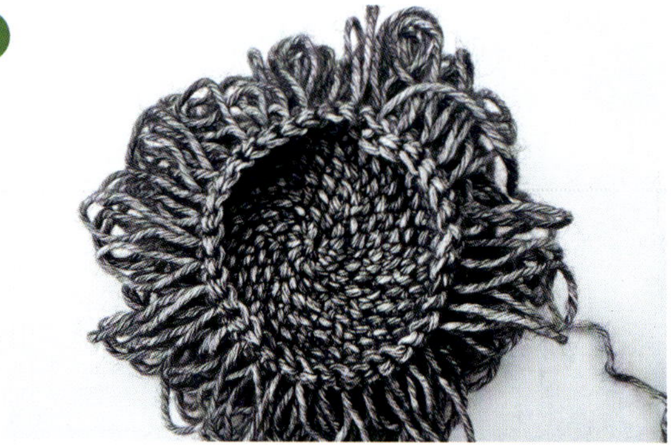

KRAGEN

(in Ginger Gold)

Die folgende Lm-Kette musst du ggf., je nachdem, wie dick der Hals ist, anpassen. Sollte deine Lm-Kette länger werden, dann füge sowohl am Anfang als auch am Ende noch fM hinzu. Gleiches gilt, falls du deine Lm-Kette kürzer benötigst, dann häkelst du entsprechend weniger fM. Schlage 18 Lm an. Achte darauf, dass sich die Lm-Kette nicht verdreht. Beginne in der 2. Lm von der Nd aus und häkle wie folgt zurück: 4 fM, 1 hStb, 2x 1 Stb zun, 1 hStb, 1 Km, 1 hStb, 2x 1 Stb zun, 1 hStb, 4 fM. Den Faden abschneiden und zum späteren Annähen nutzen 4.

4

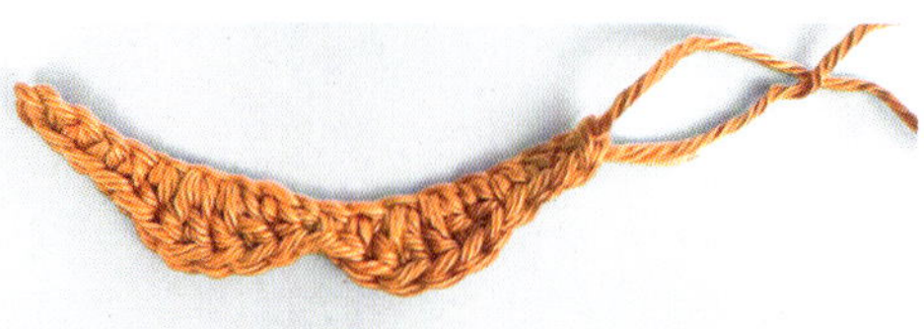

SCHLAFMASKE

(in Brick Red)

Schlage 14 Lm an. Achte darauf, dass sich die Lm-Kette nicht verdreht. Beginne in der 2. Lm von der Nd aus und häkle entlang beider Seiten der Lm-Kette in Rd wie folgt:

1. Rd: 1 M zun, 11 fM, 4 fM in eine M, 11 fM, 1 M zun [30].

2. Rd: 2x 1 M zun, 11 fM, 4x 1 M zun, 11 fM, 2x 1 M zun [38].

3. Rd: 2x 1 M zun, 14 fM, 2x 1 M zun, 2 fM, 2 hStb, 3 Stb, 1 hStb, 1 fM, 3 Km, 1 fM, 1 hStb, 3 Stb, 2 hStb, 1 fM [42].

Nun häkelst du für das 1. seitliche Band 1 fM, 1 Km, 35 Lm, den Faden abschneiden und durch die letzte M ziehen. Du maschst auf der gegenüberliegenden Seite mittig neu an und häkelst auch hier 35 Lm für das 2. seitliche Band. Den Faden ebenfalls abschneiden und durch die letzte M ziehen. Den Anfangsfaden vernähen 5.

5

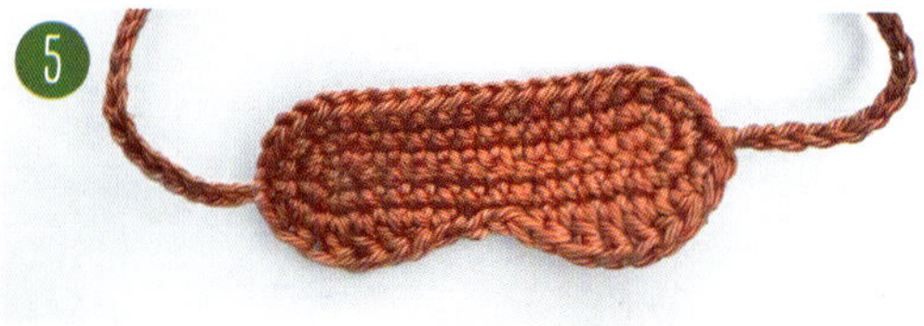

FERTIGSTELLUNG

Nähe den Kopf an den Körper 6 7 8. Für die Knopfleiste schlägst du 15 Lm an und platzierst die Lm-Kette vorne auf dem Bauch. Sie liegt etwas weiter links und beginnt oben an der 28. Rd und endet unten an der 11 Rd. Rechts daneben nähst du die 4 Knöpfe an. Nutze dafür buntes Nähgarn. Lege den Kragen um den Hals und nähe ihn fest. Vorne mittig liegt die gehäkelte Km 9. Setze die Haarkappe so auf den Kopf, dass die nicht behäkelten 5 M aus der 11. Rd unten im Nacken liegen. Forme die Wölbung der Kappe schön aus, oben endet sie hinter der 14. Rd des Kopfs 10 11. Den Mund und die Augenbrauen stickst du zwischen der 12. und 13. Rd des Kopfs auf. Den

Mund stickst du über 11 M und die Augenbrauen über 4 M auf. Die Ohren liegen links und rechts am Kopf, bündig an der Haarkappe. Von vorne betrachtet liegen sie auf einer Linie mit der Nase. Falte sie zunächst unten etwas nach innen und fixiere sie dort mit zwei Stichen. Nähe sie anschließend fest. Verwende für die Wangen und Ohren sowie für die Arm- und Beinenden etwas Rouge. Die Schlafmaske bindest du um den Kopf.

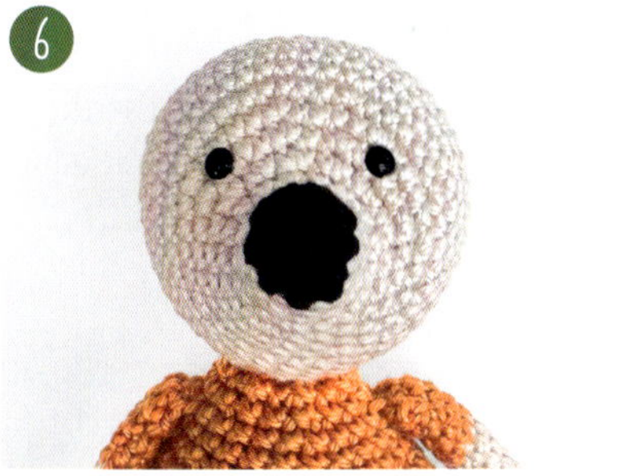
6

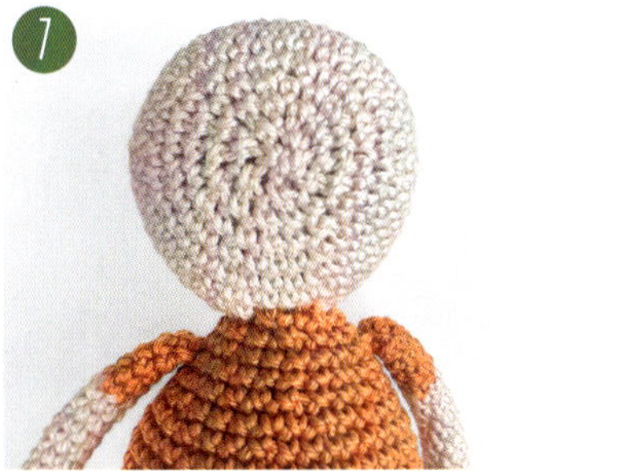
7

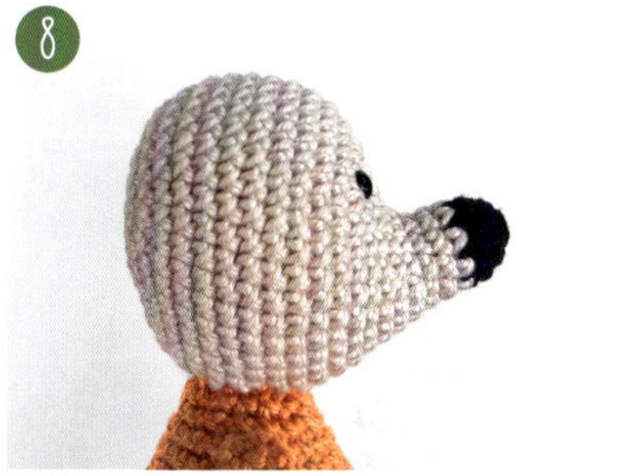
8

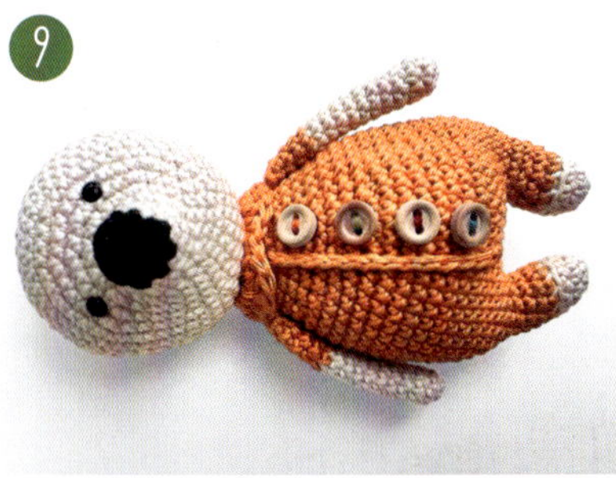
9

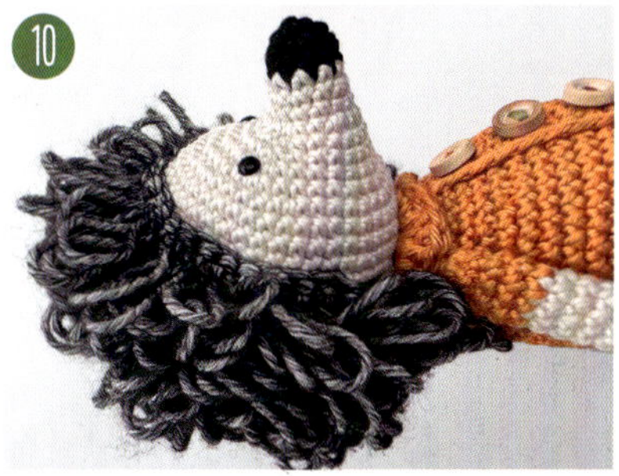
10

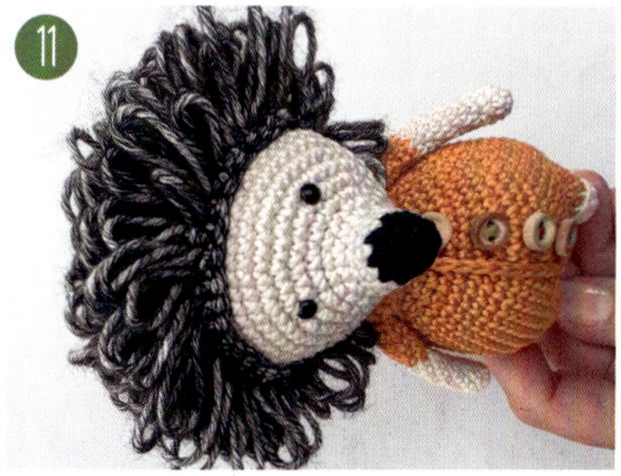
11

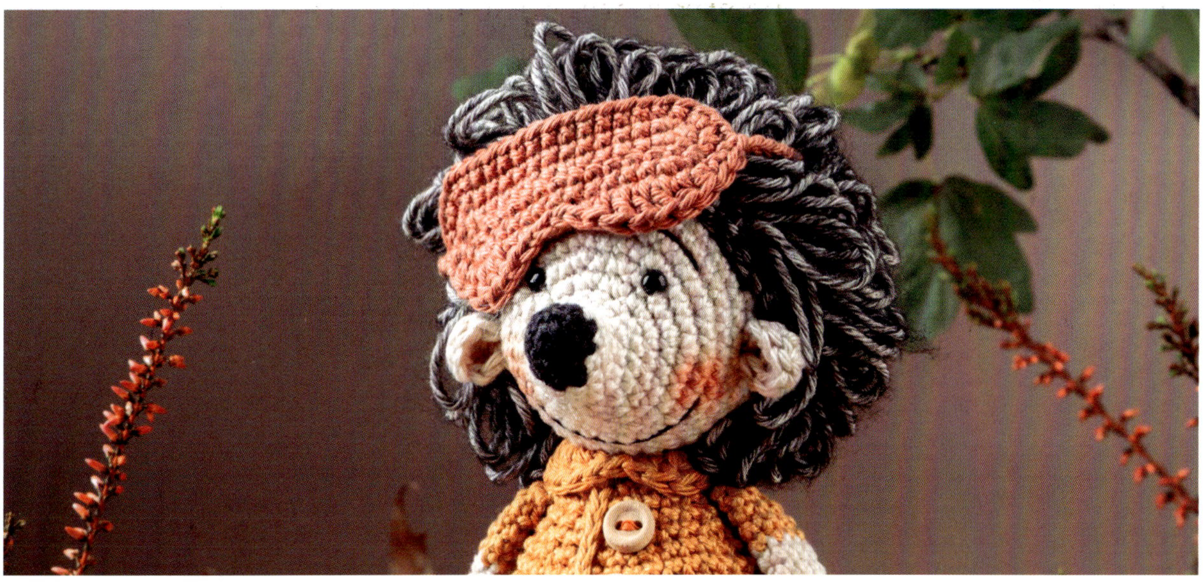

ALRAUNE Herbert

Herbert ist sehr launisch und kann schnell seine Stimmung ändern. Wenn man ihn auf der falschen Wurzel erwischt, dann kann er ganz schön mürrisch sein. Er liebt den Regen und springt bei besonders nassem Wetter gern durch alle Pfützen.

GRÖSSE

Bei Verwendung der angegebenen Materialien wird Herbert ca. 16 cm groß.

MATERIAL

SCHACHENMAYR CATANIA
(100 % Baumwolle, LL 125 m/50 g) in
Sun-Kissed (Fb 437), 25 g
Camouflage (Fb 414), Rest
Fango (Fb 387), Rest
Khaki (Fb 289), Rest
Teddy (Fb 161), Restfaden

Häkelnadel 2,0 mm
Füllwatte
Stecknadeln
Wollnadel
Maschenmarkierer
Schere
Dunkelbraunes Rouge/Lidschatten
Optional: Textilkleber

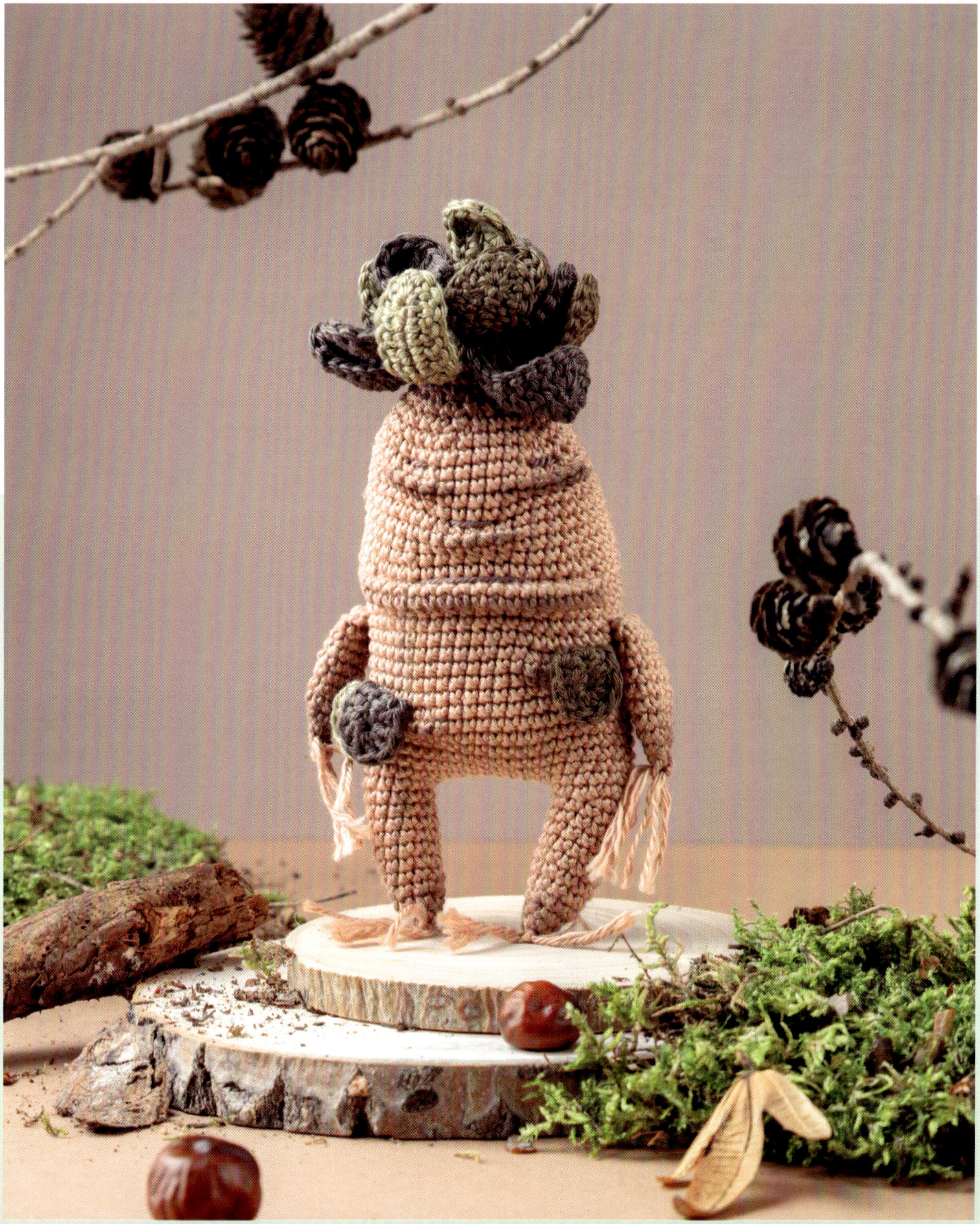

So wird's gemacht

Es wird, wenn nicht anders angegeben, in Spiral-Rd gehäkelt. Denke schon während des Häkelns daran, die Teile nach und nach mit Watte zu füllen.

ARM

(2x, in Sun-Kissed)

Die Arme werden nicht mit Watte gefüllt.

1. Rd: 4 fM in einen Fadenring arbeiten.

Du kannst optional den Anfangsfaden gleich nach außen ziehen und diesen für die Wurzel benutzen.

2. Rd: *1 fM, 1 M zun*, von * bis noch 1x wdh [6].

3. Rd: *1 fM, 1 M zun*, von * bis * noch 2x wdh [9].

4.–10. Rd: 9 fM häkeln.

Die Öffnung häkelst du mit 4 fM zusammen. Den Faden abschneiden und vernähen oder später miteinhäkeln.

BEIN

(2x, in Sun-Kissed)

Du kannst optional den Anfangsfaden gleich nach außen ziehen und diesen für die Wurzeln benutzen.

1. Rd: 6 fM in einen Fadenring arbeiten.

2. Rd: 6 fM häkeln.

3. Rd: *1 fM, 1 M zun*, von * bis noch 2x wdh [9].

4. Rd: 9 fM häkeln.

5. Rd: *2 fM, 1 M zun*, von * bis * noch 2x wdh [12].

6.–11. Rd: 12 fM häkeln.

Beim 1. Bein schneidest du den Faden ab und vernähst oder häkelst ihn später mit ein. Beim 2. Bein schneidest du den Faden nicht ab, du häkelst direkt mit dem Körper weiter.

KÖRPER

(in Sun-Kissed)

Um die beiden Beine nun miteinander zu verbinden, häkelst du eine Lm-Kette aus 10 Lm. Achte darauf, dass sich die Lm-Kette nicht verdreht. Häkle seitlich in das 1. Bein.

1. Rd: 12 fM ins 1. Bein, 10 fM in Lm-Kette, 12 fM ins 2. Bein, 10 fM in Lm-Kette [44].

2.–5. Rd: 44 fM häkeln.

6. Rd: 20 fM, 9 fM ivM, 15 fM [44].

7. Rd: 44 fM häkeln.

8. Rd: 20 fM, 9 fM zusammen mit den hinteren M-Gliedern aus der 6. Rd, 15 fM [44] (1).

9. Rd: 44 fM häkeln.

10. Rd: 10 fM, 4 fM ivM, 30 fM [44].

11. Rd: 44 fM häkeln (2).

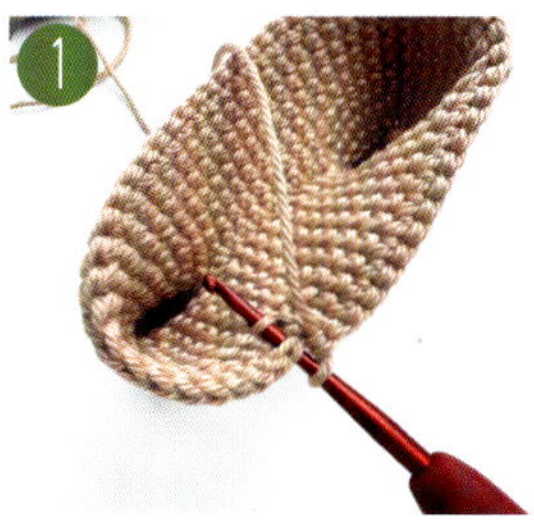

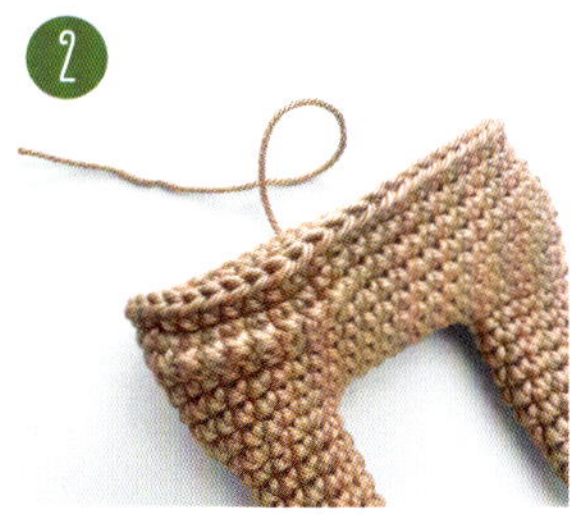

12. Rd: 10 fM, 4 fM zusammen mit den hinteren M-Gliedern aus der 10. Rd, 30 fM [44].

13. Rd: 44 fM häkeln.

In der 14. Rd häkelst du die Arme mit ein. Sie liegen seitlich auf einer Linie mit den Beinen. Ggf. musst du die M-Aufteilung vor und nach dem Einhäkeln der Arme etwas anpassen. Zwischen den Armen liegen vorne 19 fM.

14. Rd: 5 fM, 1. Arm mit 4 fM, 19 fM, 2. Arm mit 4 fM, 12 fM [44].

15. Rd: 44 fM häkeln.

In der 16. Rd häkelst du den Mund. Er soll vorne mittig

liegen, dafür häkelst du die M ivM. Ggf. musst du die M-Aufteilung etwas anpassen.

16. Rd: 8 fM, 17 fM ivM, 19 fM [44].

17. Rd: 44 fM häkeln.

18. Rd: 8 fM, 17 fM zusammen mit den hinteren M-Gliedern aus der 16. Rd, 19 fM [44].

19. Rd: 44 fM häkeln.

20. Rd: *9 fM, 1 M abn*, von * bis * noch 3x wdh [40].

In der 21. Rd häkelst du die Nase. Sie soll vorne mittig liegen, dafür häkelst du die M ivM. Ggf. musst du die M-Aufteilung etwas anpassen.

21. Rd: 13 fM, 5 fM ivM, 22 fM [40].

22. Rd: 40 fM häkeln.

23. Rd: 13 fM, 5 fM zusammen mit den hinteren M-Gliedern aus der 21. Rd, 22 fM [40].

24. Rd: *8 fM, 1 M abn*, von * bis * noch 3x wdh [36].

In der 25. Rd häkelst du die Augen. Sie liegen rechts und links von der Nase, dafür häkelst du die M ivM. Ggf. musst du die M-Aufteilung etwas anpassen.

25. Rd: 8 fM, 4 fM ivM, 5 fM, 4 fM ivM, 15 fM [36].

26. Rd: 36 fM häkeln.

27. Rd: 8 fM, 4 fM zusammen mit den hinteren M-Gliedern aus der 26. Rd, 5 fM, 4 fM zusammen mit den hinteren M-Gliedern aus der 25. Rd, 15 fM häkeln [36].

28. Rd: 36 fM häkeln.

29. Rd: *4 fM, 1 M abn*, von * bis * noch 5x wdh [30].

30. Rd: *3 fM, 1 M abn*, von * bis * noch 5x wdh [24].

31. Rd: *2 fM, 1 M abn*, von * bis * noch 5x wdh [18].

32. Rd: *1 fM, 1 M abn*, von * bis * noch 5x wdh [12].

33.–35. Rd: 12 fM häkeln.

36. Rd: 6x 1 M abn [6].

37.–39. Rd: 6 fM häkeln.

Den Faden abschneiden, die Öffnung unsichtbar schließen, den Faden vernähen (3).

3

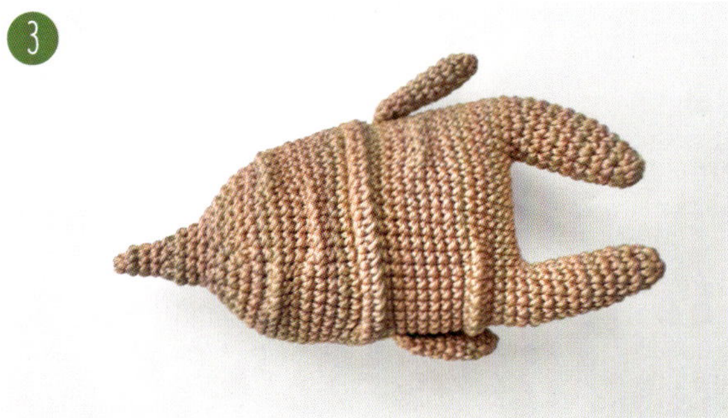

Kleine Blätter

(6x, davon 2x in Camouflage, 2x in Fango, 2x in Khaki)

Schlage 5 Lm an. Achte darauf, dass sich die Lm-Kette nicht verdreht. Beginne in der 2. Lm von der Nd aus und häkle entlang beider Seiten der Lm-Kette wie folgt:

1 fM, 1 hStb, 1 Stb, 6 Stb in 1 M, 1 Stb, 1 hStb, 1 fM, 1 Km.

Den Faden lang abschneiden und zum späteren Annähen nutzen.

Mittlere Blätter

(5x, davon 2x in Camouflage, 2x in Fango, 1x in Khaki)

Schlage 8 Lm an. Achte darauf, dass sich die Lm-Kette nicht verdreht. Beginne in der 2. Lm von der Nd aus und häkle entlang beider Seiten der Lm-Kette wie folgt:

1 fM, 2 hStb, 3 Stb, 6 Stb in 1 M, 3 Stb, 2 hStb, 1 fM, 1 Km.

Den Faden lang abschneiden und zum späteren Annähen nutzen.

Grosse Blätter

(6x, davon 3x in Camouflage, 2x in Fango, 1x Khaki)

Schlage 11 Lm an. Achte darauf, dass sich die Lm-Kette nicht verdreht. Beginne in der 2. Lm von der Nd aus und häkle entlang beider Seiten der Lm-Kette wie folgt:

So geht's weiter

2 fM, 3 hStb, 4 Stb, 6 Stb in 1 M, 4 Stb, 3 hStb, 2 fM, 1 Km.

Den Faden lang abschneiden und zum späteren Annähen nutzen.

Fertigstellung

Drapiere die großen Blätter im unteren Bereich des Stiels oben. Sie werden blütenartig angereiht und festgenäht. 4 5 Darüber nähst du die mittleren Blätter, ebenfalls reihum. Am oberen Teil des Stiels nähst du 3 kleine Blätter fest 6 7. Die anderen 3 kleinen Blätter nähst du über die Erhebungen der 19. und 23. Rd. Wenn du sie mit der linken Seite zu dir zeigend festnähst und dann nach unten klappst, dann sieht es besonders natürlich aus. Benutze ggf. etwas Textilkleber, damit sie schön hängen. Mit dem Garn in Teddy stickst du über den Mund, die Nase und die Augen Akzente. Führe dafür den Faden nur einmal von links nach rechts. An den Armen und Beinen kannst du an den Enden noch kleinere Fäden festknoten und die einzelnen Stränge auseinanderziehen, sofern du nicht gleich die Anfangsfäden genutzt hast. Verwende abschließend etwas dunkles Rouge, um die gehäkelten Erhebungen noch zu betonen 8.

4

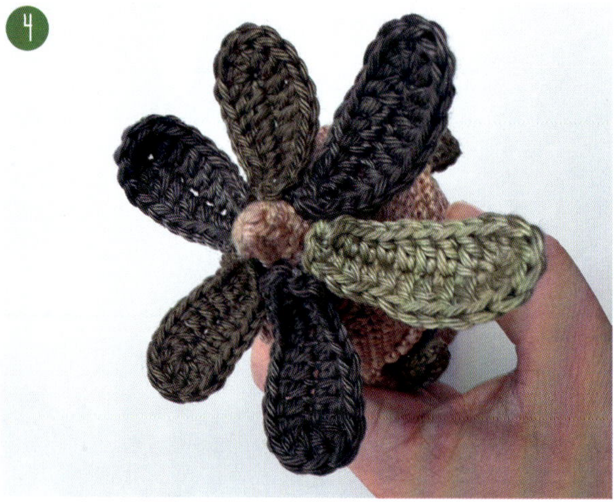

5

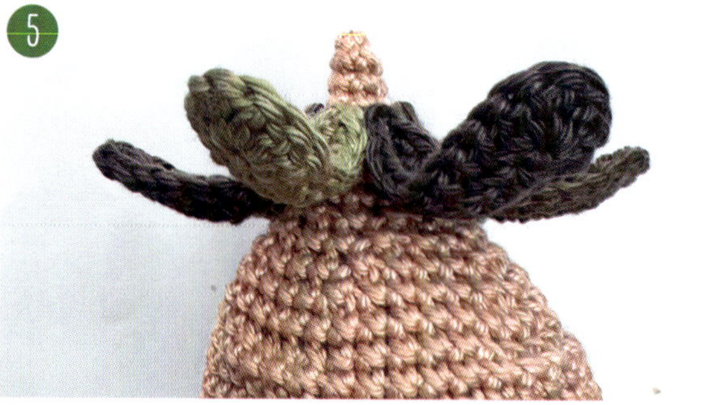

6

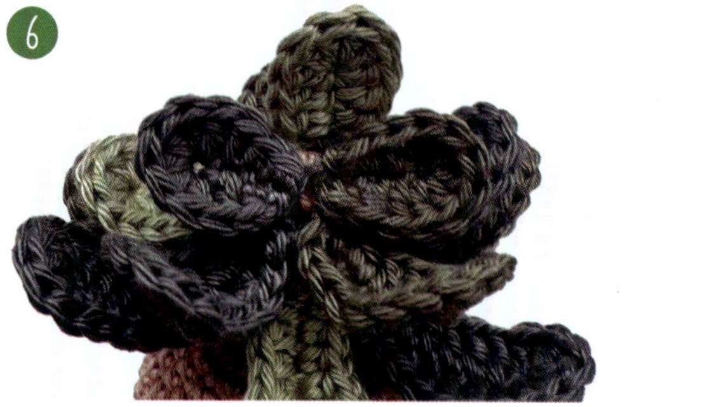

7

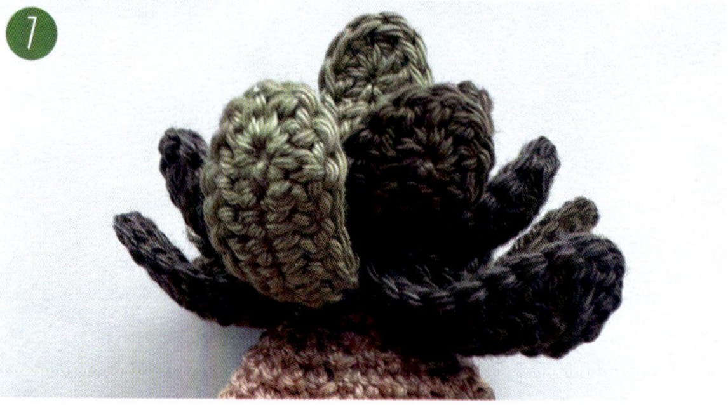

8

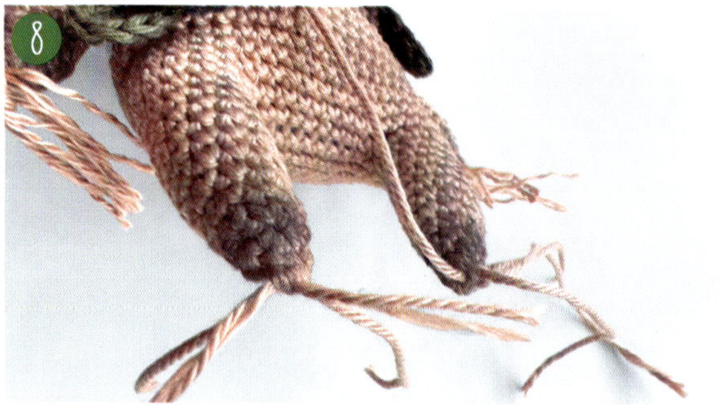

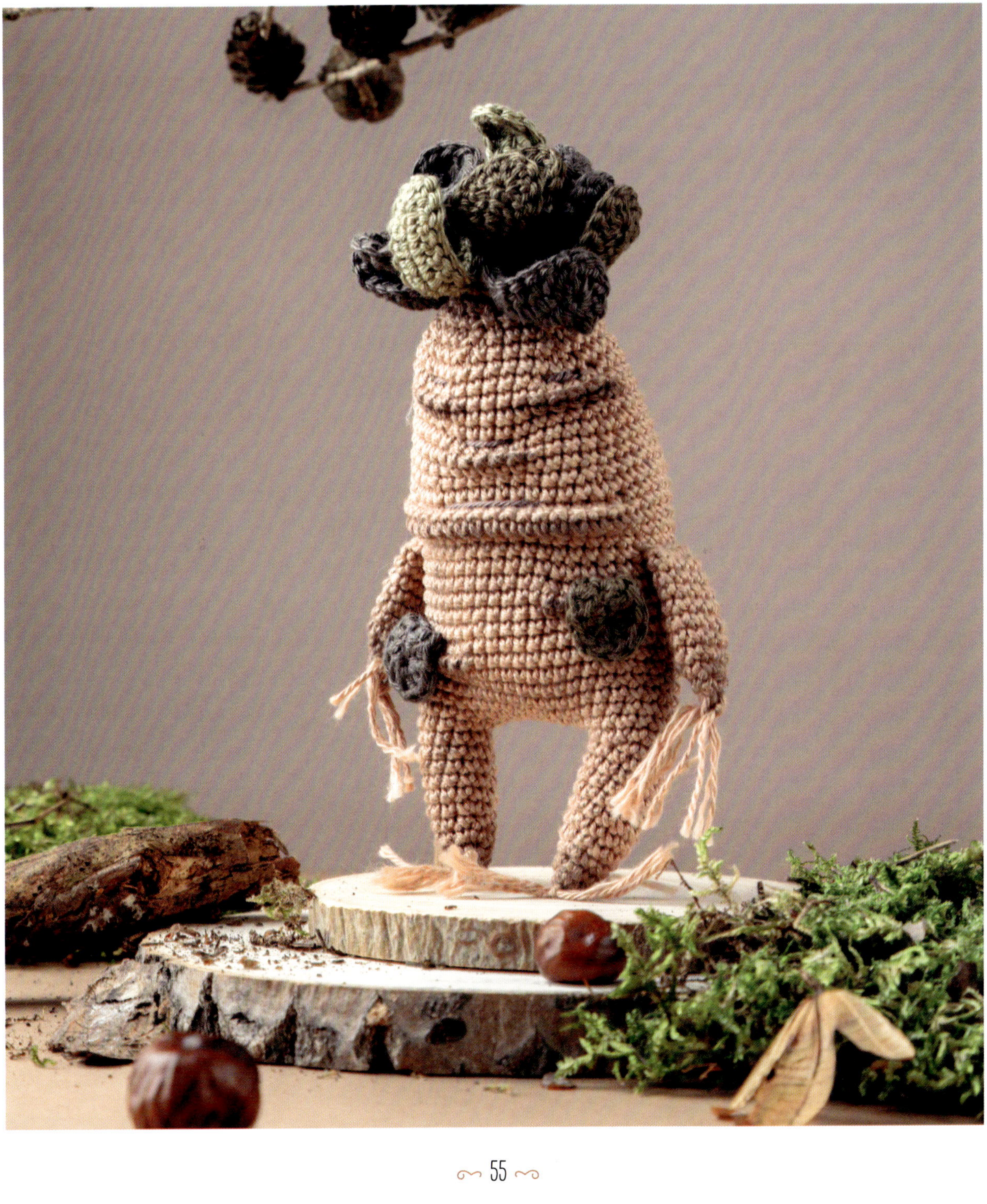

KOBOLD Erich

Erich könnte auch Grummel heißen. Er grummelt nämlich stets und ständig vor sich hin. Nie kann man es ihm recht machen, grundsätzlich ist er erst einmal von allem und jedem genervt. Er passt gut zu Herbert. Die beiden verstehen einander.

GRÖSSE

Bei Verwendung der angegebenen Materialien wird Erich ca. 16 cm groß.

MATERIAL

SCHEEPJES CATONA
(100 % Baumwolle, LL 125 m/50 g) in
Willow (Fb 395), 35 g
Hazelnut (Fb 503), 21 g
Chocolate (Fb 507), Rest

SCHACHENMAYR CATANIA
(100 % Baumwolle, LL 125 m/50 g) in
Fango (Fb 387), 11 g

2 Sicherheitsaugen ø 12 mm

10 Rocaillesperlen ø 3 mm in Kupfer-Metallic

Transparentes Nähgarn

Stickgarn in Schwarz

Häkelnadel 2,0 mm

Füllwatte

Stecknadeln

Wollnadel

Maschenmarkierer

Schere

Dunkles Rouge

Optional: Druckknöpfe ø 6 mm

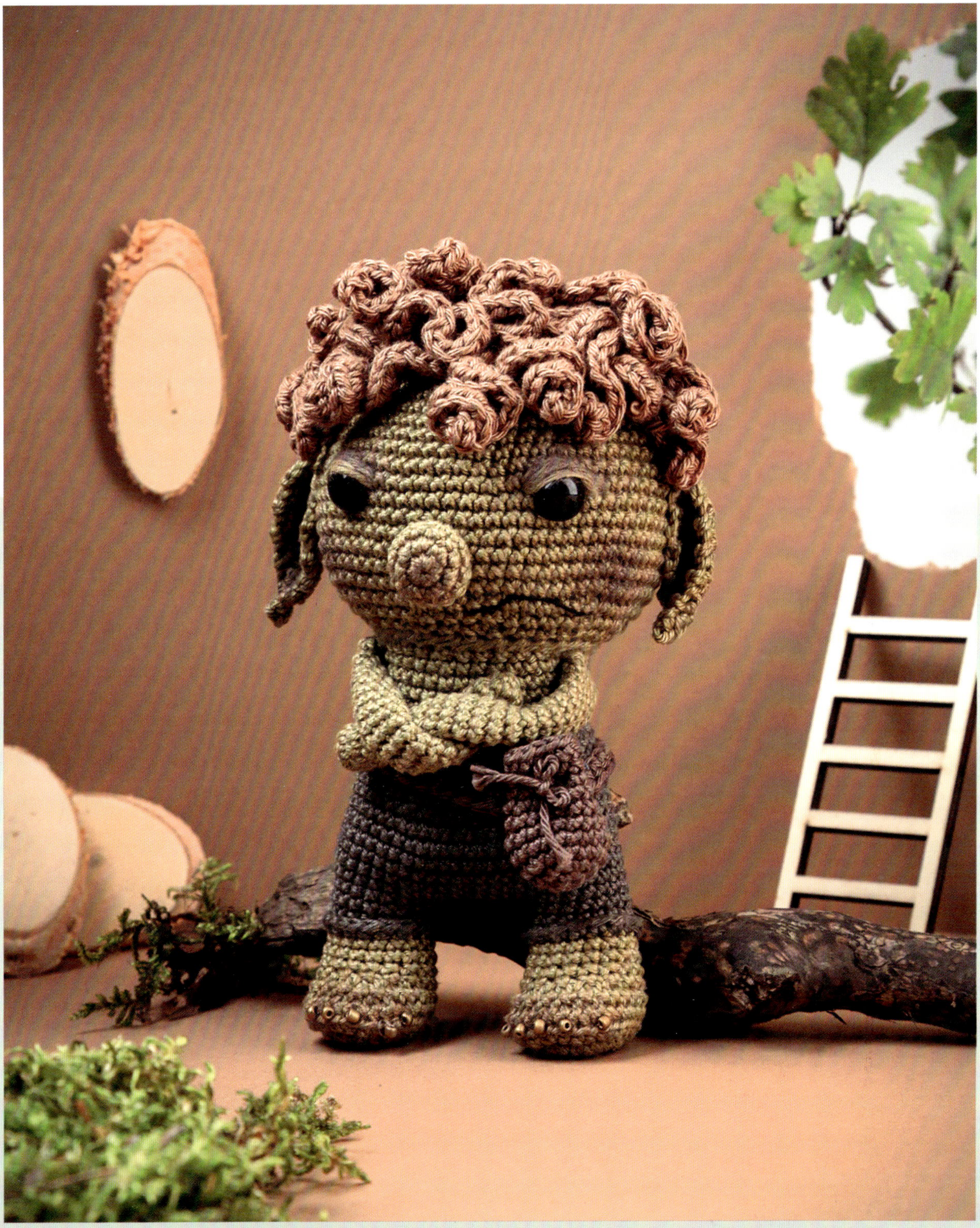

So wird's gemacht

Es wird, wenn nicht anders angegeben, in Spiral-Rd gehäkelt. Denke schon während des Häkelns daran, die Teile nach und nach mit Watte zu füllen.

ARM

(2x, in Willow)

Die Arme werden nicht mit Watte gefüllt.

1. Rd: 8 fM in einen Fadenring arbeiten.

2.–25. Rd: 8 fM häkeln.

Die Öffnung häkelst du mit 4 fM zusammen. Den Faden abschneiden und vernähen oder später miteinhäkeln.

BEIN

(2x, in Willow und Fango)

Beginne mit Willow. Die Fußspitze wird nicht gefüllt, damit du sie später plattdrücken kannst.

1. Rd: 8 fM in einen Fadenring arbeiten.

2. Rd: 8x 1 M zun [16].

3. Rd: *1 fM, 1 M zun*, von * bis * noch 7x wdh [24].

4. Rd: *3 fM, 1 M zun*, von * bis * noch 5x wdh [30].

5. Rd: 30 fM ihM häkeln.

6. Rd: 9 fM, 6x 1 M abn, 9 fM [24].

7. Rd: 6 fM, 6x 1 M abn, 6 fM [18].

8.–10. Rd: 18 fM häkeln.

Fb-Wechsel zu Fango. Lass einen langen Anfangsfaden stehen (ca. 80 cm) und ziehe diesen zunächst nach außen.

11. Rd: 18 fM ihM häkeln.

12. Rd: 18 fM häkeln.

Beim 1. Bein den Faden abschneiden und vernähen. Beim 2. Bein Faden nicht abschneiden, du häkelst nahtlos mit dem Körper weiter. Mit dem langen Anfangsfaden häkelst du ivM der 11. Rd einmal rundherum fM. Den Faden abschneiden und vernähen (1).

1

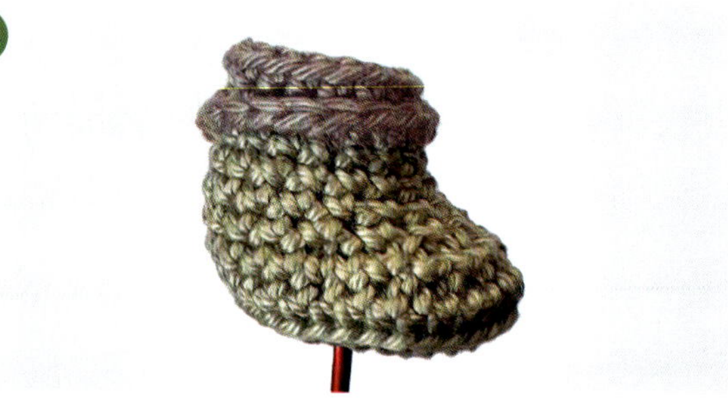

KÖRPER

(in Fango und Willow)

Um die beiden Beine nun miteinander zu verbinden, häkelst du am 2. Bein noch ca. 5 fM, damit das Ende dieser Rd seitlich und der Rd-Übergang hinten liegt; und anschließend eine Lm-Kette aus 6 Lm. Achte darauf, dass sich die Lm-Kette nicht verdreht. Häkle seitlich in das 1. Bein, achte dabei darauf, dass auch dieses Bein den Rd-Übergang hinten hat. Die Fußspitzen zeigen von dir weg.

1. Rd: 18 fM ins 1. Bein, 6 fM in Lm-Kette, 18 fM ins 2. Bein, 6 fM in Lm-Kette [48].

2.–8. Rd: 48 fM häkeln.

Achte darauf, dass die Abn in der 9. Rd vorne mittig sind.

9. Rd: 17 fM, 6x 1 M abn, 19 fM [42].

10.–14. Rd: 42 fM häkeln.

15. Rd: *5 fM, 1 M abn*, von * bis * noch 5x wdh [36].

Fb Wechsel zu Willow. Lass einen langen Anfangsfaden stehen (ca. 85 cm).

16. Rd: 36 fM ihM häkeln.

17.–18. Rd: 36 fM häkeln.

Mit dem langen Anfangsfaden häkelst du ivM der 16. Rd einmal rundherum 36 Km.

In der 19. Rd häkelst du die Arme mit ein. Die Arme liegen seitlich auf einer Linie mit den Beinen. Ggf. musst du die M-Aufteilung vor und nach dem Einhäkeln der Beine etwas anpassen. Zwischen den Armen liegen vorne 14 fM.

19. Rd: 4 fM, 4 fM mit dem 1. Arm, 14 fM, 4 fM mit dem 2. Arm, 10 fM [36].

20. Rd: *2 fM, 1 M abn, 2 fM*, von * bis * noch 5x wdh [30].

Den Faden abschneiden und vernähen.

KOPF

(in Willow)

1. Rd: 7 fM in einen Fadenring arbeiten.

2. Rd: 7x 1 M zun [14].

3. Rd: *1 fM, 1 M zun*, von * bis * noch 6x wdh [21].

4. Rd: *1 fM, 1 M zun, 1 fM*, von * bis * noch 6x wdh [28].

5. Rd: *3 fM, 1 M zun*, von * bis * noch 6x wdh [35].

6. Rd: *2 fM, 1 M zun, 2 fM*, von * bis * noch 6x wdh [42].

7. Rd: *5 fM, 1 M zun*, von * bis * noch 6x wdh [49].

8. Rd: 49 fM häkeln.

9. Rd: *3 fM, 1 M zun, 3 fM*, von * bis * noch 6x wdh [56].

10.–13. Rd: 56 fM häkeln.

14. Rd: *7 fM, 1 M zun*, von * bis * noch 6x wdh [63].

15. Rd: 63 fM häkeln.

16. Rd: *10 fM, 1 M zun, 10 fM*, von * bis * noch 2x wdh [66].

17.–21. Rd: 66 fM häkeln.

Die Sicherheitsaugen setzt du zwischen der 16. und 17. Rd ein. Zwischen den Augen liegen 10 sichtbare M.

22. Rd: *9 fM, 1 M abn*, von * bis * noch 5x wdh [60].

23. Rd: *2 fM, 1 M abn, 2 fM*, von * bis * noch 9x wdh [50].

24. Rd: *3 fM, 1 M abn*, von * bis * noch 9x wdh [40].

25. Rd: *1 fM, 1 M abn, 1 fM*, von * bis * noch 9x wdh [30].

Den Faden lang abschneiden und zum späteren Annähen an den Körper nutzen.

OHR

(2x, in Willow)

Langen Anfangsfaden stehen lassen und zum späteren Annähen an den Kopf nutzen. Schlage 5 Lm an. Achte darauf, dass sich die Lm-Kette nicht verdreht. Beginne in der 2. Lm von der Nd aus und häkle in R wie folgt:

1. R: 4 fM häkeln, 1 Wende-Lm, Arbeit wenden.

2. R: 1 M zun, 2 fM, 1 M zun, 1 Wende-Lm, Arbeit wenden [6].

3. R: 6 fM häkeln, 1 Wende-Lm, Arbeit wenden.

4. R: *1 fM, 1 M zun*, von * bis * noch 2x wdh, 1 Wende-Lm, Arbeit wenden [9].

5.–7. R: 9 fM häkeln, 1 Wende-Lm, Arbeit wenden.

8. R: 1 M abn, 5 fM, 1 M abn, 1 Wende-Lm, Arbeit wenden [7].

9. R: 7 fM häkeln, 1 Wende-Lm, Arbeit wenden.

10. R: 1 M abn, 5 fM, 1 Wende-Lm, Arbeit wenden [6].

11. R: 1 M abn, 4 fM, 1 Wende-Lm, Arbeit wenden [5].

12. R: 1 M abn, 3 fM, 1 Wende-Lm, Arbeit wenden [4].

13. R: 1 M abn, 2 fM, 1 Wende-Lm, Arbeit wenden [3].

14. R: 1 M abn, 1 fM, 1 Wende-Lm, Arbeit wenden [2].

15. R: 1 M abn, 1 Wende-Lm, Arbeit wenden [1].

16. R: 1 fM häkeln.

Den Faden abschneiden und vernähen. Falte das Ohr am breiten Ende und nähe es mit ein paar Stichen von der 1. bis zur 5. R zusammen 2.

2

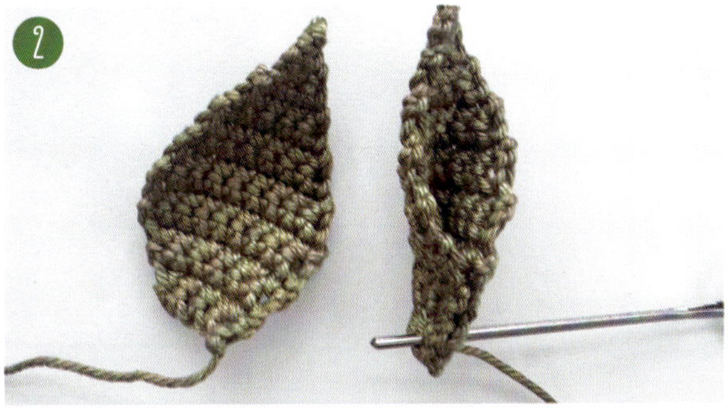

So geht's weiter

NASE
(in Willow)

1. Rd: 7 fM in einen Fadenring arbeiten.

2. Rd: 7x 1 M zun [14].

3. Rd: 14 fM häkeln.

4. Rd: 7x 1 M abn [7].

Den Faden lang abschneiden und zum späteren Annähen nutzen.

HAARE
(in Hazelnut)

1. Rd: 7 fM in einen Fadenring arbeiten.

2. Rd: ihM: 7x 1 M zun [14].

3. Rd: *1 fM, 1 M zun*, von * bis * noch 6x wdh [21].

4. Rd: ihM: *1 fM, 1 M zun, 1 fM*, von * bis * noch 6x wdh [28].

5. Rd: *3 fM, 1 M zun*, von * bis * noch 6x wdh [35].

6. Rd: *1 Km, 16 Lm, zurück ab der 3. M von der Nd aus 14x 1 hStb zun, 1 Km in die nächste M häkeln*, von * bis * noch 16x wdh. 1 Km in die letzte M häkeln und anschließend 1 Lm, in die entgegengesetzte Richtung der 4. Rd von * bis * 10x wdh (3). Wieder mit 1 Km abschließen und in der 2. Rd von * bis * 3x wdh.

Den Faden lang abschneiden und zum späteren Annähen an den Kopf nutzen.

3

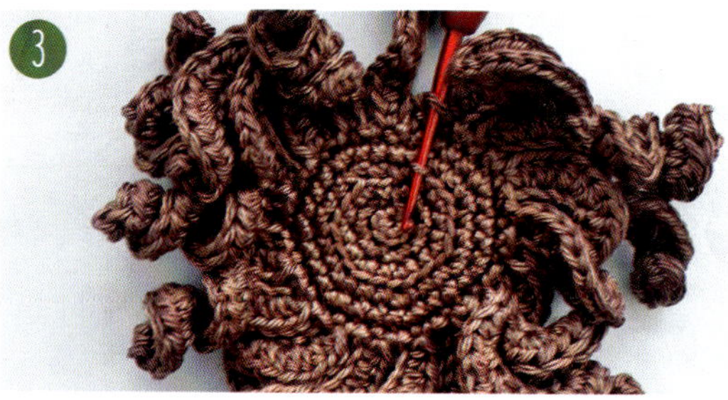

SÄCKCHEN & GÜRTEL
(in Chocolate)

Beginne mit dem kleinen Säckchen.

1. Rd: 6 fM in einen Fadenring arbeiten.

2. Rd: 6x 1 M zun [12].

3. Rd: *1 fM, 1 M zun*, von * bis * noch 5x wdh [18].

4.–6. Rd: 18 fM häkeln.

7. Rd: 2 Lm, 2 M überspringen, 1 fM, 2 Lm, 2 M überspringen, 13 fM [18].

8.–10. Rd: 18 fM häkeln.

Den Faden abschneiden und vernähen.

Zwischen der 8. und 9. Rd ziehst du einen Faden durch, indem du diesen vorne beginnend alle 2 M nach innen und außen führst (4). Vorne verknoten, mit einer Schleife beenden.

Für den Gürtel schlägst du 45 Lm an. Achte darauf, dass sich die Lm-Kette nicht verdreht. Beginne in der 3. Lm von der Nd aus und häkle 43 hStb zurück. Den Faden abschneiden und vernähen. Führe den Gürtel hinten durch die entstandenen beiden Löcher aus der 7. Rd des Säckchens. Wenn du möchtest, nähe die Druckknöpfe an die Enden (5). Alternativ kannst du den Gürtel nach dem Anlegen im nächsten Schritt festnähen.

4

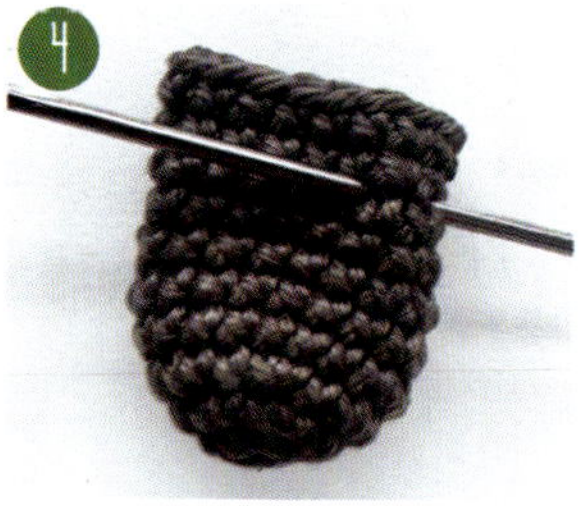

5

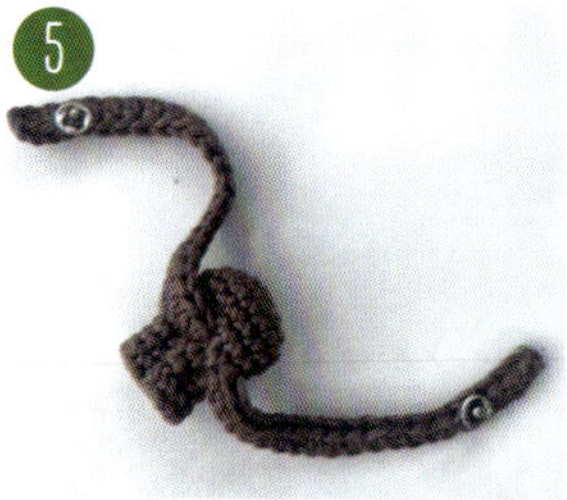

Fertigstellung

Verbinde Kopf und Körper, indem du beide Teile durch alle 30 M zusammennähst 6. Die Haare setzt du oben mittig auf den Kopf und nähst sie zunächst zwischen der 5. und 6. Rd der Haarkappe fest. Faden nicht abschneiden 7. Auf den Augen stickst du in Willow Schlupflider, indem du rechts am Auge mittig einstichst und links neben dem Auge mittig wieder rauskommst. Wdh dies 4x. Schiebe die Fäden etwas nach oben, sodass sie das Auge leicht verdecken 8 9. Platziere die Ohren seitlich am Kopf und nähe sie von der 13. bis zur 17. Rd mit dem zusammengenähten breiten Ende fest. Sie liegen etwas unter den Haaren. Jetzt platzierst du die Haarsträhnen und nähst sie rundherum jeweils am oberen Teil der Strähne mit ein paar Stichen fest. Dabei kannst du die Ohren etwas verdecken 10. Die Nase sitzt über der 20. und 21. Rd des Kopfs vorne mittig. Fülle sie leicht und nähe sie dann fest 11. Mit Schwarz stickst du den Mund nach unten gebogen auf. Befestige den Gürtel auf der 10. Rd des Körpers entweder mit den Druckknöpfen oder indem du ihn annähst. Für den richtigen Grummel-Effekt verknotest du vorne die Arme. Gib auf Wangen, Nase sowie Ohren- und Fußspitzen etwas dunkles Rouge 12. Nähe abschließend vorne auf die Fußspitzen jeweils 5 Rocaillesperlen pro Fuß auf 13.

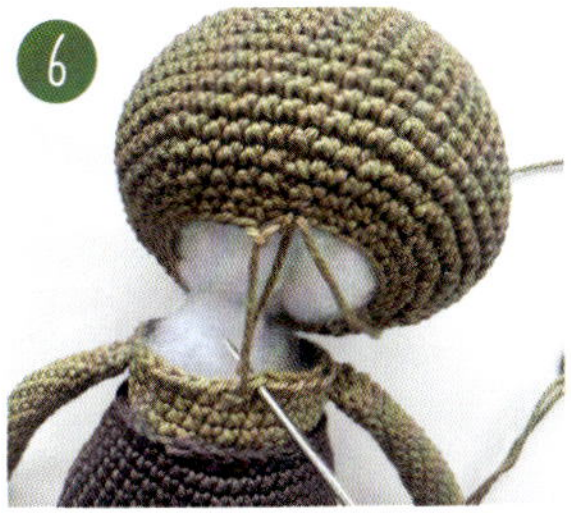

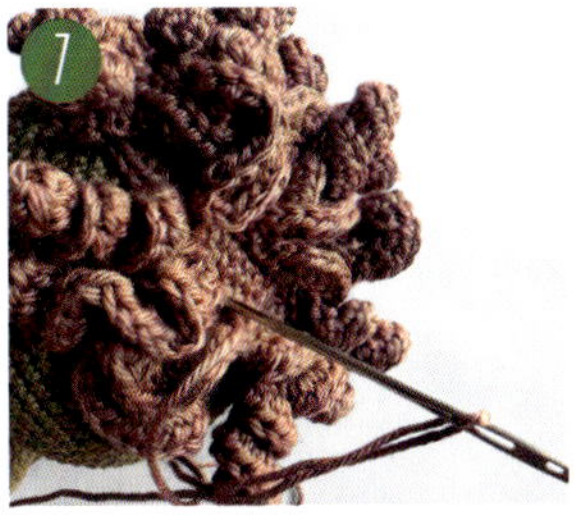

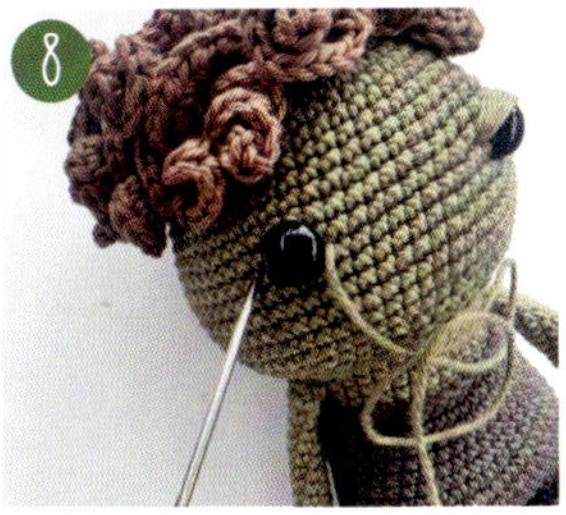

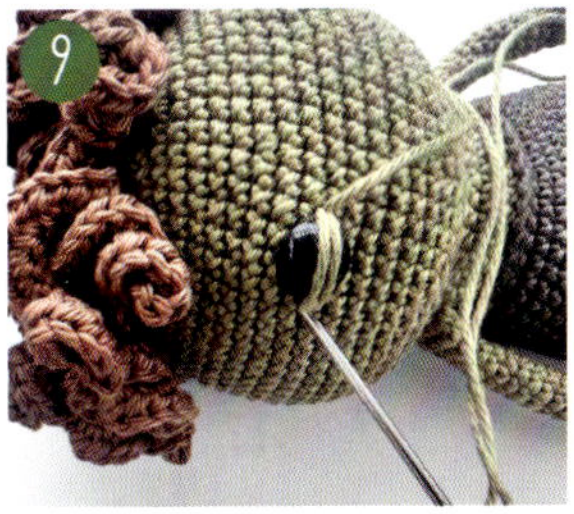

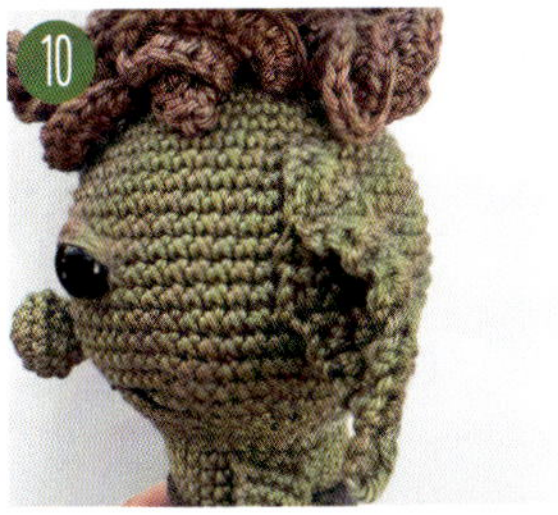

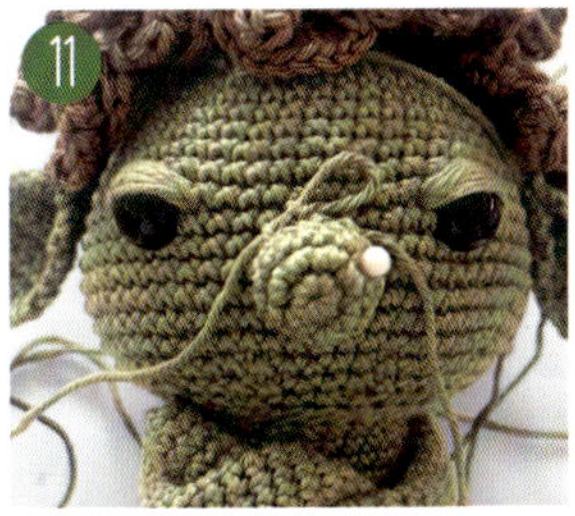

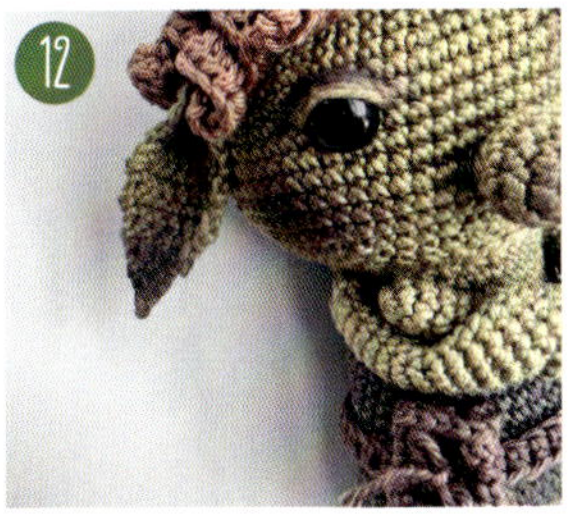

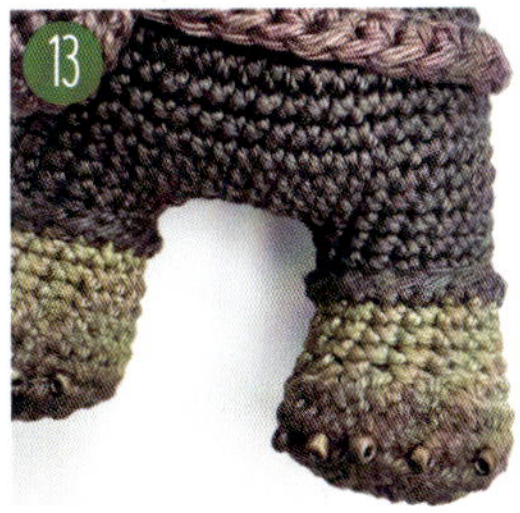

PILZGNOM

Fungo

Fungo hat viel Spaß am Leben. Er sorgt immer für gute Laune im Baumhaus und wird von allen Bewohner*innen für seine Hilfsbereitschaft sehr geschätzt.

GRÖSSE

Bei Verwendung der angegebenen Materialien wird Fungo ca. 14 cm groß.

MATERIAL

RICORUMI DK
(100 % Baumwolle, LL 57,5 m/25 g) in
Natur (Fb 054), 7 g
Hellbraun (Fb 052), 10 g
Schilf (Fb 076), 9 g
Oliv (Fb 048), Rest

RICO ESSENTIALS MERINO PLUS DK
(50% Schurwolle, 50 % Polyacryl, LL 125 m/50 g) in
Grau (Fb 013), 8 g

RICO ESSENTIALS COTTON DK
(100 % Baumwolle, LL 120 m/50 g) in
Taupe (Fb 89), 6 g

Rocaillesperlen Ø 4 mm in Gold
Transparentes oder hellbraunes Nähgarn
Stickgarn in Hellbraun und Weiß
Häkelnadel 2,5 mm
Füllwatte
Stecknadeln
Wollnadel
Maschenmarkierer
Schere
Rouge

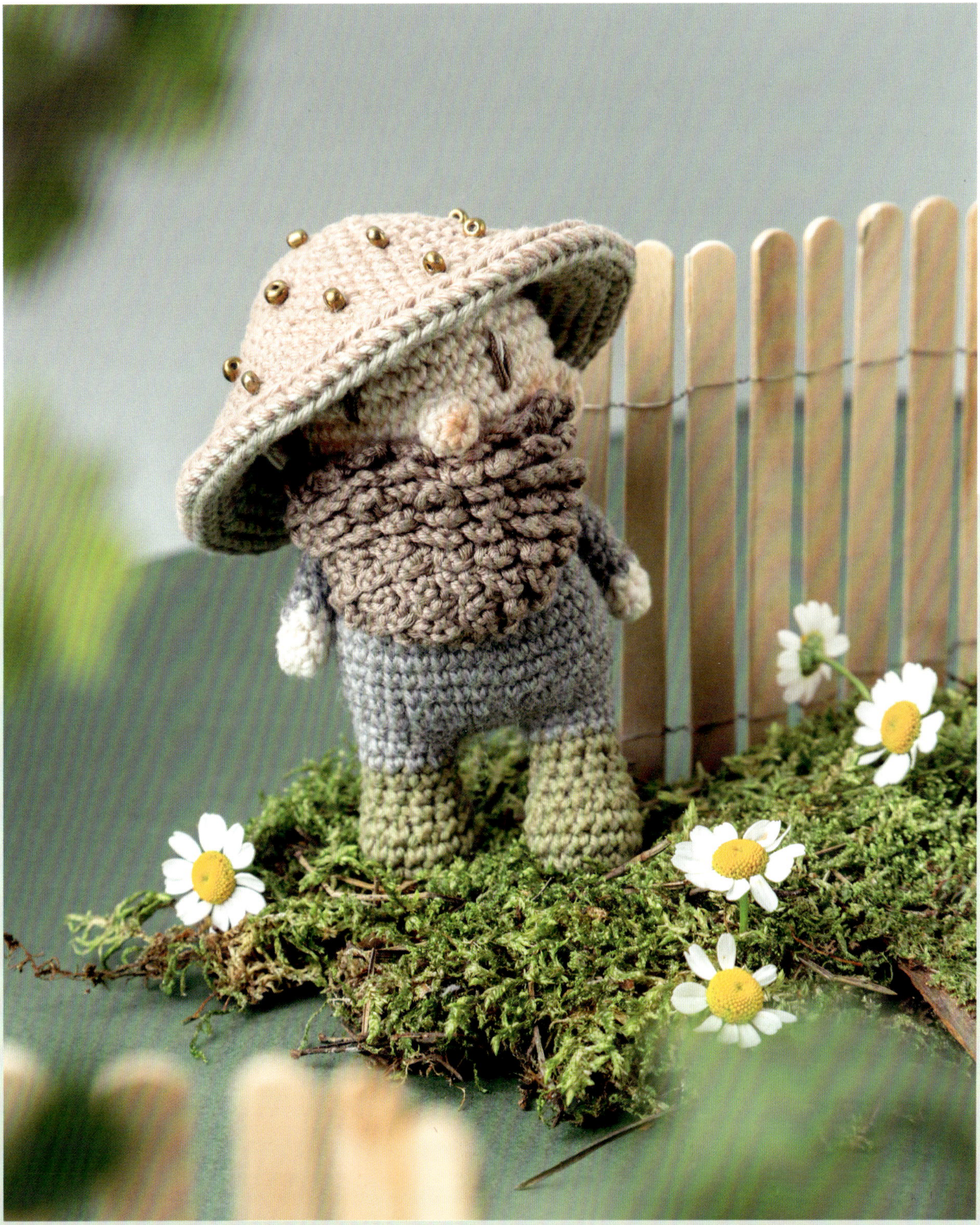

So wird's gemacht

Es wird, wenn nicht anders angegeben, in Spiral-Rd gehäkelt. Denke schon während des Häkelns daran, die Teile nach und nach mit Watte zu füllen.

Arm

(2x, in Natur und Grau)

Die Arme werden nicht mit Watte gefüllt. Beginne mit Natur.

1. Rd: 6 fM in einen Fadenring arbeiten.

2. Rd: 6 fM häkeln.

Fb-Wechsel zu Grau.

3.–7. Rd: 6 fM häkeln.

Die Öffnung häkelst du mit 3 fM zusammen. Den Faden abschneiden und vernähen oder später miteinhäkeln.

Bein

(2x, in Oliv und Grau)

Beginne mit Oliv.

1. Rd: 6 fM in einen Fadenring arbeiten.

2. Rd: 6x 1 M zun [12].

3. Rd: *1 fM, 1 M zun*, von * bis * noch 5x wdh [18].

4.–5. Rd: 18 fM häkeln.

6. Rd: *1 fM, 1 M abn*, von * bis * noch 5x wdh [12].

7. Rd: *4 fM, 1 M abn*, von * bis * noch 1x wdh [10].

8. Rd: 10 fM häkeln.

9. Rd: *4 fM, 1 M zun*, von * bis * noch 1x wdh [12].

Fb-Wechsel zu Grau.

10. Rd: 12 fM häkeln.

Beim 1. Bein den Faden abschneiden und vernähen oder später miteinhäkeln. Beim 2. Bein den Faden nicht abschneiden, du häkelst nahtlos mit dem Körper weiter.

Körper

(in Grau)

Um die beiden Beine nun miteinander zu verbinden, häkelst du am 2. Bein noch ca. 3 fM, damit der Rd-Übergang hinten liegt, und anschließend eine Lm-Kette aus 3 Lm. Achte darauf, dass sich die Lm-Kette nicht verdreht. Häkle 1 fM seitlich in das 1. Bein, achte dabei darauf, dass auch dieses Bein die Rd-Übergänge hinten hat.

1. Rd: 12 fM ins 1. Bein, 3 fM in Lm-Kette, 12 fM ins 2. Bein, 3 fM in Lm-Kette [30].

2. Rd: 30 fM häkeln.

3. Rd: *4 fM, 1 M zun*, von * bis * noch 5x wdh [36].

4.–5. Rd: 36 fM häkeln.

6. Rd: *5 fM, 1 M zun*, von * bis * noch 5x wdh [42].

7. Rd: 42 fM häkeln.

8. Rd: *5 fM, 1 M abn*, von * bis * noch 5x wdh [36].

9. Rd: 36 fM häkeln.

10. Rd: *4 fM, 1 M abn*, von * bis * noch 5x wdh [30].

11. Rd: 30 fM häkeln.

12. Rd: *3 fM, 1 M abn*, von * bis * noch 5x wdh [24].

13. Rd: 24 fM häkeln.

In der 14. Rd häkelst du die Arme mit ein. Die Arme liegen seitlich auf einer Linie mit den Beinen. Ggf. musst du die M-Aufteilung vor und nach dem Einhäkeln der Arme etwas anpassen. Zwischen den Armen liegen vorne 10 fM.

14. Rd: 4 fM, 3 fM mit dem 1. Arm, 10 fM, 3 fM mit dem 2. Arm, 4 fM [24].

15. Rd: 24 fM häkeln.

Fb-Wechsel zu Natur, du häkelst nahtlos den Kopf weiter.

Kopf

(in Natur)

1. Rd: *3 fM, 1 M zun*, von * bis * noch 5x wdh [30].

2. Rd: *2 fM, 1 M zun, 2 fM*, von * bis * noch 5x wdh [36].

3. Rd: *5 fM, 1 M zun*, von * bis * noch 5x wdh [42].

4.–6. Rd: 42 fM häkeln.

7. Rd: *5 fM, 1 M abn*, von * bis * noch 5x wdh [36].

8. Rd: *2 fM, 1 M abn, 2 fM*, von * bis * noch 5x wdh [30].

9. Rd: *3 fM, 1 M abn*, von * bis * noch 5x wdh [24].

10. Rd: *1 fM, 1 M abn, 1 fM*, von * bis * noch 5x wdh [18].

11. Rd: *1 fM, 1 M abn*, von * bis * noch 5x wdh [12].

12. Rd: 6x 1 M abn [6].

Den Faden abschneiden, die Öffnung schließen, den Faden vernähen.

OHR

(2x, in Natur)

1. Rd: 6 hStb in einen Fadenring arbeiten.

Den Faden lang abschneiden und zum späteren Annähen nutzen.

NASE

(in Natur)

1. Rd: 6 fM in einen Fadenring arbeiten.

2.–3. Rd: 6 fM häkeln.

Den Faden lang abschneiden und zum späteren Annähen nutzen.

BART

(in Taupe)

1. Rd: 6 fM in einen Fadenring arbeiten.

2. Rd: 6x 1 M zun ihM [12].

3. Rd: *1 fM, 1 M zun ihM*, von * bis * noch 5x wdh [18].

4. Rd: *1 fM, 1 M zun, 1 fM ihM*, von * bis * noch 5x wdh [24].

5. Rd: *3 fM, 1 M zun ihM*, von * bis * noch 5x wdh [30].

6.–8. Rd: 30 fM ihM häkeln.

Den Kreis mittig falten und mit 15 fM zusammenhäkeln. Achte aber darauf, dass du bei den vorderen M lediglich ihM stichst. (1) *Lm, Arbeit wenden und zurückhäkeln – ivM: 1 fM + 3 Lm + 1 fM in jede 2. M*. Wdh von * bis * ivM auf der nun behäkelten Seite vom Kreis nach unten bis zum Fadenring. (2) (3) Die vorderen M-Glieder auf der anderen Seite werden nicht behäkelt.

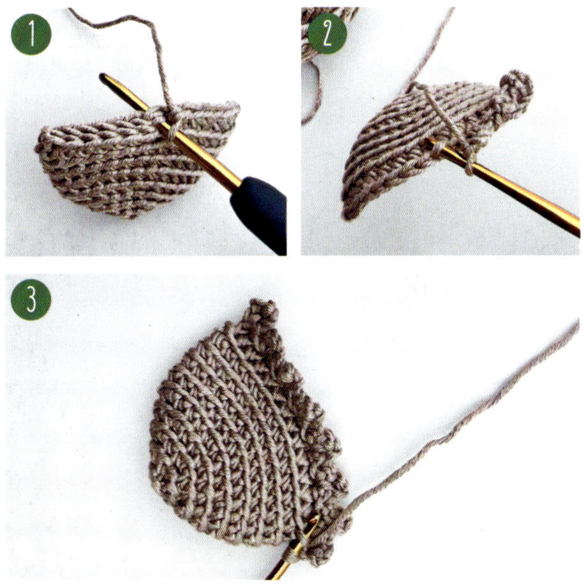

PILZKAPPE

(2x, jeweils 1x in Schilf und 1x in Hellbraun)

1. Rd: 6 fM in einen Fadenring häkeln.

2. Rd: 6x 1 M zun [12].

So geht's weiter

3. Rd: *1 fM, 1 M zun*, von * bis * noch 5x wdh [18].

4. Rd: *1 fM, 1 M zun, 1 fM*, von * bis * noch 5x wdh [24].

5. Rd: 24 fM häkeln.

6. Rd: *3 fM, 1 M zun*, von * bis * noch 5x wdh [30].

7. Rd: 30 fM häkeln.

8. Rd: *2 fM, 1 M zun, 2 fM*, von * bis * noch 5x wdh [36].

9. Rd: *5 fM, 1 M zun*, von * bis * noch 5x wdh [42].

10. Rd: 42 fM häkeln.

11. Rd: *3 fM, 1 M zun, 3 fM*, von * bis * noch 5x wdh [48].

12. Rd: *7 fM, 1 M zun*, von * bis * noch 5x wdh [54].

13. Rd: *4 fM, 1 M zun, 4 fM*, von * bis * noch 5x wdh [60].

14. Rd: *9 fM, 1 M zun*, von * bis * noch 5x wdh [66].

15. Rd: *5 fM, 1 M zun, 5 fM*, von * bis * noch 5x wdh [72].

16. Rd: *11 fM, 1 M zun*, von * bis * noch 5x wdh [78].

Nähe die Rocaillesperlen auf die hellbraune Seite der Kappe. Nutze dafür das transparente oder farblich passende Nähgarn 4. Alternativ kannst du mit dem Knötchenstich arbeiten; nutze hierfür dickeres Garn. Den Faden bei der Kappe in Schilf abschneiden und vernähen. Den Faden bei der Kappe in Hellbraun lang abschneiden und zum Zusammennähen benutzen. Stülpe nun die Kappe in Schilf auf die linke Seite und lege sie in die hellbraune Kappe. Mit dem langen Faden beide Kappen zusammennähen, indem du den Faden jeweils durch die innenliegenden M-Glieder führst 5. Den Faden vernähen.

4

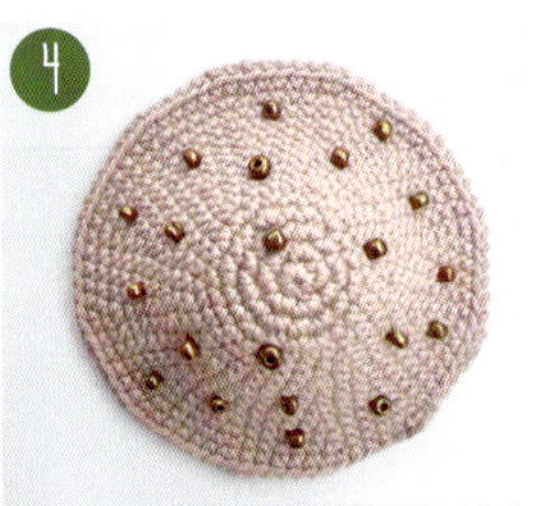

5

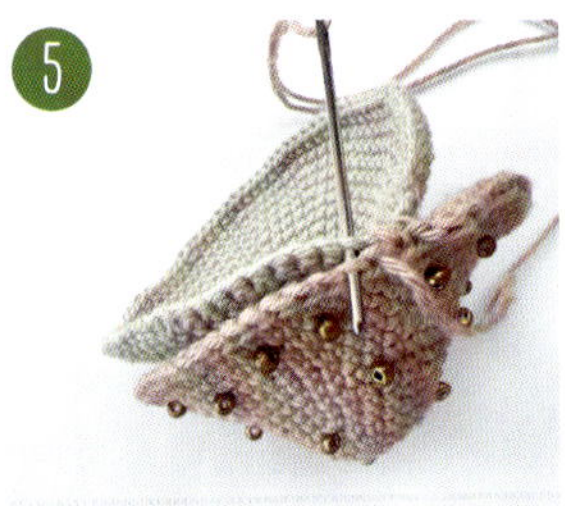

Fertigstellung

Den Bart nähst du zwischen der 4.– 5. Rd des Kopfs fest. Nähe die Nase über den Bart vorne mittig an, sie wird leicht gefüllt. Die Augen liegen über der 7.–9. Rd mit einem Abstand von 8 M. Die Ohren werden über die 4.–6. Rd neben den Bart angenäht. Gib auf die Wangen, Nase und Ohren etwas Rouge 6 7.

6

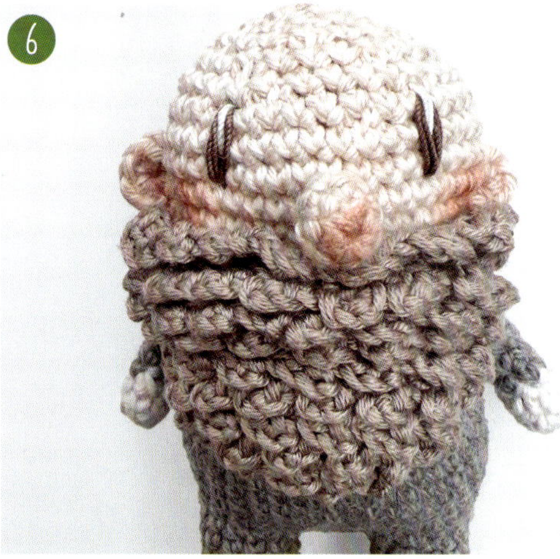

7

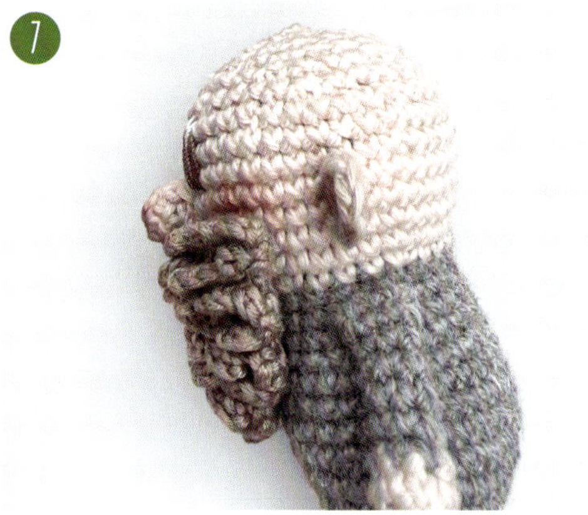

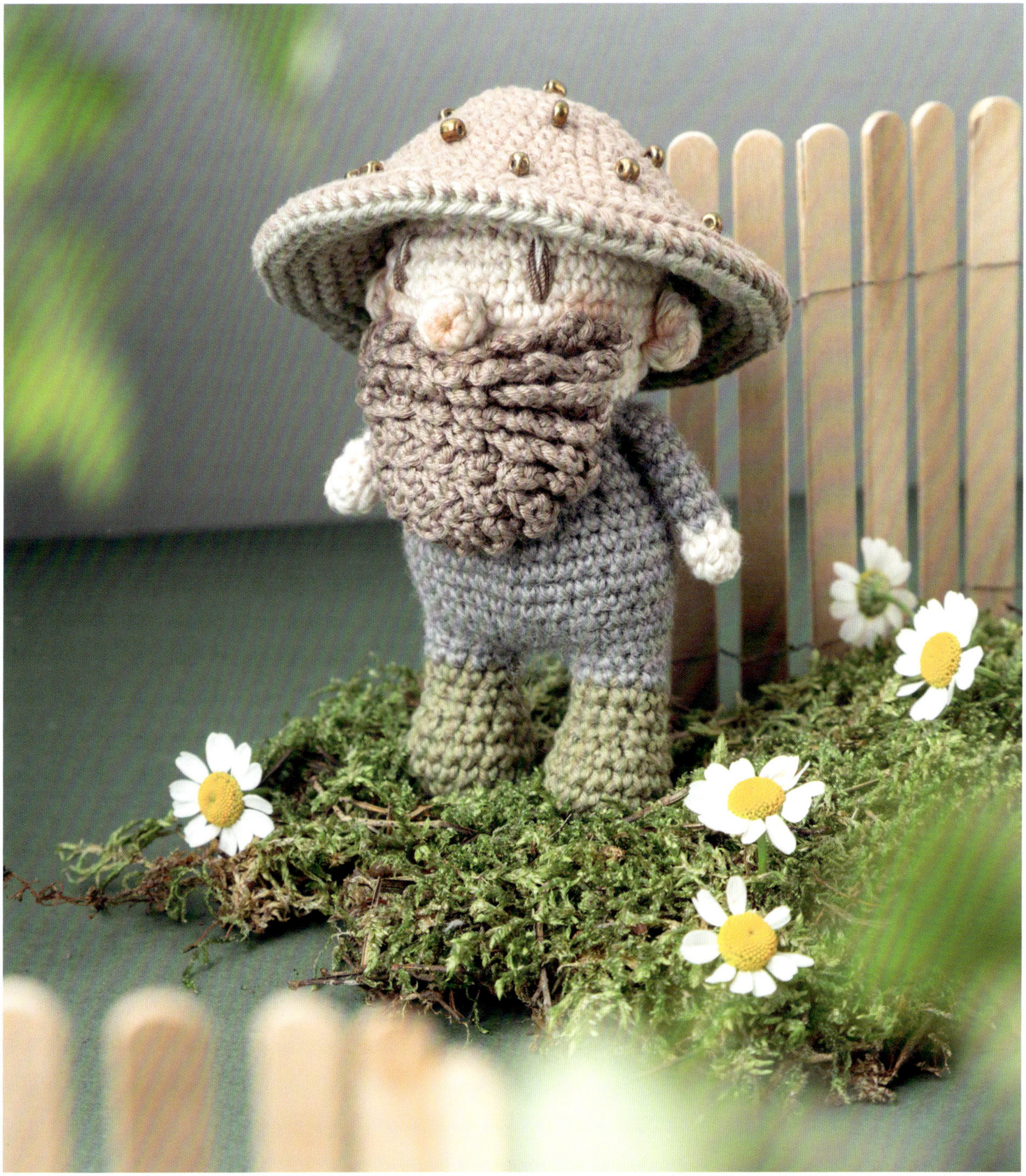

Schneckenbub Emil

Emil strahlt pure Gemütlichkeit aus und lässt jeden Tag entspannt angehen. Oft döst er einfach so vor sich hin und verweilt lange an dem ein oder anderen Ort. Er ist gern im Wald unterwegs und sorgt für Harmonie im Baumhaus.

Grösse

Bei Verwendung der angegebenen Materialien wird Emil ca. 18 cm groß.

Material

RICO ESSENTIALS COTTON DK
(100 % Baumwolle, LL 120 m/50 g) in
Creme (Fb 51), 13 g
Karamell (Fb 94), 9 g
Kastanie (Fb 104), 5 g
Braun (Fb 113),18 g
Khaki (Fb 117), 6 g
Rot-Braun (Fb 79), Rest

RICO ESSENTIALS MERINO PLUS DK TWEED
(45 % Polyacryl, 45 % Schurwolle, 10 % Viskose, LL 125 m/50 g) in
Braun (Fb 002), 5 g

Stickgarn in Braun, Weiß und Rost
10 cm Juteschnur Ø 4 mm
Häkelnadel 2,5 mm
Füllwatte
Stecknadeln
Wollnadel
Maschenmarkierer
Schere
Rouge
Optional: 2 Pompons Ø 15 mm, Drahtbrille 5 cm, Textilkleber

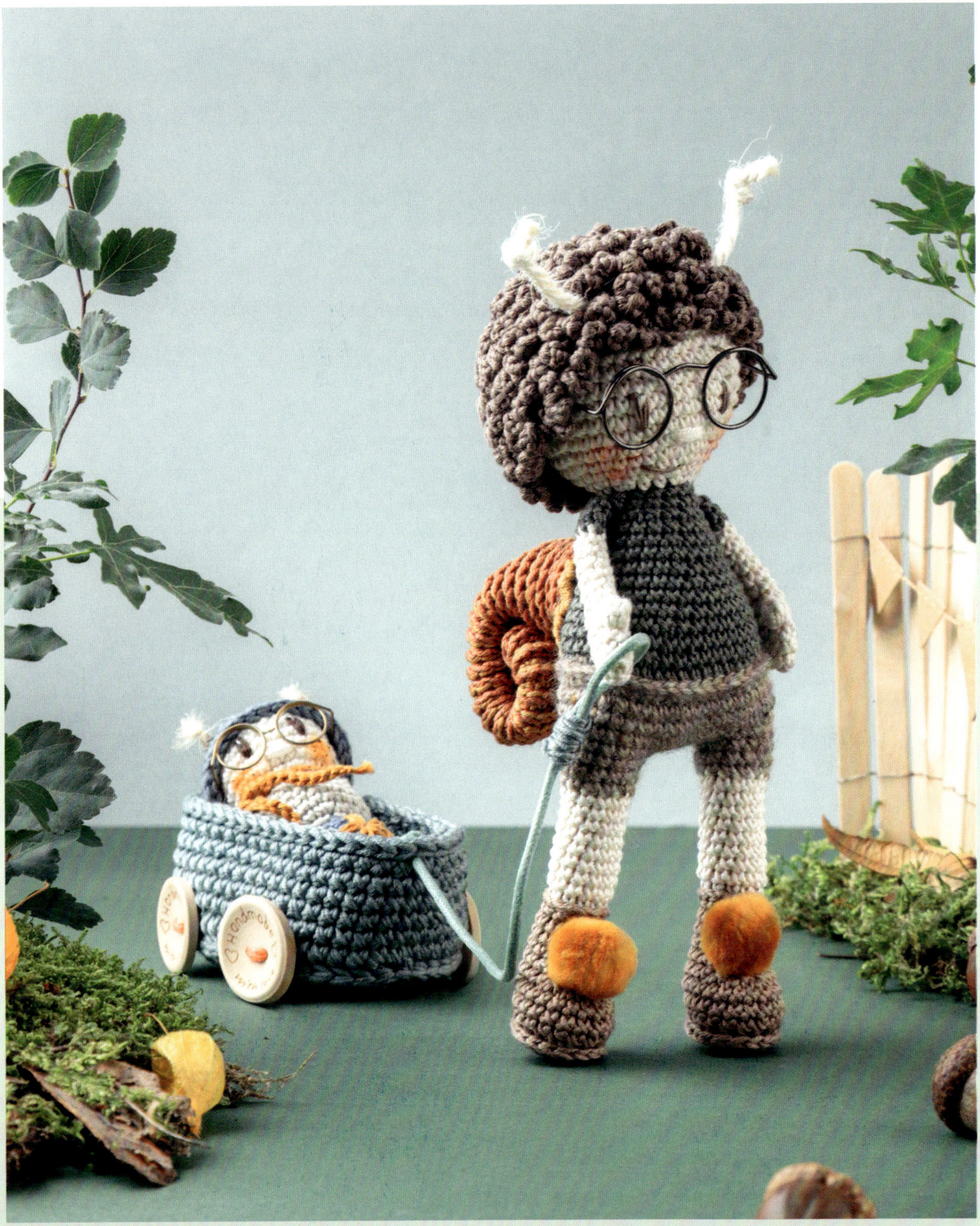

So wird's gemacht

Es wird, wenn nicht anders angegeben, in Spiral-Rd gehäkelt. Denke schon während des Häkelns daran, die Teile nach und nach mit Watte zu füllen.

ARM

(2x, in Creme und Khaki)

Die Arme werden nicht mit Watte gefüllt.

1. Rd: 6 fM in einen Fadenring arbeiten.

2. Rd: *1 fM, 1 M zun*, von * bis * noch 2x wdh [9].

3.–4. Rd: 9 fM häkeln.

5. Rd: 1 fM, 1 N aus 4 Stb, 7 fM [9].

6. Rd: 9 fM häkeln.

7. Rd: 1 fM, *2 fM, 1 M abn*, von * bis * noch 1x wdh [7].

8.–12. Rd: 7 fM häkeln.

Fb-Wechsel zu Khaki.

13. Rd: 7 fM häkeln.

14.–15. Rd: 7 fM häkeln.

16. Rd: 2x 1 M abn [5]. Die Rd wird nicht zu Ende gehäkelt.

Den Faden abschneiden und vernähen oder später miteinhäkeln.

STIEFEL & BEINE

(2x, in Kastanie, Creme und Tweed Braun)

Beginne mit Kastanie.

1. Rd: 6 fM in einen Fadenring arbeiten.

2. Rd: 6x 1 M zun [12].

3. Rd: *1 fM, 1 M zun*, von * bis * noch 1x wdh, 4x Stb zun, *1 M zun, 1 fM*, von * bis * noch 1x wdh [20].

4. Rd: 20 fM ihM häkeln.

5.–6. Rd: 20 fM häkeln.

7. Rd: 6 fM, 4x 1 M abn, 6 fM [16].

8. Rd: 6 fM, 2x 1 M abn, 6 fM [14].

9. Rd: 5 fM, 2x 1 M abn, 5 fM [12].

10.–12. Rd: 12 fM häkeln.

Fb-Wechsel zu Creme, lass einen langen Faden in Kastanie und ziehe ihn zunächst nach außen.

13. Rd: 12 fM ihM häkeln.

Mit dem langen Faden häkelst du einmal rundherum Km ivM der 13. Rd. Den Faden abschneiden und vernähen.

14.–21. Rd: 12 fM häkeln.

Fb-Wechsel zu Tweed Braun.

22. Rd: 12 fM häkeln.

23. Rd: 12 fM häkeln.

Den Faden abschneiden und beim 1. Bein vernähen.
Beim 2. Bein schneidest du den Faden nicht ab, du arbeitest direkt mit dem Körper weiter.

KÖRPER

(in Tweed Braun und Khaki)

Um die beiden Beine nun miteinander zu verbinden, häkelst du am 2. Bein noch ca. 3 fM, damit das Ende dieser Rd seitlich liegt; und anschließend eine Lm-Kette aus 5 Lm. Achte darauf, dass sich die Lm-Kette nicht verdreht. Häkle 1 fM seitlich in das 1. Bein, achte dabei darauf, dass auch dieses Bein die Rd-Übergänge hinten hat; die Fußspitzen zeigen von dir weg.

1. Rd: 12 fM ins 1. Bein, 5 fM in Lm-Kette, 12 fM ins 2. Bein, 5 fM in Lm-Kette [34].

2. Rd: *8 fM, 1 M zun, 7 fM, 1 M zun*, von * bis * noch 1x wdh [38].

3. Rd: *6 fM, 1 M zun, 5 fM, 1 M zun, 5 fM, 1 M zun*, von * bis * noch 1x wdh [44].

4.–5. Rd: 44 fM häkeln.

6. Rd: *9 fM, 1 M abn*, von * bis * noch 3x wdh [40].

Fb-Wechsel zu Khaki, Hosenfaden sehr lang (ca. 80 cm) abschneiden und zunächst nach außen ziehen.

7. Rd: 40 fM ihM häkeln.

8. Rd: *6 fM, 1 M abn*, von * bis * noch 4x wdh [35].

Mit dem langen Hosenfaden häkelst du einmal rundherum Km ivM der 7. Rd. Den Faden abschneiden und vernähen. Weiter mit Khaki.

9. Rd: 35 fM häkeln.

10. Rd: *5 fM, 1 M abn*, von * bis * noch 4x wdh [30].

11.-12. Rd: 30 fM häkeln.

13. Rd: *4 fM, 1 M abn*, von * bis * noch 4x wdh [25].

14.-15.Rd: 25 fM häkeln.

16. Rd: *3 fM, 1 M abn*, von * bis * noch 4x wdh [20].

17. Rd: 20 fM häkeln.

18. Rd: *2 fM, 1 M abn*, von * bis * noch 4x wdh [15].

In der 19. Rd häkelst du die Arme mit ein. Achte darauf, dass die N nach vorne zeigen. Die Arme liegen seitlich auf einer Linie mit den Beinen. Ggf. musst du die M-Aufteilung vor und nach dem Einhäkeln der Arme etwas anpassen. Zwischen den Armen liegen vorne 5 fM.

19. Rd: 3 fM, 1. Arm mit 2 fM, 5 fM, 2. Arm mit 2 fM, 3 fM [15].

20. Rd: 15 fM häkeln.

Fb-Wechsel zu Creme, du häkelst nahtlos den Kopf weiter. Achte darauf, dass insbesondere der Halsbereich gut gefüllt ist und der Kopf seine runde Form behält.

KOPF

(in Creme)

1. Rd: *1 fM, 1 M zun, 1 fM*, von * bis * noch 4x wdh [20].

2. Rd: *3 fM, 1 M zun*, von * bis * noch 4x wdh [25].

3. Rd: *2 fM, 1 M zun, 2 fM*, von * bis * noch 4x wdh, [30].

4. Rd: *5 fM, 1 M zun*, von * bis * noch 4x wdh, [35].

5. Rd: *3 fM, 1 M zun, 3 fM*, von * bis * noch 4x wdh, [40].

6.-10. Rd: 40 fM häkeln.

11. Rd: *3 fM, 1 M abn, 3 fM*, von * bis * noch 4x wdh, [35.]

12. Rd: *5 fM, 1 M abn*, von * bis * noch 4x wdh, [30].

13. Rd: *2 fM, 1 M abn, 2 fM*, von * bis * noch 4x wdh, [25].

14. Rd: *3 fM, 1 M abn*, von * bis * noch 4x wdh [20].

15. Rd: *1 fM, 1 M abn, 1 fM*, von * bis * noch 4x wdh [15].

16. Rd: *1 fM, 1 M abn*, von * bis * noch 4x wdh [10].

17. Rd: 5x 1 M abn [5].

Den Faden lang abschneiden und die Öffnung schließen. Mit dem langen Faden kannst du nun vorne mittig die Nase zwischen der 5. und 6. Rd des Kopfs aufsticken.

HAARE

(in Braun)

1. Rd: 5 fM in einen Fadenring arbeiten.

2. Rd: 5x 1 M zun ihM [10].

3. Rd: *1 fM, 1 M zun*, von *bis * noch 4x wdh [15].

4. Rd: ihM: *1 fM, 1 M zun, 1 fM*, von * bis * noch 4x wdh [20].

5. Rd: *3 fM, 1 M zun*, von * bis * noch 4x wdh [25].

6. Rd: ihM: *2 fM, 1 M zun, 2 fM*, von * bis * noch 4x wdh [30].

7. Rd: *5 fM, 1 M zun*, von * bis * noch 4x wdh [35].

8. Rd: ihM: *3 fM, 1 M zun, 3 fM*, von * bis * noch 4x wdh [40].

9. Rd: 40 fM häkeln.

10. Rd: 40 fM ihM häkeln.

11. Rd: 40 fM häkeln.

So geht's weiter

12. Rd: 40 fM ihM häkeln.

13. Rd: 40 fM häkeln.

14. Rd: 40 fM ihM häkeln.

15. Rd: 40 fM häkeln.

16. Rd: *3 Lm, 2 M zurück ab 2. M von der Nd aus, 1 Km in die nächste M*, von * bis * noch 39x wdh, 1 Wende-Lm und Arbeit wenden (1).

Wdh die 16. Rd ohne Wende-Lm ivM der 14., 12., 10., 8., 6., 4. und 2. Rd entsprechend der M-Anzahl pro Rd spiralförmig von unten nach oben bis zum Fadenring.

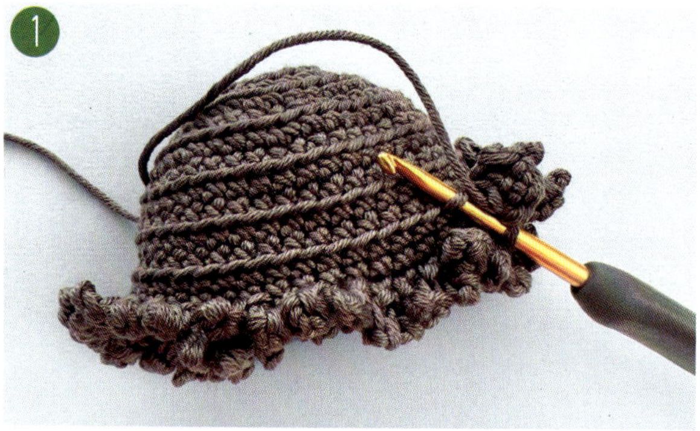

Schneckenhaus

(in Karamell und Rot-Braun)

Beginne mit Karamell.

1. Rd: 6 fM in einen Fadenring arbeiten.

2. Rd: *1 fM, 1 M zun ihM*, von * bis * noch 2x wdh [9].

3. Rd: *1 fM, 1 M zun, 1 fM ihM*, von * bis * noch 2x wdh [12].

4. Rd: *3 fM, 1 M zun ihM*, von * bis * noch 2x wdh [15].

5. Rd: *2 fM, 1 M zun, 2 fM ihM*, von * bis * noch 2x wdh [18].

6. Rd: *5 fM, 1 M zun ihM*, von * bis * noch 2x wdh [21].

7.–28. Rd 21 fM ihM häkeln.

29. Rd: *3 fM, 1 M zun, 3 fM ihM*, von * bis * noch 2x wdh [24].

30. Rd: *7 fM, 1 M zun ihM*, von * bis * noch 2x wdh [27].

31. Rd: *4 fM, 1 M zun, 4 fM ihM*, von * bis * noch 2x wdh, 1 Lm [30].

32. Rd: 30 Krebsmaschen häkeln.

Faden lang abschneiden und zum späteren Annähen an den Rücken verwenden. Mit Rot-Braun in der 31. Rd neu anschl und spiralförmig bis zur 2. Rd 1 Km ivM aller Rd häkeln. Den Faden lang abschneiden und zum späteren Fixieren verwenden.

Fertigstellung

Setze das Juteband als Fühler zwischen der 12. und 14. Rd der Haarkappe mit einem Abstand von 8 M ein. Mache je einen Knoten in die Enden. Nähe anschließend die Haarkappe auf dem Kopf fest. Sie sitzt leicht schräg nach hinten geneigt (2). Die Augen stickst du über die 7. und 8. Rd des Kopfs mit einem Abstand von 7 M. Die Augenbrauen liegen schräg gestickt über der 10. Rd des Kopfs. Mit Rost kannst du Sommersprossen aufsticken und wenn du möchtest, etwas Rouge auftragen. Das Schneckenhaus wird vor dem Annähen zusammengerollt und regelmäßig mit festen Stichen fixiert. Nutze hierfür den langen Faden in Rot-Braun (3) (4). Abschließend füllst du die Öffnung mit Füllwatte und nähst das Haus hinten am Rücken an. Nutze hierfür den langen Faden in Karamell (5). Bei den Stiefeln nadelst du mit Kastanie in der 4. Rd neu an und häkelst 20 Km ivM (6). Den Faden abschneiden und vernähen. Klebe mit Textilkleber kleine Pompons auf die Stiefel (7). Alternativ ziehst du einen Faden deiner Wahl zwischen der 9. und 10. Rd der Stiefel durch die M (ca. 7 cm) und bindest eine Schleife.

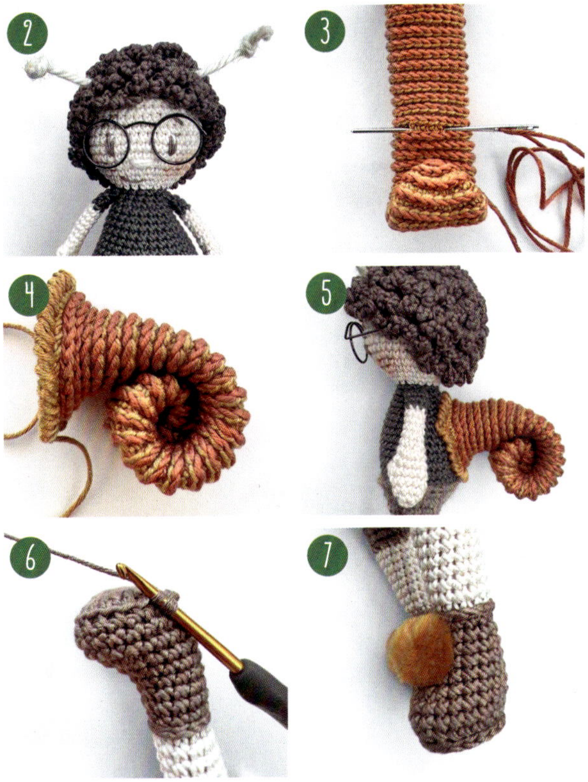
2
3
4
5
6
7

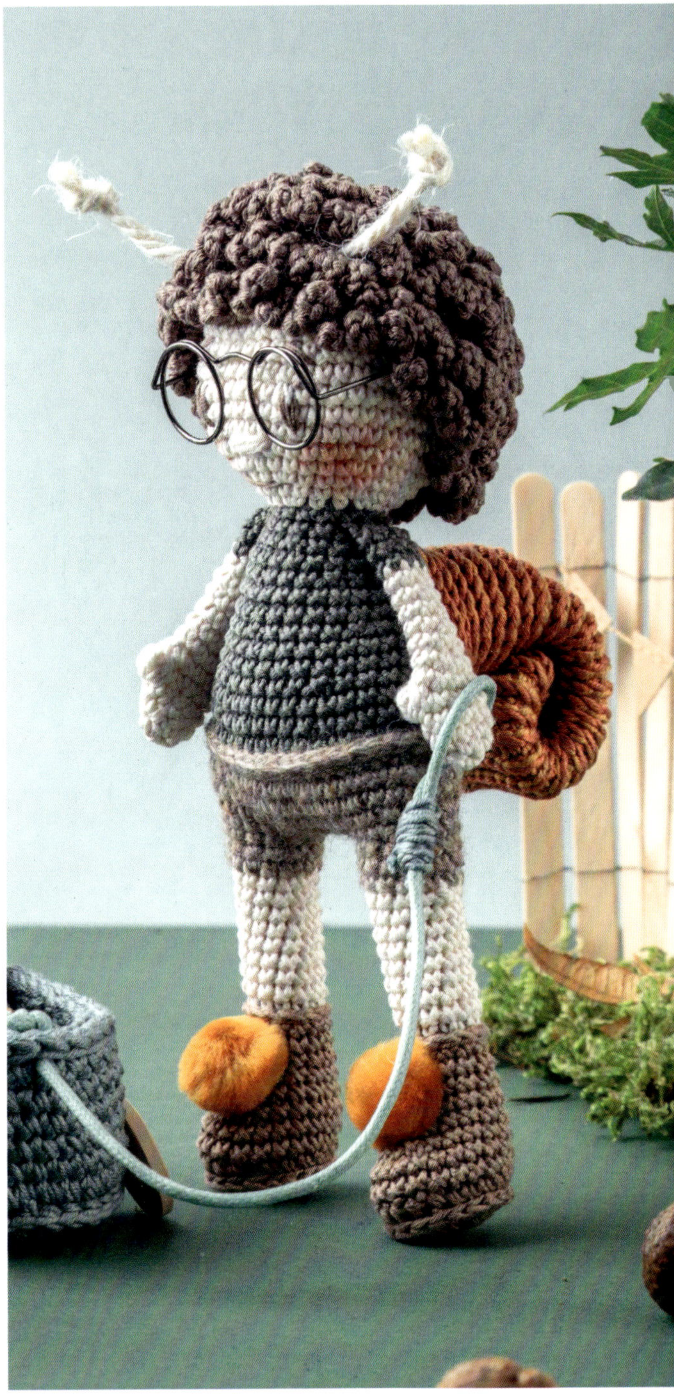

Raupe Willi & sein Nachziehwagen

Willi ist der kleine Freund von Emil. Er verbringt die meiste Zeit mit Emil und Anton. Am liebsten lässt Willi sich von Emil im Wagen hinterherziehen.

Größe

Bei Verwendung der angegebenen Materialien wird Willi ca. 8 cm groß.

Material

SCHACHENMAYR CATANIA
(100 % Baumwolle, LL 125 m/50 g) in
Graublau (Fb 269), Rest
Leinen (Fb 248), Rest
Creme (Fb 130), Rest
Denim (Fb 421), Rest
Zimt (Fb 383), Rest

Stickgarn Braun und Weiß
10 cm Juteschnur ø 2 mm
Häkelnadel 2,0 mm
Füllwatte
Stecknadeln
Wollnadel
Maschenmarkierer
Schere
Rouge
Optional: Drahtbrille 3 cm

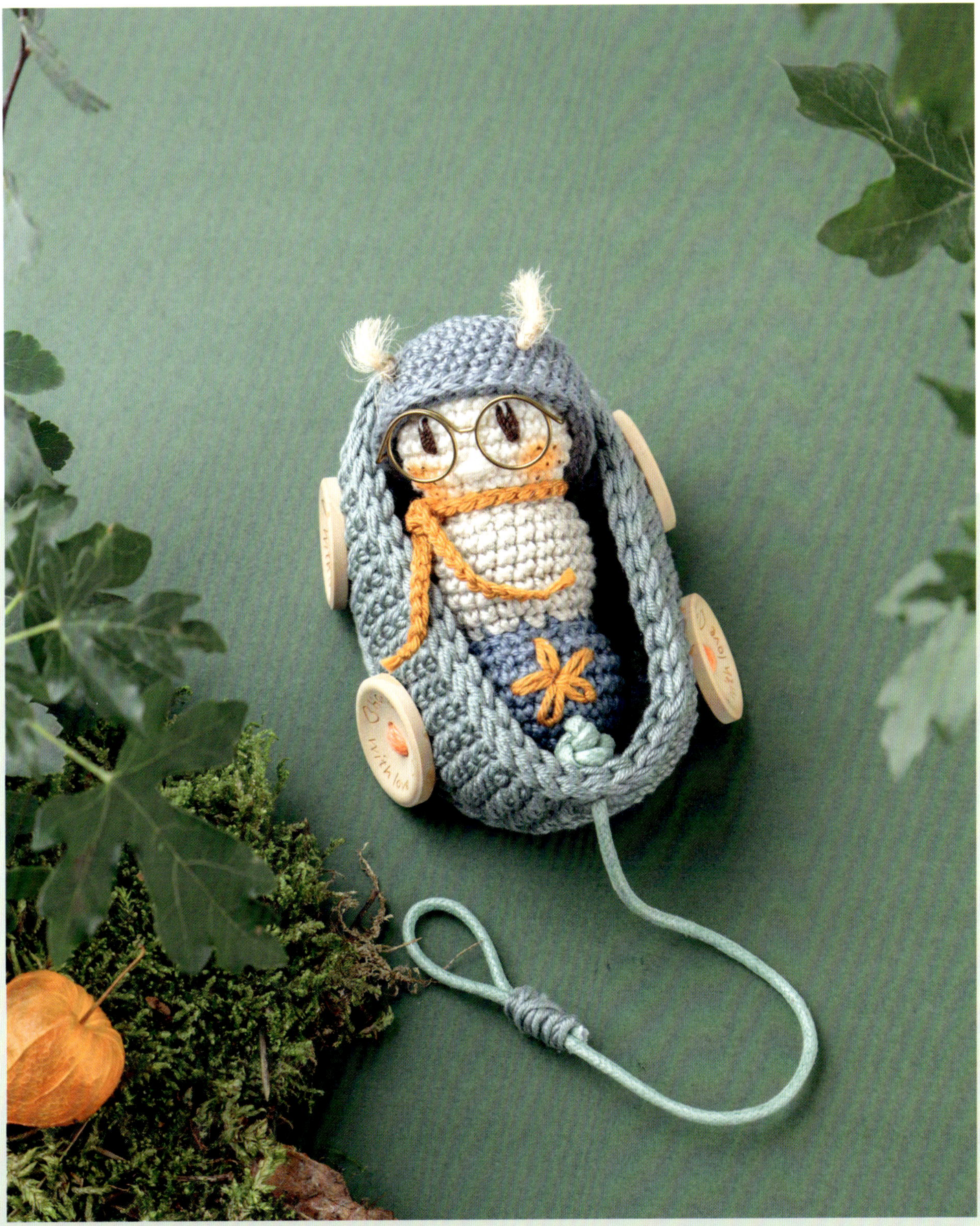

So wird's gemacht

Es wird, wenn nicht anders angegeben, in Spiral-Rd gehäkelt. Denke schon während des Häkelns daran, die Teile nach und nach mit Watte zu füllen.

Körper & Kopf

(Graublau, Leinen und Creme)

Beginne mit Graublau.

1. Rd: 6 fM in einen Fadenring arbeiten.

2. Rd: 6x 1 M zun [12].

3. Rd: *1 fM, 1 M zun*, von * bis * noch 5x wdh [18].

4. Rd: *1 fM, 1 M zun, 1 fM*, von * bis * noch 5x wdh [24].

5.–8. Rd: 24 fM häkeln.

9. Rd: *1 fM, 1 M abn, 1 fM*, von * bis * noch 5x wdh [18].

10. Rd: *1 fM, 1 M abn*, von * bis * noch 5x wdh [12].

Fb-Wechsel zu Leinen.

11. Rd: *1 fM, 1 M zun*, von * bis * noch 5x wdh [18].

12. Rd: *1 fM, 1 M zun, 1 fM*, von * bis * noch 5x wdh [24].

13.–16. Rd: 24 fM häkeln.

17. Rd: *1 fM, 1 M abn, 1 fM*, von * bis * noch 5x wdh [18].

18. Rd: *1 fM, 1 M abn*, von * bis * noch 5x wdh [12].

Fb-Wechsel zu Creme, du häkelst nun nahtlos mit dem Kopf weiter.

19. Rd: *1 fM, 1 M zun*, von * bis * noch 5x wdh [18].

20. Rd: *1 fM, 1 M zun, 1 fM*, von * bis * noch 5x wdh [24].

21. Rd: *3 fM, 1 M zun*, von * bis * noch 5x wdh [30].

22.–25. Rd: 30 fM häkeln.

26. Rd: *3 fM, 1 M abn*, von * bis * noch 5x wdh [24].

27. Rd: *1 fM, 1 M abn, 1 fM*, von * bis * noch 5x wdh [18].

28. Rd: *1 fM, 1 M abn*, von * bis * noch 5x wdh [12].

29. Rd: 6x 1 M abn [6].

Die Öffnung unsichtbar schließen. Schneide den Faden lang ab und sticke damit zwischen der 21. und 22. Rd des Kopfs die Nase vorne mittig über 3 M auf.

Kappe

(in Denim)

1. Rd: 6 fM in einen Fadenring arbeiten.

2. Rd: 6x 1 M zun [12].

3. Rd: *1 fM, 1 M zun*, von * bis * noch 5x wdh [18].

4. Rd: *1 fM, 1 M zun, 1 fM*, von * bis * noch 5x wdh [24].

5. Rd: *3 fM, 1 M zun*, von * bis * noch 5x wdh [30].

6.–11. Rd: 30 fM häkeln.

12. Rd: 30 Km häkeln.

Den Faden abschneiden und vernähen.

Fertigstellung

Die Juteschnur ziehst du von der Innenseite der Kappe zwischen der 8. und 9. Rd nach außen und verknotest die Enden. Zwischen den Enden liegen 7 M. Die Augen liegen über der 23. und 24. Rd des Kopfs. Zwischen den Augen liegen 4 M. Wenn du möchtest, kannst du für die Wangen etwas Rouge verwenden. Mit Zimt häkelst du 50 Lm und verknotest die Lm-Kette um den Hals zwischen Kopf und Körper. Sticke abschließend noch eine Blume am unteren Teil des Körpers auf.

DER NACHZIEHWAGEN

MATERIAL

RICO ESSENTIALS COTTON DK
(100 % Baumwolle, LL 120 m/50 g) in
Salbei (Fb 101), 26 g bei doppeltem Faden
Häkelnadel 4,0 mm
Pappe
(Holz)knöpfe Ø 20 mm
Stickgarn in Lachs
Kordel
Wollnadel
Maschenmarkierer
Schere

So wird's gemacht

Es wird, wenn nicht anders angegeben, in Spiral-Rd gehäkelt.

Böden

(2x, in Salbei)

Schlage eine Lm-Kette mit 6 Lm an und achte darauf, dass sich die Lm-Kette nicht verdreht. Beginne in der 2. Lm von der Nd aus und häkle in Rd wie folgt zurück:

1. Rd: 1 M zun, 3 fM, 4 fM in 1 M, 3 fM, 1 M zun [14].

2. Rd: 2x 1 M zun, 3 fM, 4x 1 M zun, 3 fM, 2x 1 M zun [22].

3. Rd: *1 M zun, 1 fM*, von * bis * 1x wdh, 3 fM, von * bis * 4x wdh, 3 fM, von * bis * 2x wdh [30].

4. Rd: *2 fM, 1 M zun*, von * bis * 1x wdh, 3 fM, von * bis * 4x wdh, 3 fM, von * bis * 2x wdh [38].

5. Rd: *1 M zun, 3 fM*, von * bis * 1x wdh, 3 fM, von * bis * 4x wdh, 3 fM, von * bis * 2x wdh [46].

Den Faden abschneiden und Rd unsichtbar beenden. Häkle auf diese Weise ein weiteres Oval.
Schneide dir aus Pappe ein Oval zu. Es sollte etwas kleiner sein als deine Böden (1). Bei dünner Pappe verwende diese ggf. doppelt. Lege nun die beiden gehäkelten Ovale mit der linken Seite aufeinander, dazwischen die zugeschnittene Pappe. Um die gehäkelten Ovale zu verbinden, häkelst du einmal rundherum Km. Stich dafür in eine äußere M des oben liegenden Ovals ein und komme in der darunter liegenden äußeren M des unteren Ovals wieder heraus (2). Am Ende der Rd den Faden abschneiden und Endfäden vernähen.

Seiten

(in Salbei)

Schlage in der hinten mittig liegenden Km neu an (3) (4) und häkle wie folgt:

1.–6. Rd: 46 fM häkeln.

7. Rd: 46 Km häkeln.

Den Faden abschneiden und vernähen.

So geht's weiter

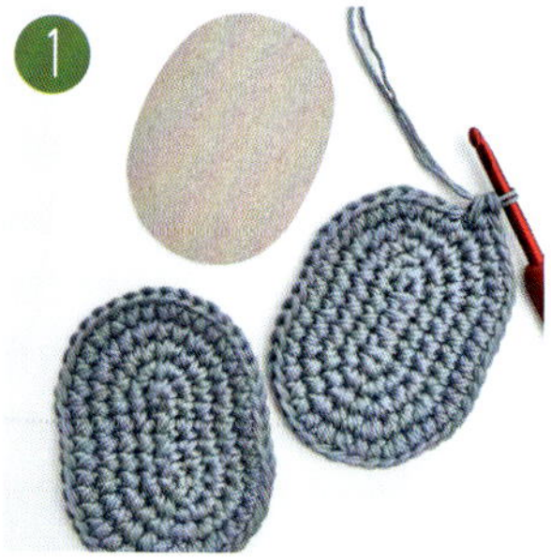

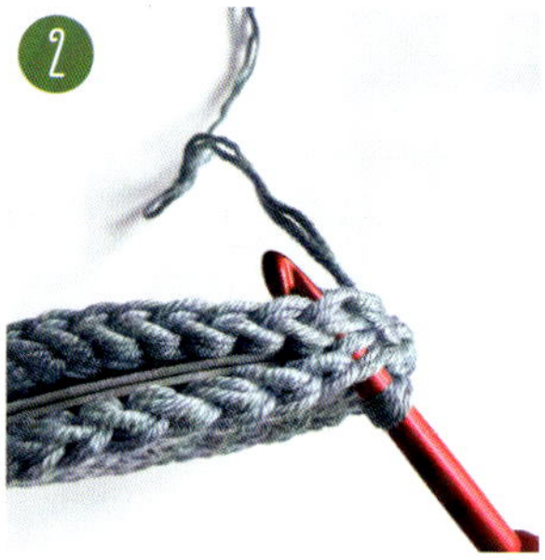

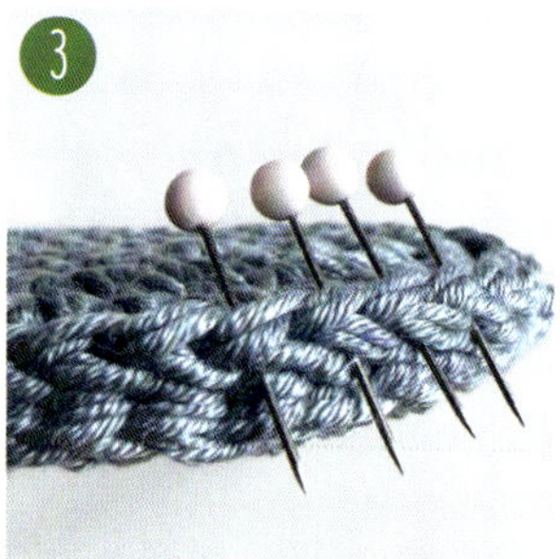

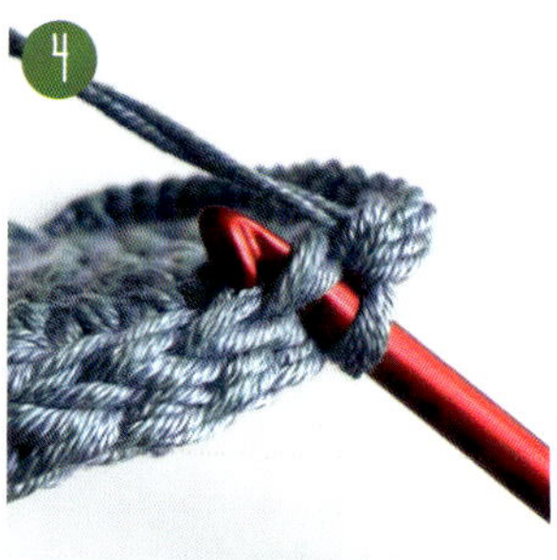

Fertigstellung

Die Knöpfe positionierst du seitlich am Wagen. Nutze hierfür das lachsfarbene Stickgarn. Die Kordel ziehst du zwischen der 6. und 7. Rd des Körpers von außen nach innen durch und verknotest das Ende. Am außen liegenden Ende kannst du eine Schlaufe legen und diese mit dem Endstück der Kordel umwickeln 5 6 7.

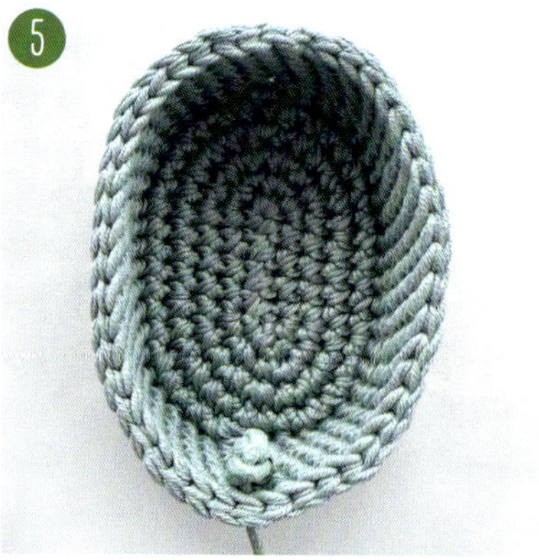

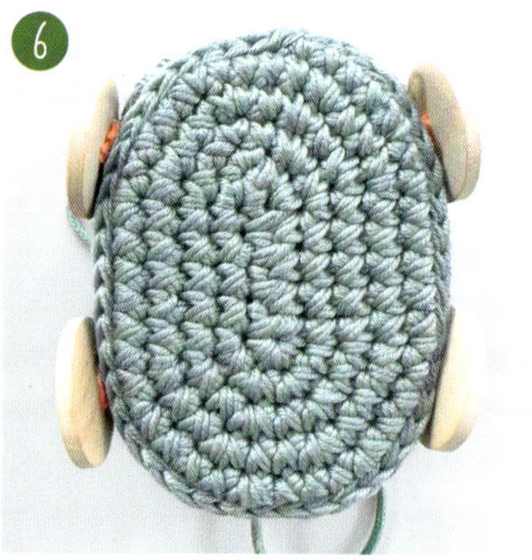

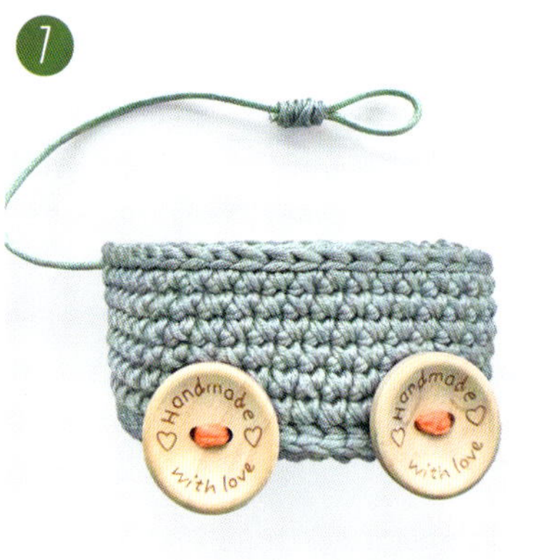

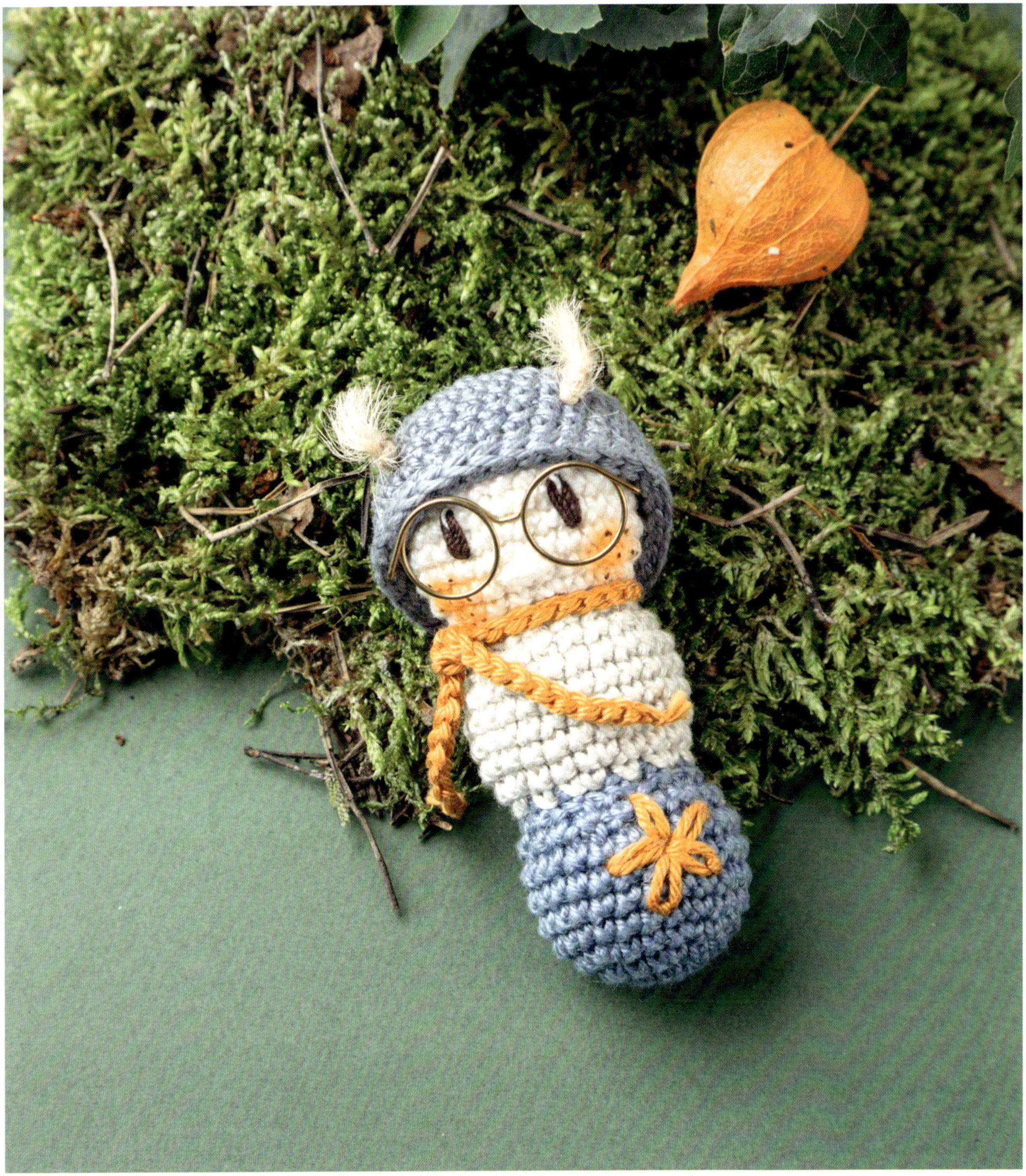

Drachenjunge Anton

Anton ist der beste Freund von Emil und verbingt mit ihm viel Zeit.
Sie können sich immer aufeinander verlassen und haben keine Geheimnisse voreinander.
Gemeinsam sorgen sie für den Zusammenhalt im Baumhaus.

Grösse

Bei Verwendung der angegebenen Materialien wird Anton ca. 20 cm groß.

Material

RICO ESSENTIAL COTTON DK
(100 % Baumwolle, LL 120 m/50 g) in
Petrol (Fb 106), 28 g
Rot-Braun (Fb 79), 11 g
Hellblau (Fb 27), 8 g
Hellgrau (Fb 102), 12 g
Taupe (Fb 89), 8 g
Bronze (Fb 53), Rest

Stickgarn in Schwarz, Weiß, Rost
Häkelnadel 2,5 mm
Füllwatte
Stecknadeln
Wollnadel
Maschenmarkierer
Schere
Rouge

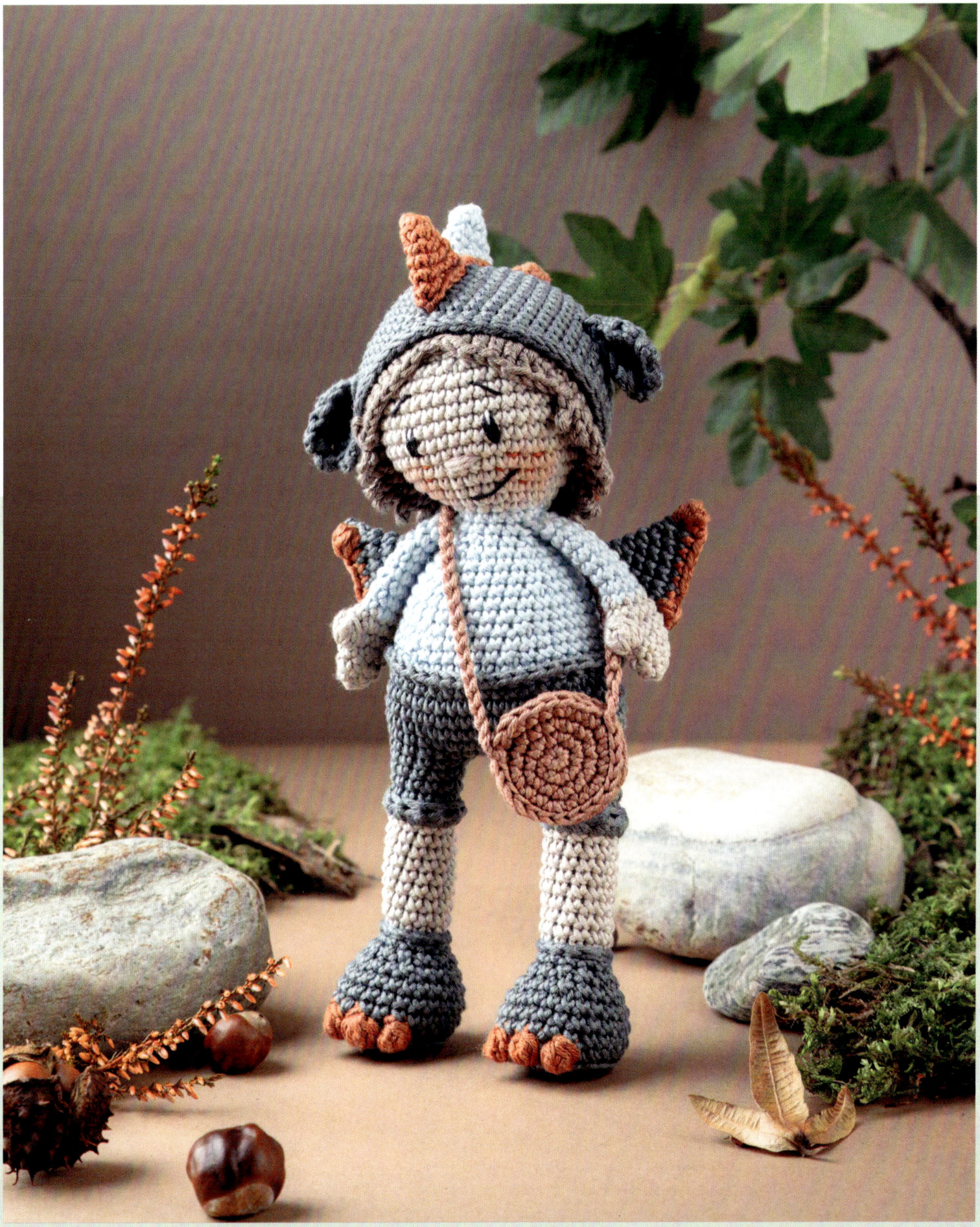

So wird's gemacht

Es wird, wenn nicht anders angegeben, in Spiral-Rd gehäkelt. Denke schon während des Häkelns daran, die Teile nach und nach mit Watte zu füllen.

ARM

(2x, in Hellgrau und Hellblau)

Die Arme werden nicht mit Watte gefüllt. Beginne mit Hellgrau.

1. Rd: 6 fM in einen Fadenring arbeiten.

2. Rd: *1 fM, 1 M zun*, von * bis * noch 2x wdh [9].

3.–4. Rd: 9 fM häkeln.

5. Rd: 1 fM, 1 N aus 4 Stb, 7 fM [9].

6. Rd: 9 fM häkeln.

Fb-Wechsel zu Hellblau.

7. Rd: 1 fM, *2 fM, 1 M abn*, von * bis * noch 1x wdh [7].

8.–14. Rd: 7 fM häkeln.

Den Faden abschneiden und vernähen oder später miteinhäkeln.

FUSS MIT KRALLEN & BEIN

(2x, in Petrol, Rot-Braun und Hellgrau)

Beginne mit Petrol.

1. Rd: 6 fM in einen Fadenring arbeiten.

2. Rd: 6x 1 M zun [12].

3. Rd: *1 fM, 1 M zun*, von * bis * noch 5x wdh [18].

4. Rd: *1 fM, 1 M zun, 1 fM*, von * bis * noch 5x wdh [24].

5. Rd: ihM: 9 fM, *Fb-Wechsel zu Rot-Braun, 1 N aus 4 Stb, Fb-Wechsel zu Petrol, 1 fM*, von * bis * noch 2x wdh, 9 fM [24].

6.–8. Rd: 24 fM häkeln.

9. Rd: *1 fM, 1 M abn, 1 fM*, von * bis * noch 5x wdh [18].

10. Rd: *1 fM, 1 M abn*, von * bis * noch 5x wdh [12].

11. Rd: 12 fM häkeln.

Fb-Wechsel zu Hellgrau. Faden in Petrol lang abschneiden (ca. 60 cm) und nach außen ziehen.

12. Rd: 12 fM ihM häkeln.

Mit dem langen Faden in Petrol häkelst du nun Km ivM der 12. Rd. Den Faden abschneiden und vernähen. Weiter mit Hellgrau (1).

13.–20. Rd: 12 fM häkeln.

Fb-Wechsel zu Petrol, achte aber darauf, dass du einen langen Anfangsfaden stehen lässt (ca. 80 cm), den du zunächst nach außen legst.

21. Rd: 12 fM ihM häkeln.

22.–24. Rd: 12 fM häkeln.

Den Faden abschneiden und beim 1. Bein vernähen. Beim zweiten Bein schneidest du den Faden nicht ab, du arbeitest mit dem Körper weiter. Mit dem langen Anfangsfaden häkelst du ivM der 21. Rd einmal rundherum hStb. Die Beine zeigen dabei von dir weg (2).

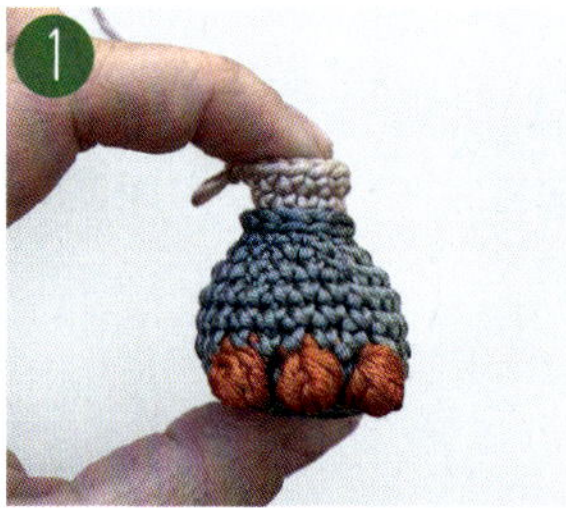

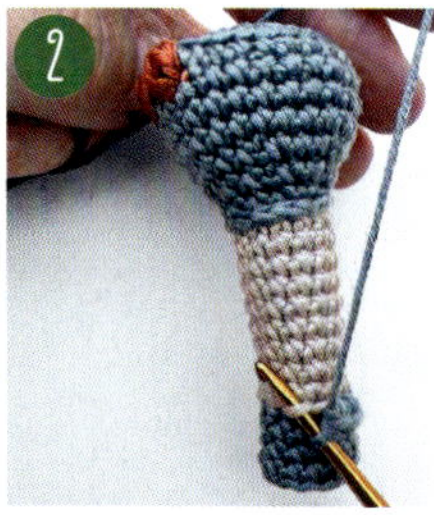

KÖRPER

(in Petrol und Hellblau)

Um die beiden Beine nun miteinander zu verbinden, häkelst du am 2. Bein noch ca. 3 fM, damit das Ende dieser Rd seitlich liegt; und anschließend eine Lm-Kette aus 5 Lm. Achte darauf, dass sich die Lm-Kette nicht verdreht. Häkle 1 fM seitlich in das 1. Bein, achte dabei darauf, dass auch dieses Bein die Rd-Übergänge hinten hat und die

Krallen nach hinten (von dir weg) zeigen. Häkle weiter mit Petrol.

1. Rd: 12 fM ins 1. Bein, 5 fM in Lm-Kette, 12 fM ins 2. Bein, 5 fM in Lm-Kette [34].

2. Rd: *8 fM, 1 M zun, 7 fM, 1 M zun*, von * bis * noch 1x wdh [38].

3. Rd: *6 fM, 1 M zun, 5 fM, 1 M zun, 5 fM, 1 M zun*, von * bis * noch 1x wdh [44].

4.–5. Rd: 44 fM häkeln.

6. Rd: *9 fM, 1 M abn*, von * bis * noch 3x wdh [40].

7. Rd: 40 fM ivM häkeln.

Fb-Wechsel zu Hellblau. Faden in Petrol lang abschneiden (ca. 60 cm) und nach außen legen.

8. Rd: 40 fM ihM häkeln.

9. Rd: *6 fM, 1 M abn*, von * bis * noch 4x wdh [35].

Mit dem langen Faden in Petrol häkelst du in der 7. Rd 40 fM ihM, 1 Km, den Faden abschneiden und vernähen.

10. Rd: 35 fM häkeln.

11. Rd: *5 fM, 1 M abn*, von * bis * noch 4x wdh [30].

12.–13. Rd: 30 fM häkeln.

14. Rd: *4 fM, 1 M abn*, von * bis * noch 4x wdh [25].

15. Rd: 25 fM häkeln.

16. Rd: *3 fM, 1 M abn*, von * bis * noch 4x wdh [20].

17. Rd: 20 fM häkeln.

18. Rd: *2 fM, 1 M abn*, von * bis * noch 4x wdh [15].

In der 19. Rd häkelst du die Arme mit ein. Achte darauf, dass die N nach vorne zeigen. Die Arme liegen seitlich auf einer Linie mit den Beinen. Ggf. musst du die M-Aufteilung vor und nach dem Einhäkeln der Arme etwas anpassen. Zwischen den Armen liegen vorne 5 fM.

19. Rd: 3 fM, 1. Arm mit 2 fM, 5 fM, 2. Arm mit 2 fM, 3 fM [15].

20. Rd: 15 fM häkeln.

Fb-Wechsel zu Hellgrau, du häkelst nahtlos mit dem Kopf weiter.

KOPF

(in Hellgrau)

Achte darauf, dass insbesondere der Halsbereich gut gefüllt ist und der Kopf beim Stopfen seine runde Form behält.

1. Rd: *1 fM, 1 M zun, 1 fM*, von * bis * noch 4x wdh [20].

2. Rd: *3 fM, 1 M zun*, von * bis * noch 4x wdh [25].

3. Rd: *2 fM, 1 M zun, 2 fM*, von * bis * noch 4x wdh [30].

4. Rd: *5 fM, 1 M zun*, von * bis * noch 4x wdh [35].

5. Rd: *3 fM, 1 M zun, 3 fM*, von * bis * noch 4x wdh [40].

6. Rd: *7 fM, 1 M zun*, von * bis * noch 4x wdh [45].

7.–11. Rd: 45 fM häkeln.

12. Rd: *7 fM, 1 M abn*, von * bis * noch 4x wdh [40].

13. Rd: *3 fM, 1 M abn, 3 fM*, von * bis * noch 4x wdh [35].

14. Rd: *5 fM, 1 M abn*, von * bis * noch 4x wdh [30].

15. Rd: *2 fM, 1 M abn, 2 fM*, von * bis * noch 4x wdh [25].

16. Rd: *3 fM, 1 M abn*, von * bis * noch 4x wdh [20].

17. Rd: *1 fM, 1 M abn, 1 fM*, von * bis * noch 4x wdh [15].

18. Rd: *1 fM, 1 M abn*, von * bis * noch 4x wdh [10].

19. Rd: 5x 1 M abn [5].

Den Faden lang abschneiden und die Öffnung schließen. Mit dem langen Faden kannst du nun gleich, vorne mittig, die Nase zwischen der 5. und 6. Rd des Kopfs sticken.

HAARE

(in Taupe)

1. Rd: 5 fM in einen Fadenring arbeiten.

2. Rd: 5x 1 M zun [10].

3. Rd: *1 fM, 1 M zun*, von *bis * noch 4x wdh [15].

4. Rd: *1 fM, 1 M zun, 1 fM*, von * bis * noch 4x wdh [20].

5. Rd: *3 fM, 1 M zun*, von * bis * noch 4x wdh [25].

6. Rd: *2 fM, 1 M zun, 2 fM*, von * bis * noch 4x wdh [30].

7. Rd: *5 fM, 1 M zun*, von * bis * noch 4x wdh [35].

8. Rd: *3 fM, 1 M zun, 3 fM*, von * bis * noch 4x wdh [40].

9.–17. Rd: 40 fM häkeln.

18. Rd: *1 Km + 3 Lm + ab 2. M von der Nd aus 2 Km zurück*, von * bis * noch 10x wdh, 7 hStb, 3 Km, 3 hStb, 2 Stb, 3 hStb, von * bis * noch 11x wdh.

Faden lang abschneiden und zum späteren Annähen an den Kopf verwenden.

Kappe

(in Petrol)

1. Rd: 5 fM in einen Fadenring arbeiten.

2. Rd: 5x 1 M zun [10].

3. Rd: *1 fM, 1 M zun*, von *bis * noch 4x wdh [15].

4. Rd: *1 fM, 1 M zun, 1 fM*, von * bis * noch 4x wdh [20].

5. Rd: *3 fM, 1 M zun*, von * bis * noch 4x wdh [25].

6. Rd: *2 fM, 1 M zun, 2 fM*, von * bis * noch 4x wdh [30].

7. Rd: *5 fM, 1 M zun*, von * bis * noch 4x wdh [35].

8. Rd: *3 fM, 1 M zun, 3 fM*, von * bis * noch 4x wdh [40].

9. Rd: *7 fM, 1 M zun*, von * bis * noch 4x wdh [45].

10.–18. Rd: 45 fM häkeln.

19. Rd: 45 Km häkeln.

Den Faden abschneiden und vernähen.

Zacken

(5x, davon 1x in Hellblau und 4x in Rot-Braun)

Zunächst häkelst du einzelne Zacken und verbindest sie später. Starte mit Hellblau.

1. Rd: 6 fM in einen Fadenring arbeiten.

2. Rd: 6 fM häkeln.

3. Rd: *1 fM, 1 M zun*, von * bis * noch 2x wdh [9].

4. Rd: *2 fM, 1 M zun*, von * bis * noch 2x wdh [12.]

5. Rd: *5 fM, 1 M zun*, von * bis * noch 1x wdh [14].

Den Faden abschneiden und vernähen. Du häkelst auf diese Weise insgesamt eine Zacke in Hellblau (2. Zacke) und 4 Zacken in Rot-Braun (1., 3., 4. und 5. Zacke), wobei du bei der letzten rot-braunen Zacke den Faden nicht abschneidest und vernähst. Häkle mit diesem Faden weiter.

6. Rd: 7 fM in die 5.–2. Zacke, 14 fM in die 1. Zacke, 7 fM in die 2.–5. Zacke [70] 3 4.

Den Faden lang abschneiden und zum späteren Annähen verwenden.

3

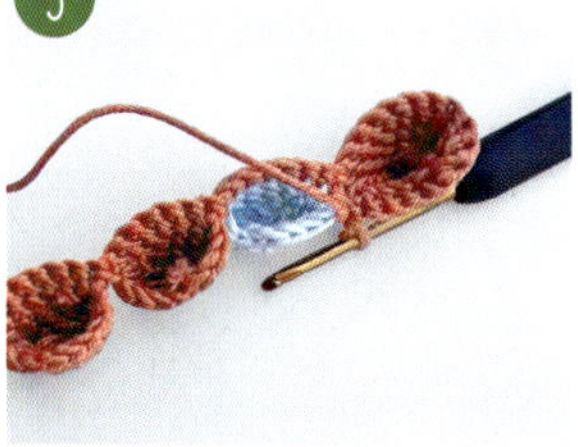

4

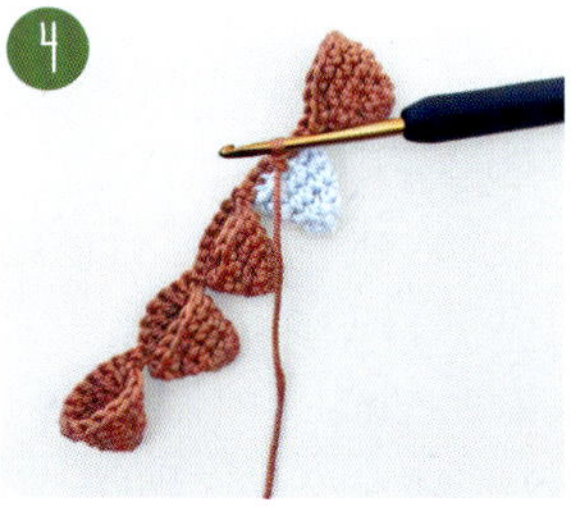

Ohren

(2x, in Petrol)

1. Rd: 6 fM in einen Fadenring arbeiten.

2. Rd: 6x 1 M zun [12].

3. Rd: 4 fM, *1 Stb, 2 Lm, 1 fM in die 2. Lm von der Nd aus*, von * bis * noch 3x wdh, 4 fM.

Den Faden lang abschneiden. Ohr-Ansatz zusammenfalten und mit ca. 2 Stichen zusammennähen. Den Restfaden zum späteren Annähen an den Kopf verwenden 5.

5

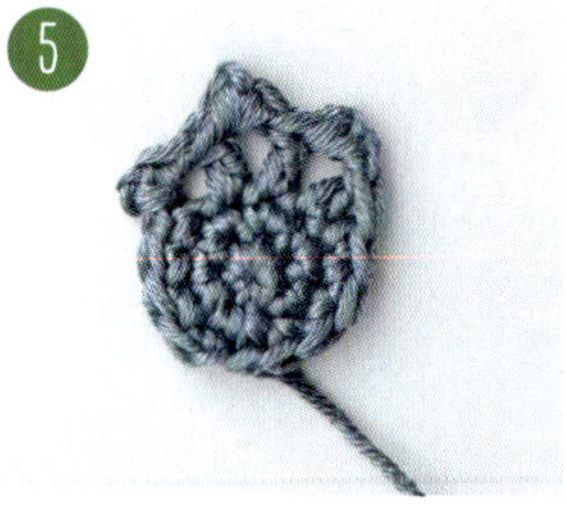

Flügel

(2x, in Petrol und Rot-Braun)

1. Rd: 6 fM in einen Fadenring arbeiten.

2. Rd: 6 x 1 M zun [12].

3. Rd: *1 fM, 1 M zun*, von * bis * noch 5x wdh [18].

4. Rd: *2 fM, 1 M zun*, von * bis * noch 5x wdh [24].

5. Rd: *3 fM, 1 M zun*, von * bis * noch 5x wdh [30].

6. Rd: *4 fM, 1 M zun*, von * bis * noch 5x wdh [36].

Den Faden abschneiden und vernähen.

Falte den Kreis so, dass die jeweiligen Zunahmen immer symmetrisch aufeinander liegen und häkle die zwei Seiten mit Rot-Braun wie folgt zusammen:

Linker Flügel:

5 fM, 1 N aus 4 Stb, von * bis * noch 2x wdh, den Faden lang abschneiden und zum späteren Annähen an den Körper verwenden.

Rechter Flügel:

1 N aus 4 Stb, 5 fM, von * bis * noch 2x wdh, den Faden lang abschneiden und zum späteren Annähen an den Körper verwenden.

Tasche

(in Bronze)

Du häkelst zunächst 2 Kreise.

1. Rd: 6 fM in einen Fadenring arbeiten.

2. Rd: 6x 1 M zun [12].

3. Rd: *1 fM, 1 M zun*, von * bis * noch 5x wdh [18].

4. Rd: *1 fM, 1 M zun, 1 fM*, von * bis * noch 5x wdh [24].

Beim 1. Kreis schneidest du den Faden ab und vernähst ihn. Beim 2. Kreis schneidest du den Faden nicht ab. Lege beide Kreise aufeinander, die schönen Seiten liegen außen, und häkle sie nun mit 16 Km zusammen (es bleibt eine Öffnung). Anschließend 40 Lm häkeln, wobei die entstandene Lm-Kette an der zuerst gehäkelten Km angehäkelt wird.

Fertigstellung

Nähe die Haarkappe auf dem Kopf fest. Sie sitzt schräg nach hinten geneigt, wobei die 17. Rd im Nacken endet (6). Die Kappe wird auf die Haare gesetzt, muss jedoch nicht festgenäht werden. Die Zacken werden mittig auf der Kappe festgesteckt und festgenäht. Die Zacken werden nicht mit Watte gefüllt (7). Die Ohren liegen seitlich nach unten geneigt, nähe sie über die 13.–15. Rd am Ohransatz fest. Die Augen stickst du über die 7. und 8. Rd des Kopfs mit einem Abstand von 6 M auf. Die Augenbrauen stickst du schräg über der 10. Rd des Kopfs auf. Die Flügel werden rückseitig mittig am Rücken über $^{1}/_{3}$ des Flügels festgenäht. Das mit Stecknadeln gekennzeichnete Bild hilft dir dabei (8) (9). Wenn du möchtest, male ein paar Sommersprossen um die Nase und benutze etwas Rouge für die Wangen.

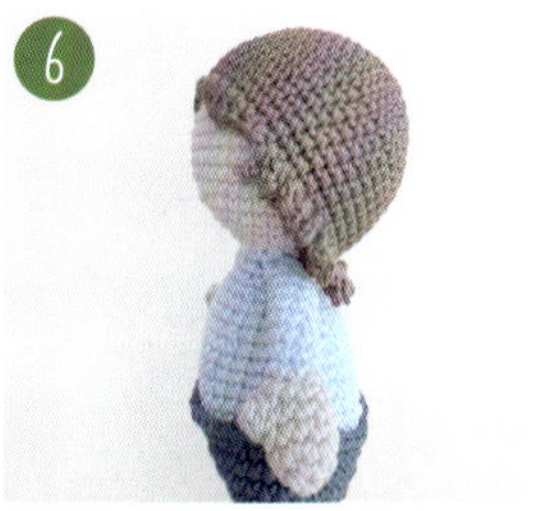

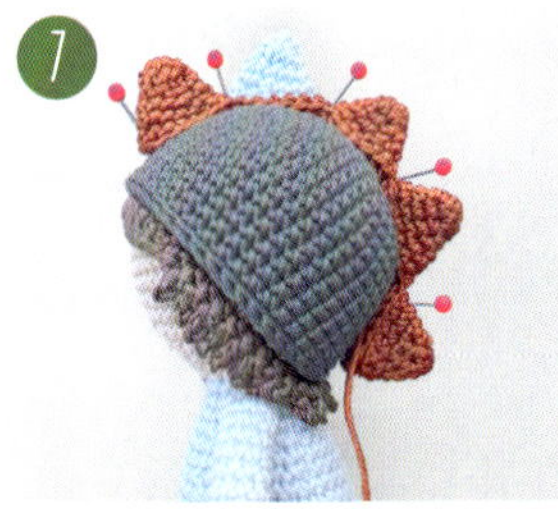

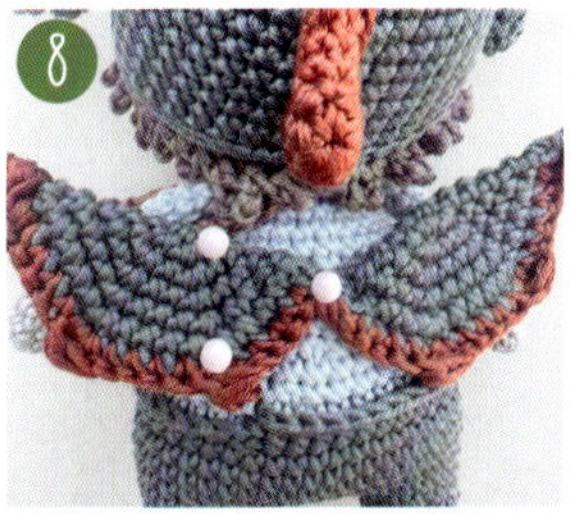

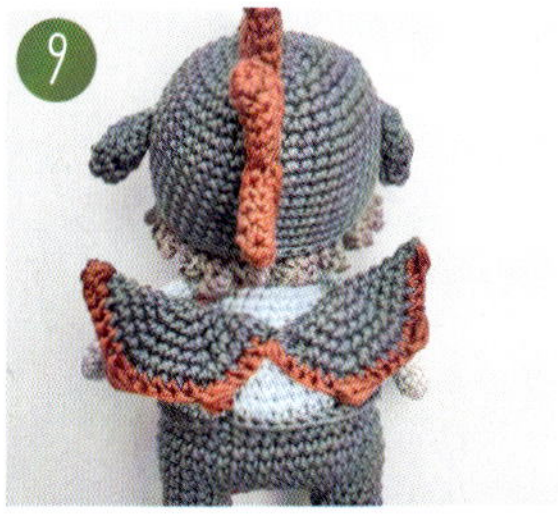

WALDELFE Clara

Clara mag die Farbe Grün. Sie fühlt sich im Wald zuhause und bewohnt eines der oberen Stockwerke im Baumhaus. Das Sammeln von sämtlichen Materialien für neue Kleider, Accessoires und DIY-Projekte ist ihre große Leidenschaft.

GRÖSSE

Bei Verwendung der angegebenen Materialien wird Clara ca. 21 cm groß.

MATERIAL

RICORUMI DK
(100 % Baumwolle, LL 57,5 m/25 g) in
Puder (Fb 022), 15 g
Patina (Fb 038), 15 g
Schilf (Fb 075), Rest
Khaki (Fb 078), Rest
Sand (Fb 071), Rest

RICO DESIGN ESSENTIALS MERINO
Plus DK Tweed (LL 125 m/50 g)
in Beige (Fb 003), 31 g

Stickgarn in Schwarz
36 Tüllstreifen 15 x 2 cm
2 Tüllstreifen 80 x 2 cm
Sicherheitsaugen Ø 6 mm
Häkelnadel 2,5 mm
Füllwatte
Stecknadeln
Wollnadel
Maschenmarkierer
Schere
Rouge
Optional: Drahtbrille 5 cm

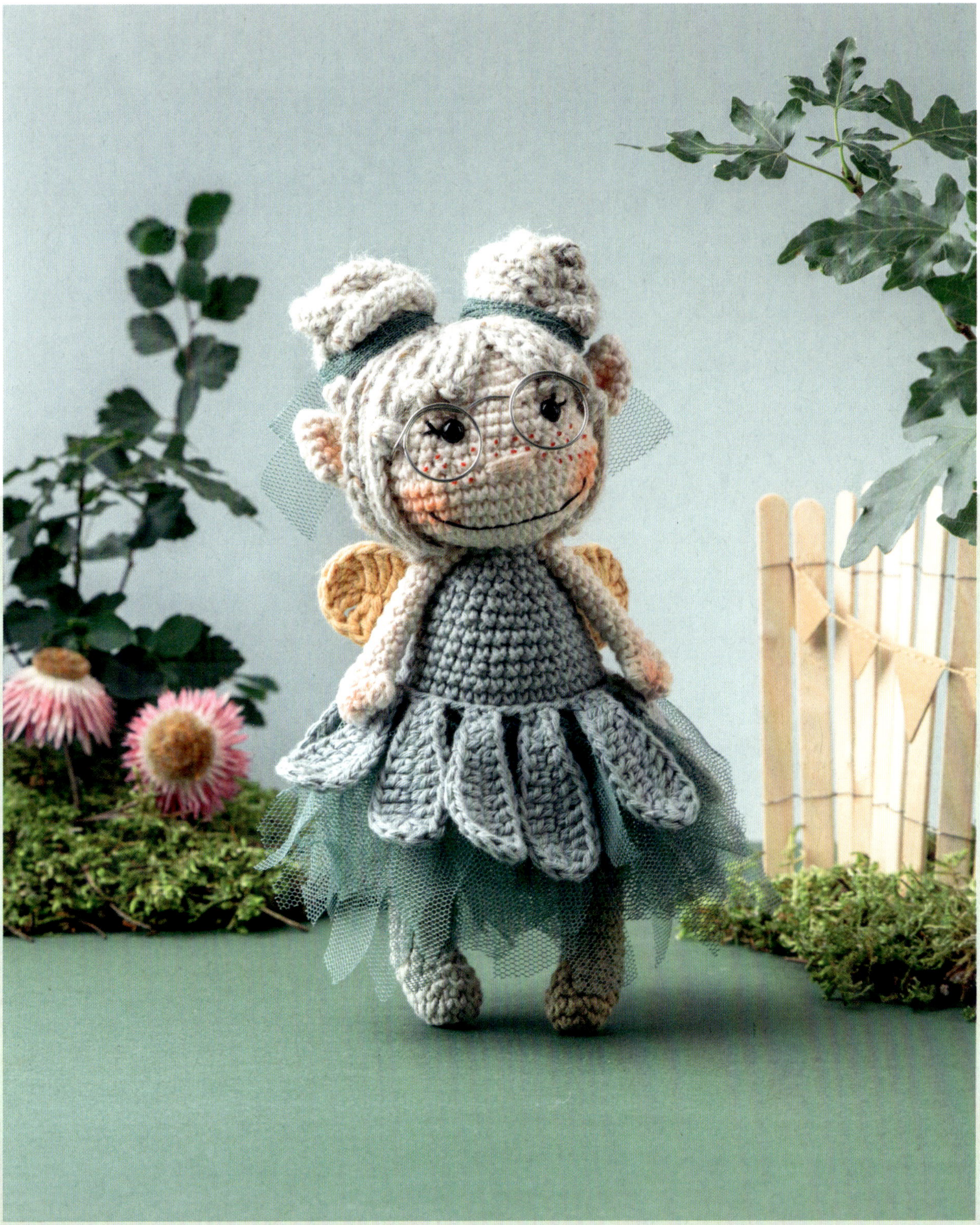

So wird's gemacht

Es wird, wenn nicht anders angegeben, in Spiral-Rd gehäkelt. Denke schon während des Häkelns daran, die Teile nach und nach mit Watte zu füllen.

ARM

(2x, in Puder)

Die Arme werden nicht mit Watte gefüllt.

1. Rd: 6 fM in einen Fadenring arbeiten.

2. Rd: *1 fM, 1 M zun*, von * bis * noch 2x wdh [9].

3. Rd: 9 fM häkeln.

4. Rd: 1 fM, 1 N aus 4 Stb, 7 fM [9].

5. Rd: 1 fM, *2 fM, 1 M abn*, von * bis * noch 1x wdh [7].

6.–15. Rd: 7 fM häkeln.

16. Rd: 2x 1 M abn [5]. Die Rd wird nicht zu Ende gehäkelt.

Die Öffnung häkelst du mit 2 fM zusammen. Den Faden abschneiden und vernähen oder später miteinhäkeln.

BEIN

(2x, davon 1x in Schilf und 1x in Khaki)

1. Rd: 6 fM in einen Fadenring arbeiten.

2. Rd: 6x 1 M zun [12].

3. Rd: 12 fM häkeln.

4.–7. Rd: 1 M zun, 5 fM, 1 M abn, 4 fM [12].

8.–9. Rd: 1 M abn, 5 fM, 1 M zun 4 fM.

10.–19. Rd: 12 fM häkeln.

Den Faden abschneiden und vernähen oder später miteinhäkeln.

KÖRPER

(in Patina)

Um die beiden Beine nun miteinander zu verbinden, maschst du am 1. Bein neu an (1). Die Fußspitze zeigt zu dir, deine 1. Masche sitzt nicht ganz parallel zur Fußspitze, du stichst etwas weiter rechts ein. Häkle eine Lm-Kette aus 6 Lm. Achte darauf, dass sich die Lm-Kette nicht verdreht. Häkle seitlich in das 2. Bein, achte darauf, dass beide Fußspitzen in eine Richtung und leicht zueinander zeigen (2) (3).

1. Rd: 12 fM ins 2. Bein, 6 fM in Lm-Kette, 12 fM ins 1. Bein [30].

2. Rd: 6 fM in Lm-Kette, 30 fM [36].

3. Rd: *5 fM, 1 M zun*, von * bis * noch 5x wdh [42].

4. Rd: 42 fM häkeln.

5. Rd: *5 fM, 1 M abn*, von * bis * noch 5x wdh [36].

6. Rd: 21 fM häkeln. Die Rd wird nicht zu Ende gehäkelt. Dein Rd-Ende ist nun auf der Rückseite. Ggf. musst du die M-Aufteilung etwas anpassen.

7. Rd: 36 fM ihM häkeln.

8.–9. Rd: 36 fM häkeln.

1
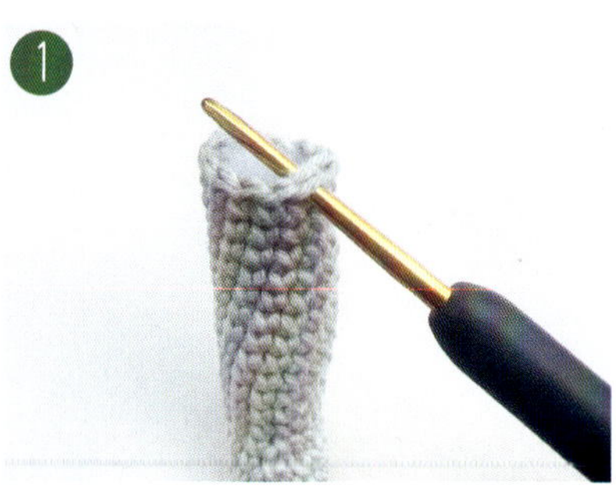

2
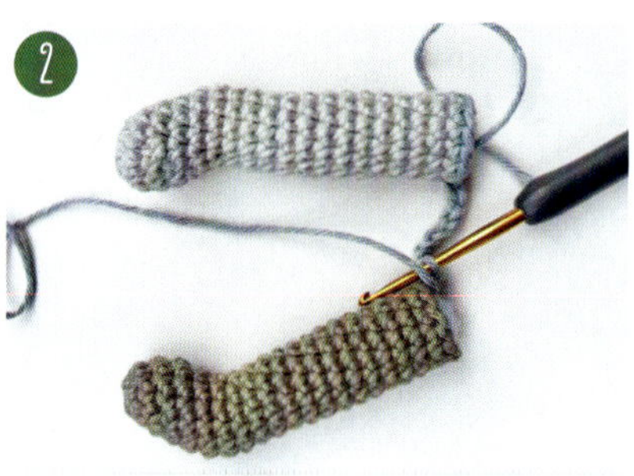

3
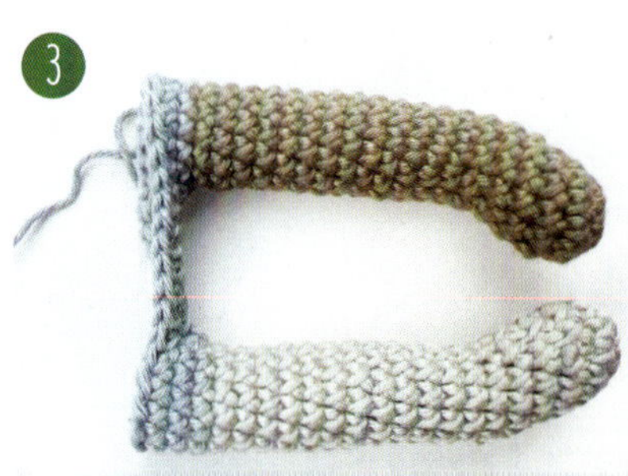

10. Rd: *2 fM, 1 M abn, 2 fM*, von * bis * noch 5x wdh [30].

11.–12. Rd: 30 fM häkeln.

13. Rd: *3 fM, 1 M abn*, von * bis * noch 5x wdh [24].

14. Rd: 24 fM häkeln.

15. Rd: *1 fM, 1 M abn, 1 fM*, von * bis * noch 5x wdh [18].

16. Rd: 18 fM häkeln.

17. Rd: *1 fM, 1 M abn*, von * bis * noch 5x wdh [12].

In der 18. Rd häkelst du die Arme mit ein. Achte darauf, dass die N nach vorne zeigen. Die Arme liegen seitlich auf einer Linie mit den Beinen. Ggf. musst du die M-Aufteilung vor und nach dem Einhäkeln der Arme etwas anpassen. Zwischen den Armen liegen vorne 3 M.

18. Rd: 3 fM, 1. Arm mit 2 fM, 3 fM, 2. Arm mit 2 fM, 2 fM [12].

Fb-Wechsel zu Puder, du häkelst nahtlos mit dem Kopf weiter.

KOPF

(in Puder)

Achte beim Stopfen des Kopfs darauf, dass dieser eine ungleichmäßige Form erhält. Die Abn aus der 10. Rd sorgen dafür, dass im unteren vorderen Bereich mehr Volumen und hinten, nach oben verlaufend, weniger Volumen zu stopfen ist. Nach Fertigstellung wirkt der Kopf etwas verschoben.

1. Rd: 12x 1 M zun [24].

2. Rd: *3 fM, 1 M zun*, von * bis * noch 5x wdh [30].

3. Rd: *4 fM, 1 M zun*, von * bis * noch 5x wdh, [36].

4. Rd: *5 fM, 1 M zun*, von * bis * noch 5x wdh, [42].

5. Rd: 3 fM, 1 M zun, *6 fM, 1 M zun*, von * bis * noch 4x wdh, 3 fM [48].

6.–9. Rd: 48 fM häkeln.

In der 10. Rd liegen die 6 fM genau vorne mittig, rechts und links davon die Abn.

10. Rd: 12 fM, *1 fM, 1 M abn*, von * bis * noch 2x wdh, 6 fM, von * bis * noch 3x wdh, 12 fM [42].

11.–16. Rd: 42 fM häkeln.

Die Sicherheitsaugen setzt du zwischen der 10. und 11. Rd ein. Zwischen ihnen liegen 5 sichtbare M.

17. Rd: *4 fM, 1 M abn*, von * bis * noch 6x wdh, [35].

18. Rd: *3 fM, 1 M abn*, von * bis * noch 6x wdh [28].

19. Rd: *2 fM, 1 M abn*, von * bis * noch 6x wdh [21].

20. Rd: *1 fM, 1 M abn*, von * bis * noch 6x wdh [14].

21. Rd: 7x 1 M abn [7] (4).

Den Faden lang abschneiden und die Öffnung schließen. Mit dem langen Faden kannst du nun gleich, vorne mittig, die Nase zwischen der 8. und 9. Rd des Kopfs über 3 M sticken. Den Restfaden verwendest du später zum Annähen an den Körper.

4

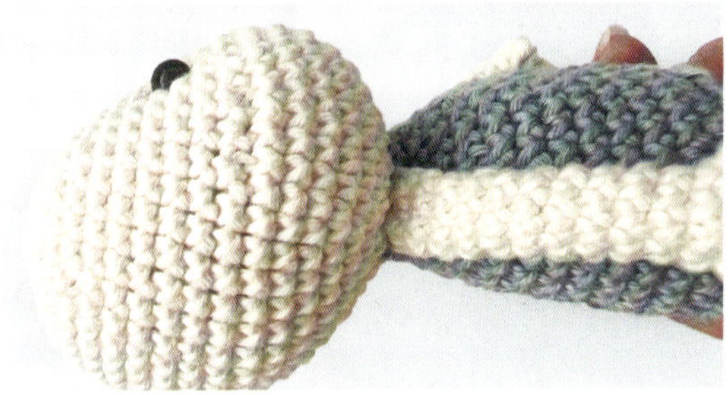

OHR

(2x, in Puder)

1. Rd: 4 fM in einen Fadenring arbeiten.

2. Rd: *1 fM, 1 M zun*, von * bis * noch 1x wdh [6].

3. Rd: *1 fM, 1 M zun*, von * bis * noch 2x wdh [9].

4. Rd: *2 fM, 1 M zun*, von * bis * noch 2x wdh [12].

5.–6. Rd: 12 fM häkeln.

7. Rd: 6x 1 M abn [6] (5).

So geht's weiter

Den Faden lang abschneiden und zum späteren Annähen an den Kopf nutzen.

5

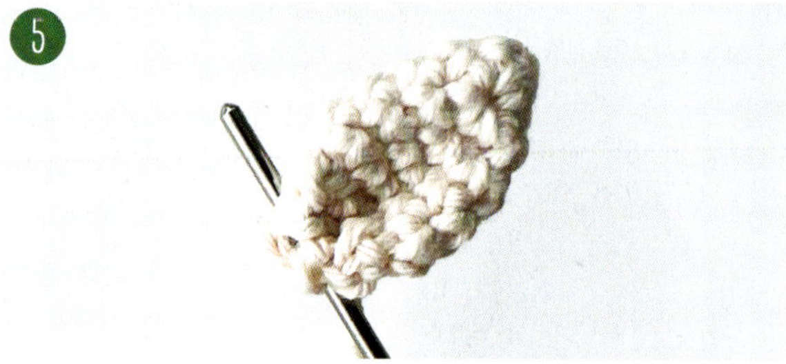

HAARE

(in Beige)

1. Rd: 7 fM in einen Fadenring arbeiten.

2. Rd: 7x 1 M zun [14].

3. Rd: *1 fM, 1 M zun*, von *bis * noch 6x wdh [21].

In der folgenden Rd häkelst du die Haarsträhnen. Passe die Haarkappe nach deiner 1. Haarsträhne einmal an. Ggf. musst du die Strähnen verkürzen oder verlängern.

4. Rd: *1 fM, 18 Lm, zurück ab 3. M von der Nd aus 16 hStb*, von * bis * noch 7x wdh, 1 fM, 10 Lm, zurück ab 3. M von der Nd aus 8 hStb, *1 fM, 8 Lm, zurück ab 3. M von der Nd aus 6 hStb*, von * bis * 3x wdh, 1 fM, 10 Lm, zurück ab 3. M von der Nd aus 8 hStb, *1 fM, 18 Lm, zurück ab 3. M von der Nd aus 16 hStb*, von * bis * 6x wdh 6.

6

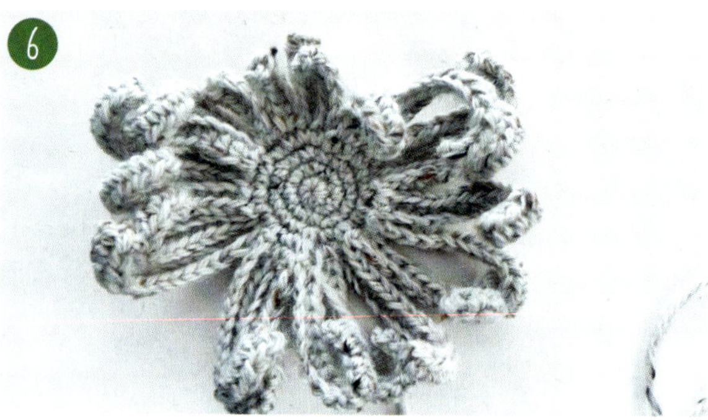

DUTT

(2x, in Beige)

1. Rd: 8 fM in einen Fadenring arbeiten.

2. Rd: *1 fM, 20 Lm, zurück ab 3. M von der Nd aus 18 hStb*, von * bis * 7x wdh.

Den Faden lang abschneiden und zum späteren Annähen auf der Haarkappe verwenden 7.

7

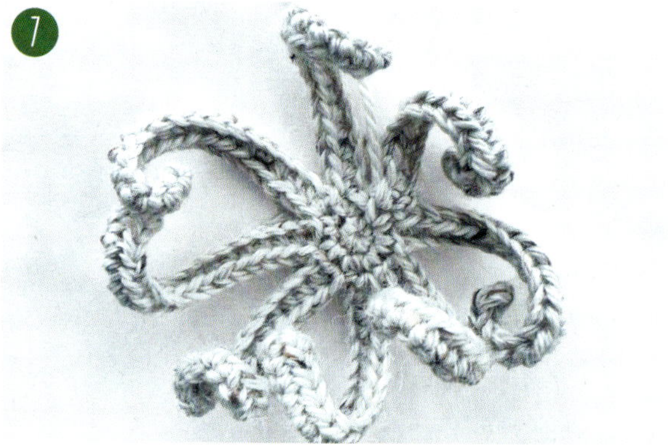

BLATT

(10x, in Patina)

Schlage 10 Lm an. Achte darauf, dass sich die Lm-Kette nicht verdreht. Beginne in der 2. Lm von der Nd aus und häkle entlang beider Seiten der Lm-Kette in Rd wie folgt:

1. Rd: 2 fM, 2 hStb, 4 Stb, 5 Stb in 1 M, 4 Stb, 2 hStb, 2 fM, 1 Km [21].

Den Faden abschneiden und vernähen.

Die Blätter häkelst du nun mit einer Lm-Kette zusammen.

Schlage dafür 12 Lm an, dann ein Blatt mit 2 fM, anschließend 2 Lm. Wdh dies 9x, also für jedes gehäkelte Blatt. Abschließend noch 12 Lm, den Faden abschneiden.

Flügel

(2x, in Sand)

Schlage 11 Lm an. Achte darauf, dass sich die Lm-Kette nicht verdreht. Beginne in der 3. Lm von der Nd aus und häkle entlang beider Seiten der Lm-Kette in Rd wie folgt:

1. Rd: 1 hStb, 1 Stb, 5 DStb, 1 DStb zun, 4 DStb in 1 M, 1 DStb zun, 5 DStb, 1 Stb, 1 hStb, 1 Km [22].

Den Faden lang abschneiden und zum späteren Annähen verwenden.

Fertigstellung

Platziere zunächst die Haarkappe und die Ohren auf dem Kopf und stecke sie dir fest. Die kurzen Haarsträhnen liegen vorne mittig, wobei du sie nach rechts und links wegsteckst, sodass sich ein Scheitel ergibt 8. Die Ohren liegen seitlich am Kopf. Vor dem Annähen musst du sie unten an der Öffnung noch mit ein paar Stichen fixieren, nachdem du sie an dieser Stelle leicht zusammengedrückt hast. Nähe sie anschließend über der 10. bis 12. Rd seitlich an den Kopf. Sie liegen auf einer Linie mit den Armen. Die Haarsträhnen legst du links und rechts vorbei und nähst die Haarkappe inkl. Strähnen fest. Lege sie hier und da etwas aufeinander, das sieht natürlicher aus. Rechts und links oben auf der Haarkappe nähst du jeweils einen Dutt an. Fange zunächst mit dem Kreis an, den du mit 8 Stichen fixierst. Nimm jeweils 4 Haarsträhnen und drehe sie zu einem Strang ein, lege diese dann gegen den Uhrzeigersinn zu einem Dutt auf den Kopf. Fixiere den entstandenen Knoten mit ein paar Stichen 9 10. An den Augen kannst du mit schwarzem Stickgarn Wimpern aufsticken. Den Mund stickst du zwischen der 8. und 9. Rd über eine Breite von 13 M. Ziehe den Faden nicht zu fest und ziehe ihn etwas nach unten, damit Clara einen freundlichen Gesichtsausdruck bekommt. Mit rotem Fineliner kannst du Sommersprossen aufmalen und wenn du möchtest etwas Rouge auftragen. Die 36 Tüllstreifen knotest du in die vorderen M-Glieder der 7. Rd des Körpers 11 12. Die langen Tüllstreifen werden je ein paar Mal um einen Dutt gelegt und verknotet. Alternativ kannst du auch Schleifenband verwenden oder eine Lm-Kette von ca. 100 Lm häkeln. Den Blätter-Gürtel bindest du um den Bauch, direkt über die Tüllstreifen. Die Flügel werden hinten mittig aufgenäht 13.

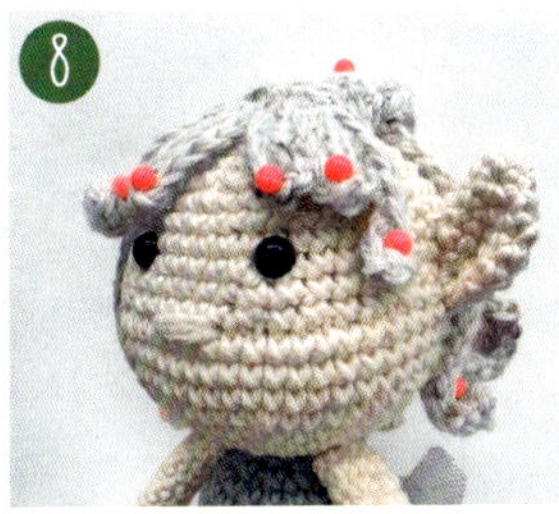

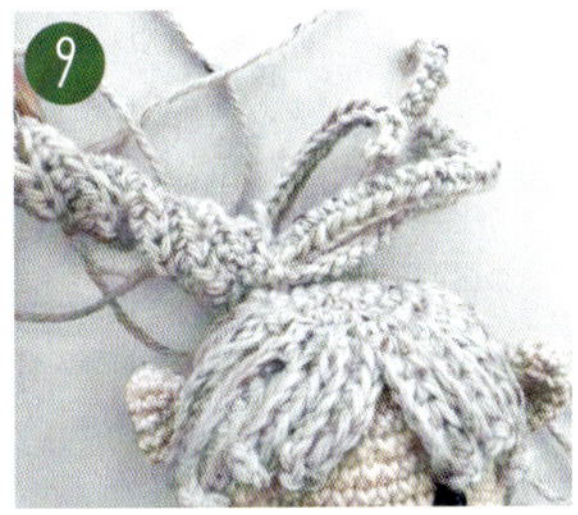

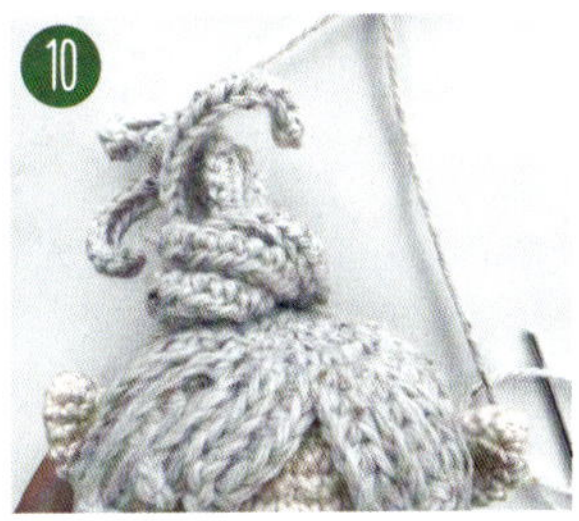

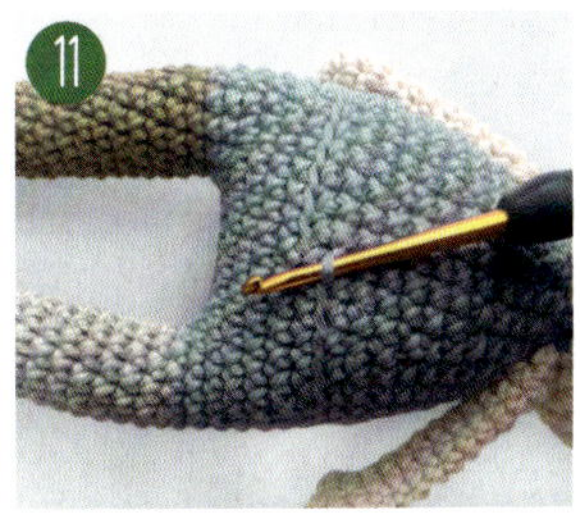

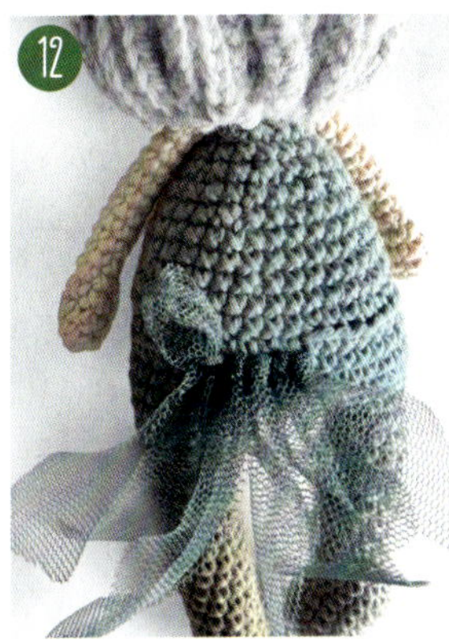

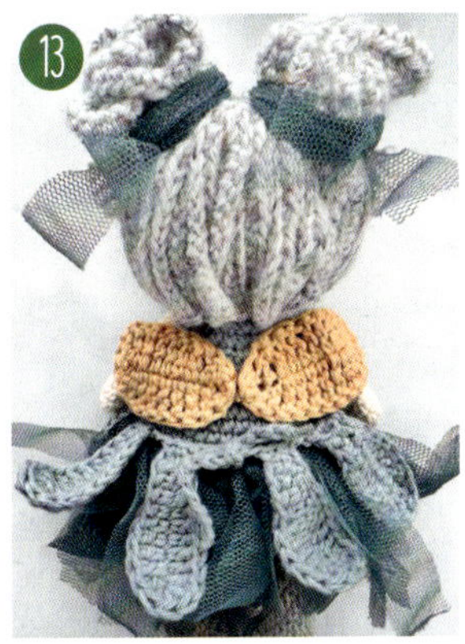

Fledermaus Gustav

Gustav ist eine kleine Flattermaus. Er arbeitet viel und hart an seinen Flugkünsten. Immerhin träumt er davon, später einmal als Superheld auftreten zu können. Anton unterstützt ihn bei seinem großen Vorhaben und trainiert in der Dämmerung mit ihm.

Grösse

Bei Verwendung der angegebenen Materialien wird Gustav ca. 14 cm groß.

Material

SCHEEPJES CATONA
(100 % Baumwolle, LL 125 m/50 g) in
Moon Rock (Fb 254), 38 g
Rust (Fb 388), Rest
Stickgarn in Schwarz und Weiß
Häkelnadel 2,0 mm
Sicherheitsaugen Ø 6 mm

Füllwatte
Stecknadeln
Wollnadel
Maschenmarkierer
Schere
kleine Drahtbürste
Rouge oder Pastellkreide in Dunkelgrau

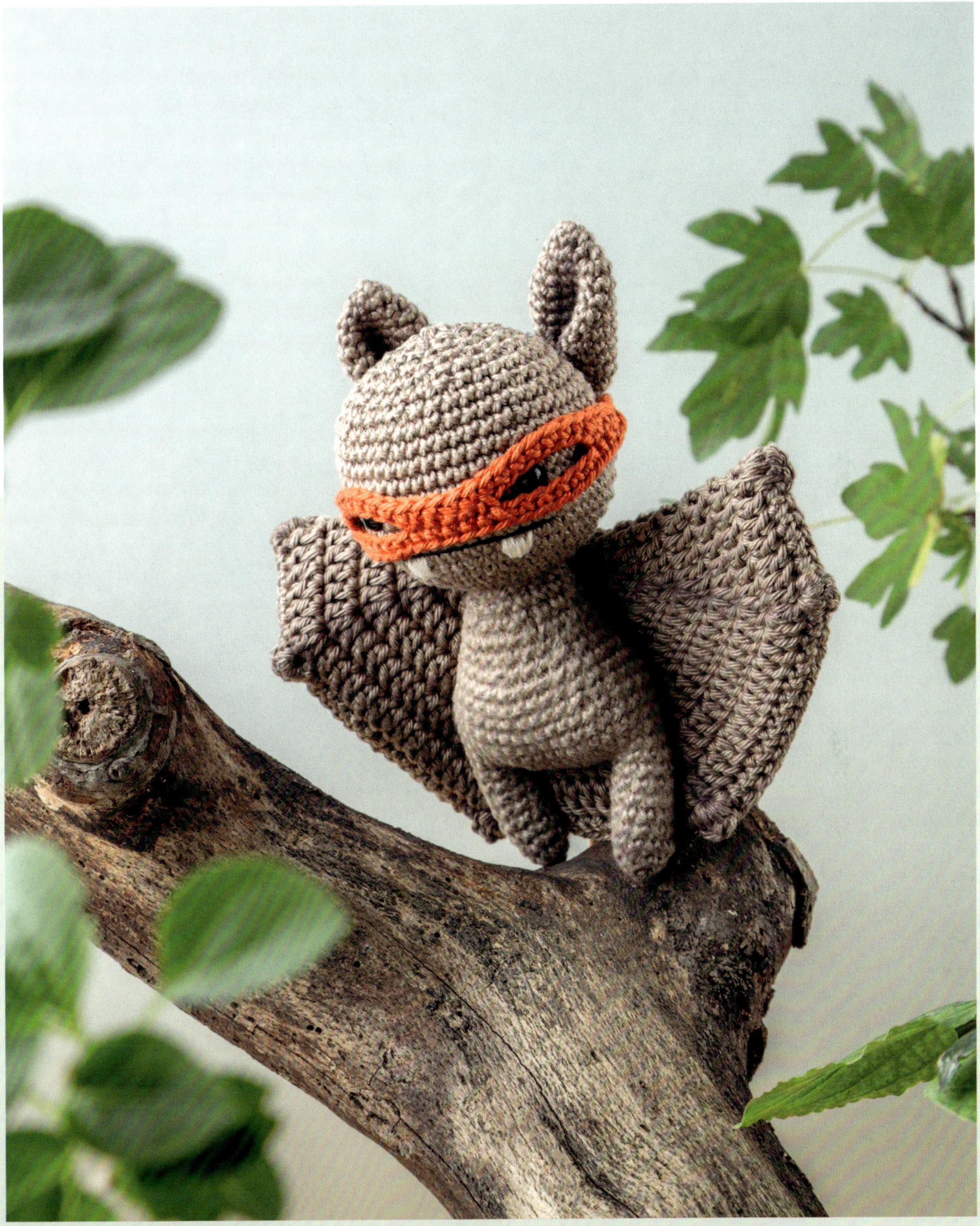

So wird's gemacht

Es wird, wenn nicht anders angegeben, in Spiral-Rd gehäkelt. Denke schon während des Häkelns daran, die Teile nach und nach mit Watte zu füllen.

Bein

(2x, in Moon Rock)

1. Rd: 4 fM in einen Fadenring arbeiten.

2. Rd: *1 M zun, 1 fM*, von * bis * noch 1x wdh [6]

3. Rd: *1 M zun, 1 fM*, von * bis * noch 2x wdh [9]

4.–9. Rd: 9 fM häkeln

Beim ersten Bein schneidest du den Faden ab und vernähst oder häkelst ihn später mit ein. Beim 2. Bein häkelst du noch eine Lm-Kette aus 9 Lm. Achte darauf, dass sich die Lm-Kette nicht verdreht. Häkle 1 fM seitlich in das 1. Bein. Du häkelst nahtlos mit dem Körper weiter.

Körper

(in Moon Rock)

1. Rd: 9 fM ins 1. Bein, 9 fM in Lm-Kette, 9 fM ins 2. Bein, 9 fM in Lm-Kette [36].

2.–6. Rd: 36 fM häkeln.

7. Rd: *2 fM, 1 M abn, 2 fM*, von * bis * noch 5x wdh [30].

8.–9. Rd: 30 fM häkeln.

10. Rd: *3 fM, 1 M abn*, von * bis * noch 5x wdh [24].

11.–12. Rd: 24 fM häkeln.

13. Rd: *1 fM, 1 M abn, 1 fM*, von * bis * noch 5x wdh [18].

14. Rd: 18 fM häkeln.

15. Rd: *1 fM, 1 M abn*, von * bis * noch 5x wdh [12].

Faden nicht abschneiden, du häkelst nahtlos mit dem Kopf weiter.

Kopf

(in Moon Rock)

1. Rd: 12x 1 M zun [24].

2. Rd: *3 fM, 1 M zun*, von * bis * noch 5x wdh [30].

3. Rd: *2 fM, 1 M zun, 2 fM*, von * bis * noch 5x wdh [36].

4. Rd: *5 fM, 1 M zun*, von * bis * noch 5x wdh [42].

5. Rd: *3 fM, 1 M zun, 3 fM*, von * bis * noch 5x wdh [48].

6. Rd: *7 fM, 1 M zun*, von * bis * noch 5x wdh [54].

7.–12. Rd: 54 fM häkeln.

Setze die Sicherheitsaugen zwischen der 9. und 10. Rd mit einem Abstand von 10 M ein.

13. Rd: *7 fM, 1 M abn*, von * bis * noch 5x wdh [48].

14. Rd: *3 fM, 1 M abn, 3 fM*, von * bis * noch 5x wdh [42].

15. Rd: *5 fM, 1 M abn*, von * bis * noch 5x wdh [36].

16. Rd: *2 fM, 1 M abn, 2 fM*, von * bis * noch 5x wdh [30].

17. Rd: *3 fM, 1 M abn*, von * bis * noch 5x wdh [24].

18. Rd: *1 fM, 1 M abn, 1 fM*, von * bis * noch 5x wdh [18].

19. Rd: *1 fM, 1 M abn*, von * bis * noch 5x wdh [12].

20. Rd: 6x 1 M abn [6].

Die Öffnung schließen.

Bearbeite den Körper mit der Drahtbürste bis zur gewünschten Flauschigkeit.

Flügel

(in Moon Rock)

Du beendest jede Rd mit einer Km und beginnst jede neue Rd mit 2 Wende-Lm.

1. Rd: 12 Stb in einen Fadenring arbeiten [12].

2. Rd: 12x 1 Stb zun [24].

3. Rd: 1 Stb, *3 Stb in eine M, 2 Stb*, von * bis * noch 6x wdh, 3 Stb in eine M, 1 Stb [40].

4. Rd: 2 Stb, *3 Stb in eine M, 4 Stb*, von * bis * noch 6x wdh, 3 Stb in eine M, 2 Stb [56].

5. Rd: 3 Stb, *3 Stb in eine M, 6 Stb*, von * bis * noch 6x wdh, 3 Stb in eine M, 3 Stb [72].

6. Rd: 4 Stb, *3 Stb in eine M, 8 Stb*, von * bis * noch 6x wdh, 3 Stb in eine M, 4 Stb [88].

7. Rd: 5 Stb, *3 Stb in eine M, 10 Stb*, von * bis * noch 6x wdh, 3 Stb in eine M, 5 Stb [104].

8. Rd: 6 Stb, *3 Stb in eine M, 12 Stb*, von * bis * noch 6x wdh, 3 Stb in eine M, 6 Stb [120] (1).

Falte das nun entstandene Achteck so, dass die jeweiligen Zunahmen immer schön symmetrisch aufeinander liegen und häkle die beiden Seiten wie folgt zusammen:

1 Lm, 1 N, 5 fM, 1 N, 14 fM, 1 N, 15 fM, 1 N, 14 fM, 1 N, 5 fM, 1 N, 1 Km (2).

Den Faden lang abschneiden und zum späteren Annähen an den Körper verwenden.

1
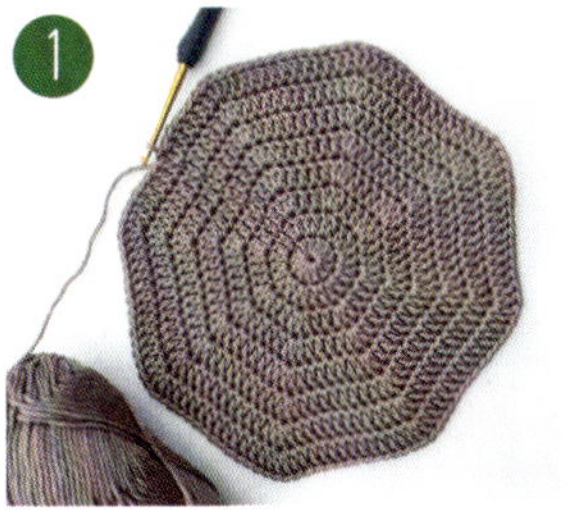

2
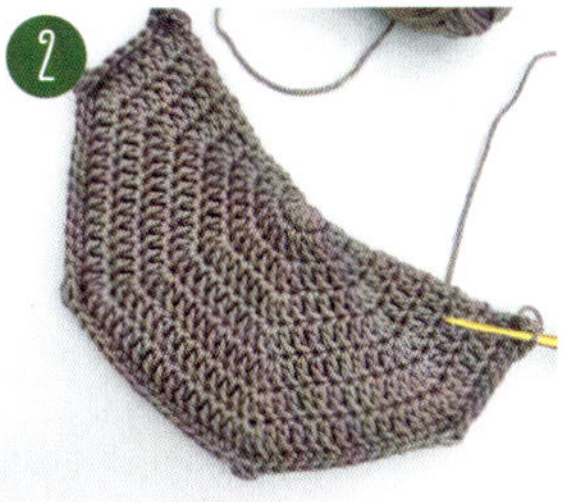

OHREN

(2x, in Moon Rock)

Die Ohren werden nicht mit Watte gefüllt.

1. Rd: 4 fM in einen Fadenring arbeiten

2. Rd: *1 M zun, 1 fM*, von * bis * noch 1x wdh [6].

3. Rd: *1 M zun, 1 fM*, von * bis * noch 2x wdh [9].

4. Rd: *1 M zun, 2 fM*, von * bis * noch 2x wdh [12].

5. Rd: *1 M zun, 3 fM*, von * bis * noch 2x wdh [15].

6. Rd: *1 M zun, 4 fM*, von * bis * noch 2x wdh [18].

7.–12. Rd: 18 fM häkeln.

13. Rd: *1 fM, 1 M abn*, von * bis * noch 5 x wdh [12]

Den Faden lang abschneiden. Falte beim rechten Ohr die rechte untere Ecke des Ohres um zwei M nach links und nähe sie fest. Wdh dies beim linken Ohr mit der linken unteren Ecke. Den Restfaden nutzt du zum späteren Annähen an den Kopf.

MASKE

(in Rust)

Häkle 26 Lm und beginne in der 2. M von der Nd aus.

1. Rd: 3 fM, 7 Lm und 7 M der Lm-Kette überspringen, 5 fM, 7 Lm und 7 M der Lm-Kette überspringen, 3 fM, *33 Lm und ab der 2. M von Nd aus 32 Km zurück, 25 fM*, von * bis * 1x wdh (auf der anderen Seite der Maske).

Den Faden abschneiden und vernähen.

FERTIGSTELLUNG

Setze die Ohren rückseitig am Kopf in der 12. Rd an und nähe sie fest. Den Mund stickst du mit schwarzem Garn zwischen der 6. und 7. Rd des Kopfs über 14 M auf. Mit weißem Garn stickst du die Zähne; du beginnst dafür zwischen der 4. und 5. Rd des Kopfs und gehst 2 M nach oben bis zum Mund. An den Augen setzt du weiße Akzente und bindest die Maske fest. Abschließend kannst du, wenn du magst, mit Pastellkreide oder Lidschatten und einem Pinsel noch Akzente in den Ohren und auf den Flügeln setzen. Die Flügel werden rückseitig über Körper und Beine festgenäht.

Eule Alfons

Alfons ist ein kleiner Lindbergh, denn schon sein Urgroßvater war fasziniert von der Fliegerei. Motoren und Maschinen wecken großes Interesse bei Alfons und so ist sein Ziel die Pilotenausbildung, auf die er sich täglich vorbereitet. Der ein oder andere Sturzflug sorgt gelegentlich für Ärger mit Fräulein Margarete.

Grösse

Bei Verwendung der angegebenen Materialien wird Alfons ca. 14 cm groß.

Material

SCHACHENMAYR CATANIA
(100 % Baumwolle LL 125 m/50 g) in

Camel (Fb 179), 7 g

Terracotta (Fb 388), 11 g

Zimt (Fb 383), Rest

Creme (Fb 130), Rest

Teddy (Fb 161), Rest

Bast (Fb 257), Rest

SCHACHENMAYR MY COLOR STYLE
(45 % Polyamid, 29 % Wolle, 19 % Polyacryl, 7 % Alpaka, LL 125 m/50 g) in

Graubraun (Fb 81), 28 g

Blush (Fb 35), Rest

Sicherheitsaugen Ø 12 mm

Häkelnadel 2,5 mm

Häkelnadel 2,0 mm

Füllwatte

Stecknadeln

Wollnadel

Maschenmarkierer

Schere

Rouge

Optional: Textilkleber

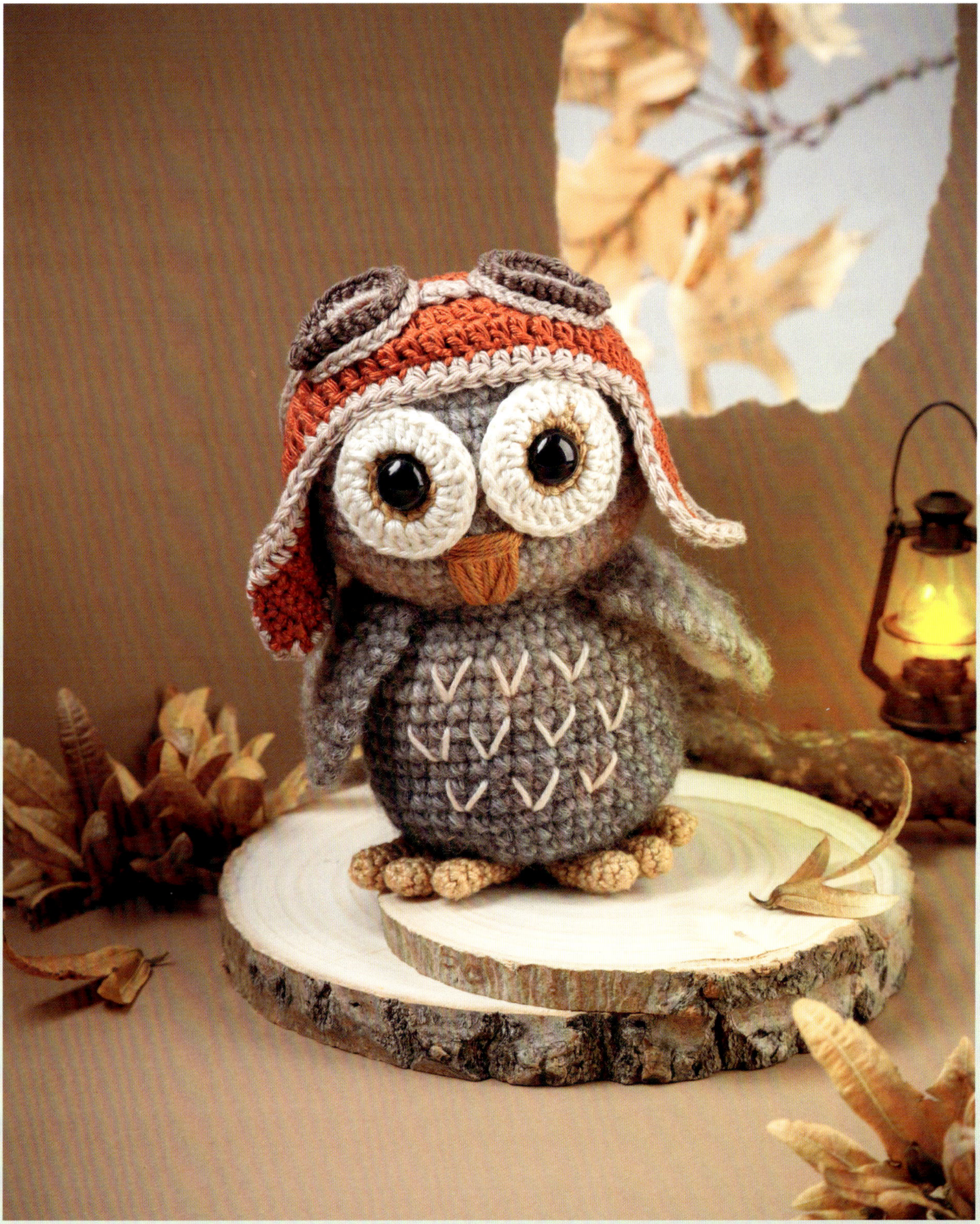

So wird's gemacht

Es wird, wenn nicht anders angegeben, in Spiral-Rd gehäkelt. Denke schon während des Häkelns daran, die Teile nach und nach mit Watte zu füllen.

Flügel

(4x, jeweils 2x in Blush und 2x in Graubraun)

Beginne mit Blush. Benutze Häkel-Nd 2,5 mm. Schlage 8 Lm an. Achte darauf, dass sich die Lm-Kette nicht verdreht. Beginne in der 3. Lm von der Nd aus und häkle wie folgt in R:

1. R: 5 Stb, 4 Stb in eine M, 5 Stb, 2 Wende-Lm, Arbeit wenden [14].

2. R: 5 Stb, 4x 1 Stb zun, 5 Stb [18].

Den Faden abschneiden und vernähen. Häkle auf dieselbe Weise einen Flügel in Graubraun (1), schneide den Faden aber nicht ab, lege beide Teile mit der schönen Seite außen aufeinander und häkle sie wie folgt zusammen:

8 fM an der oberen Kante, dann 17x (1 fM + 2 Lm) einmal entlang der Rundung + 1 fM (2) (3). Den Faden abschneiden und vernähen oder später miteinhäkeln.

1

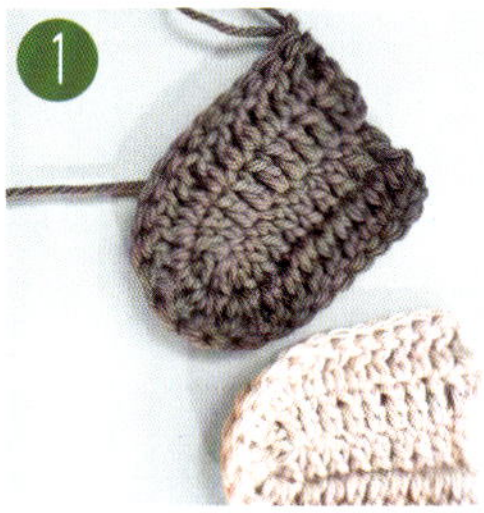

2

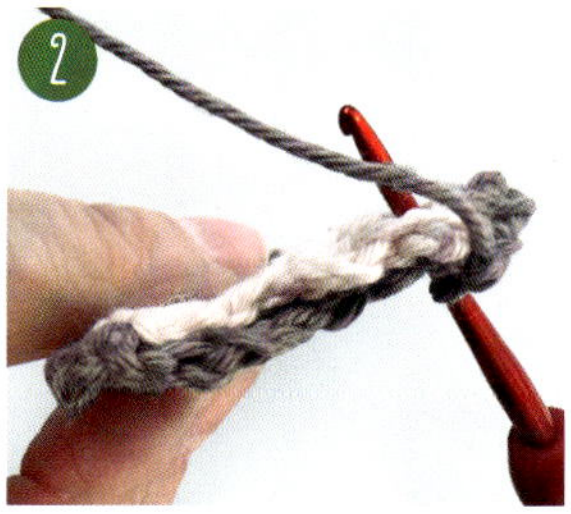

3

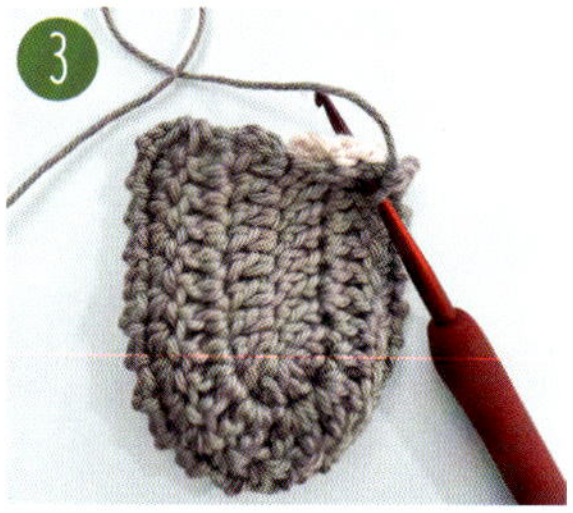

Schwanz

(in Blush und Graubraun)

Beginne mit Blush. Benutze Häkel-Nd 2,5 mm. Schlage 5 Lm an. Achte darauf, dass sich die Lm-Kette nicht verdreht. Beginne in der 3. Lm von der Nd aus und häkle wie folgt in R:

1. R: 2 Stb, 4 Stb in eine M, 2 Stb [8].

Den Faden abschneiden und vernähen. Häkle auf dieselbe Weise ein Schwanzteil in Graubraun, schneide den Faden aber nicht ab, lege beide Teile mit der schönen Seite außen aufeinander und häkle sie wie folgt zusammen:

4 fM an der oberen Kante, dann 7x (1 fM + 2 Lm) einmal entlang der Rundung + 1 fM. Den Faden abschneiden und vernähen oder später miteinhäkeln.

Auge

(2x, in Camel und Creme)

Beginne mit Camel. Benutze Häkel-Nd 2,0 mm. Beginne jede Rd mit 2 Lm und beende sie mit 1 Km.

1. Rd: 12 Stb in einen Fadenring arbeiten.

Ziehe den Kreis noch nicht zusammen.

Fb-Wechsel zu Creme.

2. Rd: 12x 1 Stb zun [24].

Den Faden lang abschneiden und zum späteren Annähen an den Kopf nutzen.

Körper

(in Graubraun)

Benutze Häkel-Nd 2,5 mm.

1. Rd: 6 fM in einen Fadenring arbeiten.

2. Rd: 6x 1 M zun [12].

3. Rd: *1 fM, 1 M zun*, von * bis * noch 5x wdh [18].

4. Rd: *1 fM, 1 M zun, 1 fM*, von * bis * noch 5x wdh [24].

5. Rd: *3 fM, 1 M zun*, von * bis * noch 5x wdh [30].

6. Rd: *2 fM, 1 M zun, 2 fM*, von * bis * noch 5x wdh [36].

7. Rd: *5 fM, 1 M zun*, von * bis * noch 5x wdh [42].

8. Rd: 42 fM häkeln.

In der 9. Rd häkelst du den Schwanz mit ein. Er liegt hinten mittig. Ggf. musst du die M-Aufteilung etwas anpassen. Die Schwanzhälfte in Blush liegt unten.

9. Rd: 37 fM, 4 fM mit Schwanz, 1 fM [42].

10.–17. Rd: 42 fM häkeln.

18. Rd: *5 fM, 1 M abn*, von * bis * noch 5x wdh [36].

19. Rd: *2 fM, 1 M abn, 2 fM*, von * bis * noch 5x wdh [30].

20. Rd: *3 fM, 1 M abn*, von * bis * noch 5x wdh [24].

In der 21. Rd häkelst du die Flügel mit ein. Ggf. musst du die M-Aufteilung vor und nach dem Einhäkeln der Flügel etwas anpassen. Zwischen den Flügeln liegen vorne 4 fM. Die Flügelhäften in Blush liegen unten.

21. Rd: 2 fM, 1. Flügel mit 8 fM, 4 fM, 2. Flügel mit 8 fM, 2 fM [24].

Den Faden nicht abschneiden, du häkelst nahtlos mit dem Kopf weiter.

KOPF

(in Graubraun)

1. Rd: 24x 1 M zun [48].

2.–10. Rd: 48 fM häkeln.

11. Rd: *3 fM, 1 M abn, 3 fM*, von * bis * noch 5x wdh [42].

12. Rd: *5 fM, 1 M abn*, von * bis * noch 5x wdh [36].

Die Sicherheitsaugen setzt du zwischen der 8. und 9. Rd mit einem Abstand von 6 M ein. Bringe nun die Sicherheitsscheiben an und ziehe den Kreis zusammen.

13. Rd: *2 fM, 1 M abn, 2 fM*, von * bis * noch 5x wdh [30].

14. Rd: *3 fM, 1 M abn*, von * bis * noch 5x wdh [24].

15. Rd: *1 fM, 1 M abn, 1 fM*, von * bis * noch 5x wdh [18].

16. Rd: *1 fM, 1 M abn*, von * bis * noch 5x wdh [12].

17. Rd: 6x 1 M abn [6].

Den Faden abschneiden und die Öffnung schließen.

FUSS

(2x, in Camel)

Benutze Häkel-Nd 2,0 mm. Die Füße werden nicht mit Watte gefüllt. Zunächst häkelst du 3 Zehen wie folgt:

1. Rd: 6 fM in einen Fadenring arbeiten.

2.–5. Rd: 6 fM häkeln.

Bei dem 1. und 2. Zeh schneidest du den Faden ab und vernähst ihn bzw. häkelst ihn später mit ein. Bei dem 3. Zeh schneidest du den Faden nicht ab und häkelst in Rd wie folgt weiter:

6. Rd: 3 fM in den 2. Zeh, 6 fM in den 1. Zeh, 1 fM in die 3. fM vom 2. Zeh, 3 fM, 6 fM in den 1. Zeh, 1 fM in die 1. M vom 2. Zeh [20] (4).

7.–9. Rd: 20 fM häkeln.

10. Rd: *2 fM, 1 M abn*, von * bis * noch 4x wdh [15].

11. Rd: 15 fM häkeln.

12. Rd: *1 fM, 1 M abn*, von * bis * noch 4x wdh [10].

13. Rd: 10 fM häkeln.

14. Rd: 5x 1 M abn [5].

Den Faden lang abschneiden, die Öffnung unsichtbar schließen, den Faden zum späteren Annähen an den Körper nutzen.

4

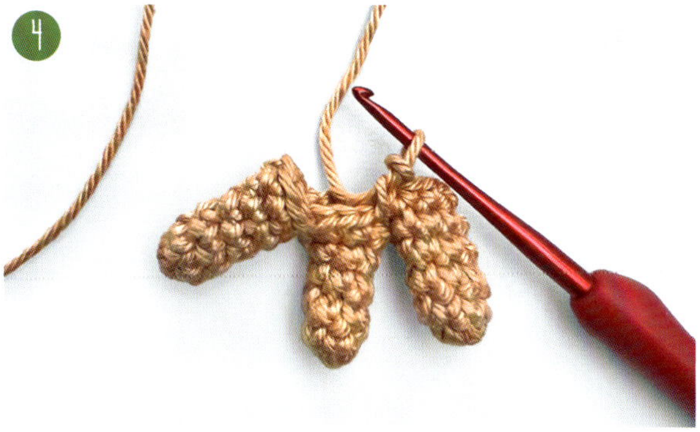

MÜTZE

(in Terracotta und Bast)

Beginne mit Terracotta. Benutze Häkel-Nd 2,0 mm. Beginne jede Rd mit 2 Lm und beende sie mit 1 Km.

1. Rd: 12 Stb in einen Fadenring arbeiten.

2. Rd: 12x 1 Stb zun [24].

3. Rd: *1 Stb, 1 Stb zun*, von * bis * noch 11x wdh [36].

4. Rd: *5 Stb, 1 Stb zun*, von * bis * noch 5x wdh [42].

5. Rd: *3 Stb, 1 Stb zun, 3 Stb*, von * bis * noch 5x wdh [48].

6.–7. Rd: 48 Stb häkeln.

8. Rd: *7 Stb, 1 Stb zun*, von * bis * noch 5x wdh [54].

9. Rd: 54 Stb häkeln.

Abmaschen, 9 M überspringen und in der 10. M neu anmaschen. Ab hier häkelst du in R weiter.

1. R: 8 fM, 1 Wende-Lm, Arbeit wenden [8].

2.–3. R: 8 fM, 1 Wende-Lm, Arbeit wenden [8].

4. R: 1 M abn, 4 fM, 1 M abn, 1 Wende-Lm, Arbeit wenden [6].

5.–6. R: 6 fM, 1 Wende-Lm, Arbeit wenden [6].

7. R: 1 M abn, 2 fM, 1 M abn, 1 Wende-Lm, Arbeit wenden [4].

8. R: 4 fM häkeln.

Den Faden abschneiden und vernähen. 18 M überspringen und 1.–8. R wdh (5).

Abschließend häkelst du einmal rundherum in Bast hStb. Den Faden abschneiden und vernähen.

5

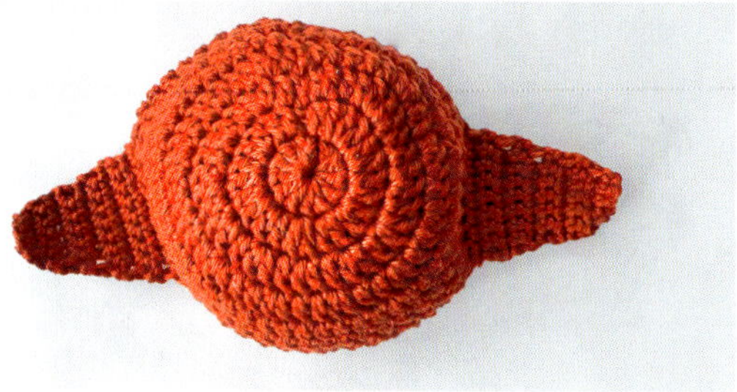

PILOTENBRILLE

(in Bast und Teddy)

Beginne mit Bast. Benutze Häkel-Nd 2,5 mm.

1. Rd: 24 fM in einen Fadenring arbeiten, jedoch nur so weit zusammenziehen, bis die Start- und Endmasche zusammentreffen, 1 Km [24].

2. Rd: 1 Lm, 24 fM ihM, 30 Lm, zurück ab 2. M von der Nd aus 29 fM, 1 Km häkeln.

Den Faden abschneiden und vernähen.

Häkle einen zweiten Kreis, indem du die 1.–2. Rd wdh.

Schlage mit Teddy ivM der 2. Rd neu an und häkle 24 fM. Beende die Arbeit mit 1 Km, schneide den Faden ab und vernähe ihn (6).

Für das Zwischenstück der beiden Kreise häkelst du 3 Lm und zurück in der 2. M von der Nd aus 2 fM.

6

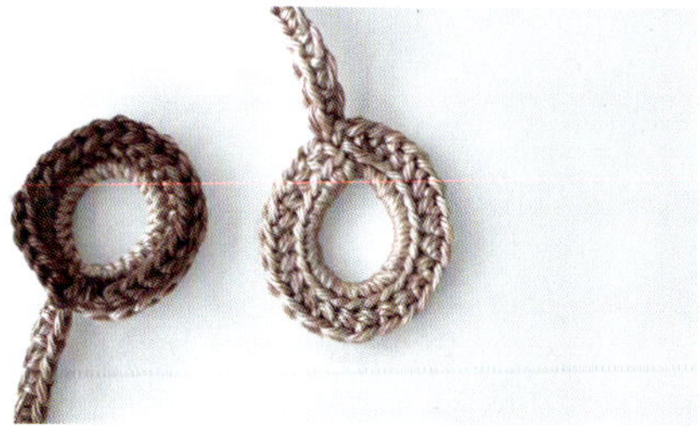

7

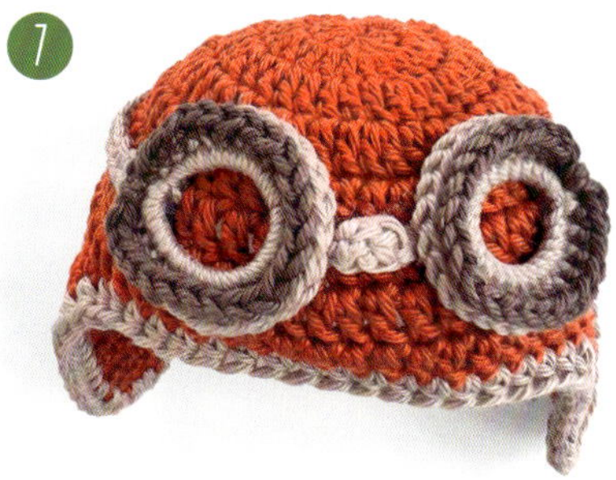

8

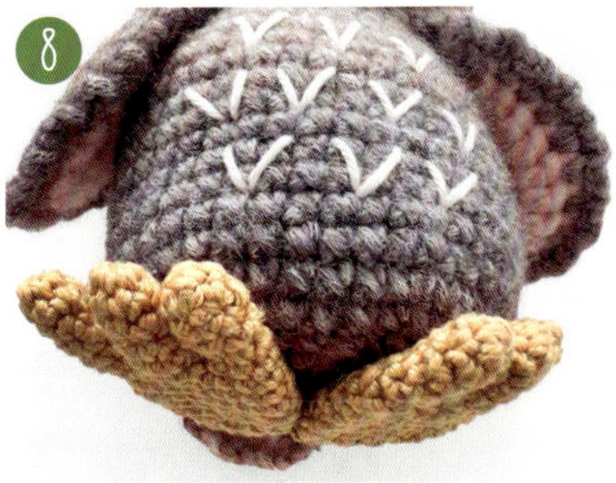

9

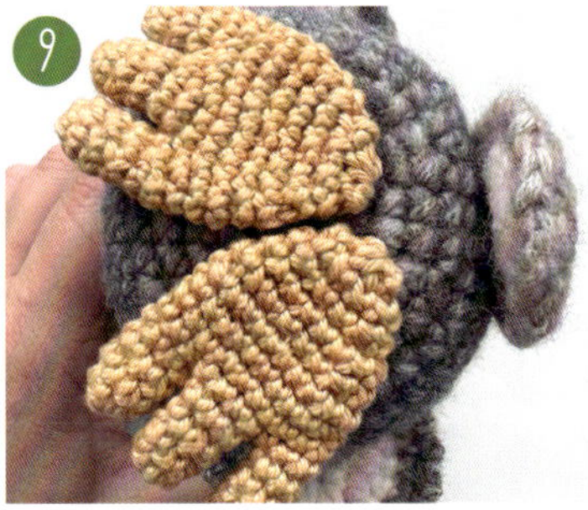

Fertigstellung

Nähe die Augen abschließend um den cremefarbenen Kreis fest. Mit Senf stickst du die Nase auf. Führe dafür den Faden ein paar Mal von oben nach unten, sodass ein Dreieck entsteht. Abschließend führst du den Faden am oberen Rand ein paar Mal von links nach rechts. Auf den Bauch stickst du mit Creme ein paar Dreiecke. Setze die Mütze auf den Kopf. Stecke dir die Einzelteile der Pilotenbrille zunächst fest und nähe oder klebe diese auf die Mütze. Die Kreise liegen genau vorne oben, dazwischen platzierst du das Zwischenstück. Die gehäkelten Bänder zeigen nach hinten und werden zwischen der 6. und 7. Rd festgenäht oder -geklebt (7). Sie treffen hinten aufeinander. Die Füße werden unten angenäht. Sie zeigen leicht schräg nach außen, die Zehen schauen vorne etwas über (8) (9). Nutze für die Wangen, wenn du möchtest, noch etwas Rouge.

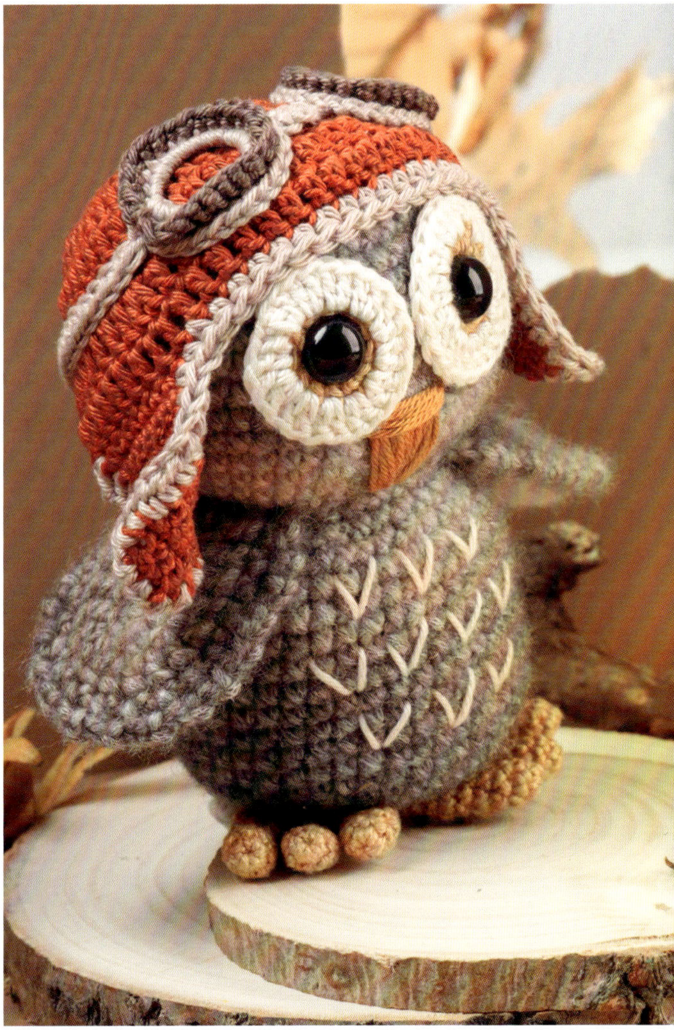

Affenmädchen Tilda

Tilda ist ein sehr junges Affenmädchen und wird noch viele Erfahrungen sammeln. Sie ist zwar etwas schüchtern, aber sie kann in die höchsten Baumwipfel klettern. Allerdings muss sie dabei besonders aufpassen, denn Fräulein Margarete – das weißt du ja – mag das nicht so gerne.

Grösse

Bei Verwendung der angegebenen Materialien wird Tilda ca. 17 cm groß.

Material

SCHACHENMAYR CATANIA
(100 % Baumwolle, LL 125 m/50 g) in
Bast (Fb 257), 9 g
Teddy (Fb 161), 31 g
Rose Gold (Fb 433), 9 g
Koralle (Fb 410), Rest
Stickgarn Schwarz und Weiß
Häkelnadel 2,0 mm

Sicherheitsaugen Ø 9 mm
Füllwatte
Stecknadeln
Wollnadel
Maschenmarkierer
Schere
Tüll (48 Streifen á 10 x 2 cm)
Rouge

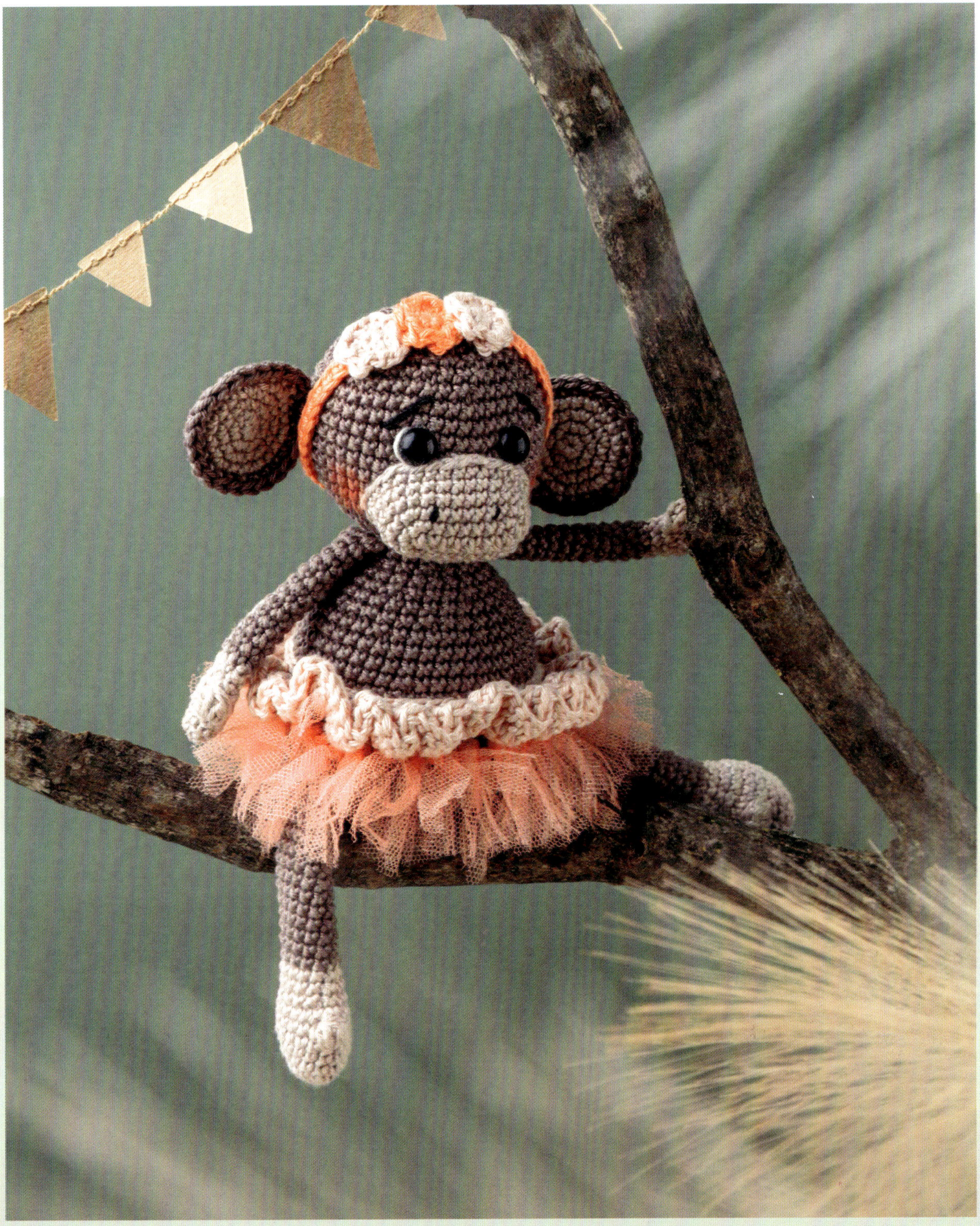

So wird's gemacht

Es wird, wenn nicht anders angegeben, in Spiral-Rd gehäkelt. Denke schon während des Häkelns daran, die Teile nach und nach mit Watte zu füllen.

ARM

(2x, in Bast und Teddy)

Die Arme werden nicht mit Watte gefüllt. Beginne mit Bast.

1. Rd: 6 fM in einen Fadenring arbeiten.

2. Rd: *1 fM, 1 M zun*, von * bis * noch 2x wdh [9].

3.–4. Rd: 9 fM häkeln.

5. Rd: 1 fM, 1 N aus 4 Stb, 7 fM [9].

6. Rd: 1 fM, *2 fM, 1 M abn*, von * bis * noch 1x wdh [7].

7. Rd: 7 fM häkeln.

Fb-Wechsel zu Teddy.

8.–19. Rd: 7 fM häkeln.

Die Öffnung häkelst du mit 3 fM zusammen. Die N liegt auf einer Linie mit der dadurch entstandenen Naht. Den Faden abschneiden und vernähen oder später miteinhäkeln.

BEIN

(2x, in Bast und Teddy)

1. Rd: 6 fM in einen Fadenring arbeiten.

2. Rd: 6x 1 M zun [12].

3. Rd: *2 fM, 1 M zun*, von * bis * noch 3x wdh [16].

4.–6. Rd: 16 fM häkeln.

7. Rd: 1 fM, 1 N aus 4 Stb, 14 fM [16].

8. Rd: 16 fM häkeln.

9. Rd: *2 fM, 1 M abn*, von * bis * noch 3x wdh [12].

10.–11. Rd: 12 fM häkeln.

Den Fuß leicht füllen, der Rest des Beins wird nicht mit Watte gefüllt.

Fb-Wechsel zu Teddy.

12.–24. Rd: 12 fM häkeln.

Die Öffnung häkelst du mit 6 fM zusammen. Die N liegt auf einer Linie mit der dadurch entstandenen Naht. Den Faden abschneiden und vernähen oder später miteinhäkeln.

KÖRPER

(in Teddy und Rose Gold)

Beginne mit Teddy.

1. Rd: 6 fM in einen Fadenring arbeiten.

2. Rd: 6x 1 M zun [12].

3. Rd: *1 fM, 1 M zun*, von * bis * noch 5x wdh [18].

4. Rd: *1 fM, 1 M zun, 1 fM*, von * bis * noch 5x wdh [24].

5. Rd: *3 fM, 1 M zun*, von * bis * noch 5x wdh [30].

6. Rd: *2 fM, 1 M zun, 2 fM*, von * bis * noch 5x wdh [36].

7. Rd: *5 fM, 1 M zun*, von * bis * noch 5x wdh [42].

8. Rd: *3 fM, 1 M zun, 3 fM*, von * bis * noch 5x wdh [48].

9. Rd: 48 fM häkeln.

In der 10. Rd häkelst du die Beine mit ein. Achte darauf, dass die N nach vorne zeigen. Ggf. musst du die M-Aufteilung vor und nach dem Einhäkeln der Beine etwas anpassen. Zwischen den Beinen liegen vorne 14 fM.

10. Rd: 11 fM, 6 fM mit dem 1. Bein, 14 fM, 6 fM mit dem 2. Bein, 11 fM [48].

11. Rd: 48 fM häkeln.

12. Rd: 48 fM ihM häkeln.

Fb-Wechsel zu Rose Gold.

13. Rd: 48 fM häkeln.

14. Rd: 48 fM ihM häkeln.

Fb-Wechsel zu Teddy.

15. Rd: 48 fM häkeln.

16. Rd: *3 fM, 1 M abn, 3 fM ihM*, von * bis * noch 5x wdh [42].

17.–18. Rd: 42 fM häkeln.

19. Rd: *5 fM, 1 M abn*, von * bis * noch 5x wdh [36].

20. Rd: *2 fM, 1 M abn, 2 fM*, von * bis * noch 5x wdh [30].

21. Rd: 30 fM häkeln.

22. Rd: *3 fM, 1 M abn*, von * bis * noch 5x wdh [24].

23. Rd: 24 fM häkeln.

24. Rd: *1 fM, 1 M abn, 1 fM*, von * bis * noch 5x wdh [18].

In der 25. Rd häkelst du die Arme mit ein. Achte darauf, dass die N nach vorne zeigen. Die Arme liegen seitlich auf einer Linie mit den Beinen. Ggf. musst du die M-Aufteilung vor und nach dem Einhäkeln der Arme etwas anpassen. Zwischen den Armen liegen vorne 5 fM.

25. Rd: 5 fM, 3 fM mit dem 1. Arm, 5 fM, 3 fM mit dem 2. Arm, 2 fM [18].

Faden nicht abschneiden, du häkelst nahtlos mit dem Kopf weiter. Achte darauf, dass insbesondere der Halsbereich gut gefüllt ist und der Kopf beim Stopfen seine runde Form behält.

KOPF

(in Teddy)

1. Rd: *1 fM, 1 M zun, 1 fM*, von * bis * noch 5x wdh. [24].

2. Rd: *3 fM, 1 M zun*, von * bis * noch 5x wdh [30].

3. Rd: *2 fM, 1 M zun, 2 fM*, von * bis * noch 5x wdh [36].

4. Rd: *5 fM, 1 M zun*, von * bis * noch 5x wdh [42].

5. Rd: *3 fM, 1 M zun, 3 fM*, von * bis * noch 5x wdh [48].

6.–13. Rd: 48 fM häkeln.

14. Rd: *3 fM, 1 M abn, 3 fM*, von * bis * noch 5x wdh [42].

15. Rd: *5 fM, 1 M abn*, von * bis * noch 5x wdh [36].

Setze die Sicherheitsaugen zwischen der 11. und 12. Rd mit einem Abstand von 6 M ein.

16. Rd: *2 fM, 1 M abn, 2 fM*, von * bis * noch 5x wdh [30].

17. Rd: *3 fM, 1 M abn*, von * bis * noch 5x wdh [24].

18. Rd: *1 fM, 1 M abn, 1 fM*, von * bis * noch 5x wdh [18].

19. Rd: *1 fM, 1 M abn*, von * bis * noch 5x wdh [12].

20. Rd: 6x 1 M abn [6].

Die Öffnung schließen. Den Faden abschneiden und vernähen.

ROCK

(in Rose Gold)

1. Rd: In der 16. Rd vom Körper neu anschl und in jede M 1 Km ivM häkeln [42] (1).

2. Rd: In der 14. Rd vom Körper in jede M 3 Stb ivM häkeln, 1 Km [144].

3. Rd: 2 Lm, 144 Stb häkeln, mit 1 Km beenden [144].

4. Rd: In der 12. Rd vom Körper verknotest du ivM die zugeschnittenen Tüllstreifen (2). Schneide abschließend diese Streifen auf eine einheitliche Länge. Alternativ häkelst du auch in dieser Rd in jede M 3 Stb ivM.

So geht's weiter

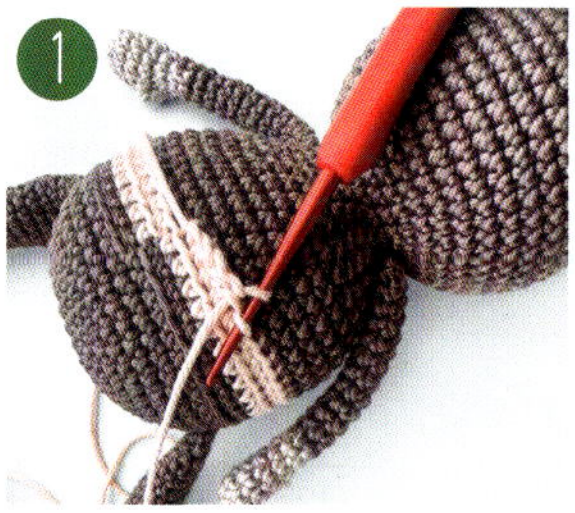

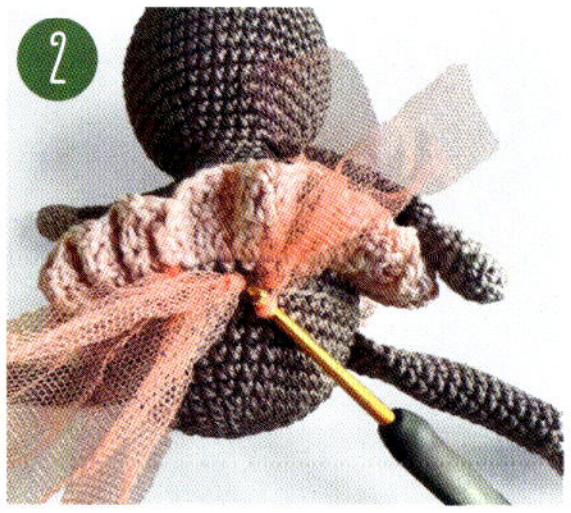

SCHNAUZE

(in Bast)

Schlage 8 Lm an. Achte darauf, dass sich die Lm-Kette nicht verdreht. Beginne in der 2. Lm von der Nd aus und häkle entlang beider Seiten der Lm-Kette in Rd wie folgt:

1. Rd: 1 M zun, 5 fM, 3 fM in eine M, 6 fM [16].

2. Rd: 2x 1 M zun, 5 fM, 3x 1 M zun, 5 fM, 1 M zun [22].

3. Rd: *1 fM, 1 M zun*, von * bis * noch 1x wdh, 5 fM, von * bis * noch 3x wdh, 6 fM, 1 M zun [28].

4.–6. Rd: 28 fM häkeln.

Faden lang abschneiden und zum späteren Annähen nutzen.

OHREN

(2x, in Bast und Teddy)

Beginne mit Bast.

1. Rd: 6 fM in einen Fadenring arbeiten.

2. Rd: 6x 1 M zun [12].

3. Rd: *1 fM, 1 M zun*, von * bis * noch 5x wdh [18].

4. Rd: *1 fM, 1 M zun, 1 fM*, von * bis * noch 5x wdh [24].

Den Faden abschneiden und vernähen. Arbeite auf dieselbe Weise einen Kreis in Teddy, schneide den Faden aber nicht ab. Lege nun den Kreis in Bast auf den Kreis in Teddy, wobei die schöne Seite jeweils außen liegt, und häkle die Außenkanten durch alle 4 M-Glieder zusammen (siehe auch Anleitung „Ohren Maus" auf Seite 36):

5. Rd: 24 fM häkeln.

6. Rd: 24 Km häkeln.

Den Faden lang abschneiden und zum späteren Annähen nutzen.

HAARBAND

(in Koralle)

Schlage 48 Lm an. Achte darauf, dass sich die Lm-Kette nicht verdreht. Beginne in der 2. Lm von der Nd aus und häkle 47 fM zurück. Lasse einen langen Faden zum Annähen an den Kopf.

BLUME

(3x, davon 2x in Rose Gold und 1x in Koralle)

1. Rd: 6 fM in einen Fadenring arbeiten, mit einer Km schließen [6].

2. Rd: 2 Lm, *1 Stb + 1 Km*, von * bis * noch 5x wdh, 1 Km in die 2. Lm vom Anfang [6].

Den Faden lang abschneiden und zum späteren Annähen nutzen.

Fertigstellung

Setze weiße Akzente an den Augen. Die Augenbrauen liegen über der 11. und 12. Rd des Kopfs. Die Schnauze platzierst du unter den Augen und nähst sie dort fest; sie wird leicht gefüllt. Vorne stickst du Nasenlöcher auf die Schnauze 3. Die Ohren nähst du über die 7. bis 9. Rd am Kopf seitlich fest. Sie liegen hinter den Armen 4. Das Haarband legst du abschließend um den Kopf und nähst es fest. Die Blumen platzierst du oben auf dem Haarband und nähst sie ebenfalls fest 5 6. Nutze, wenn du möchtest, etwas Rouge für die Wangen.

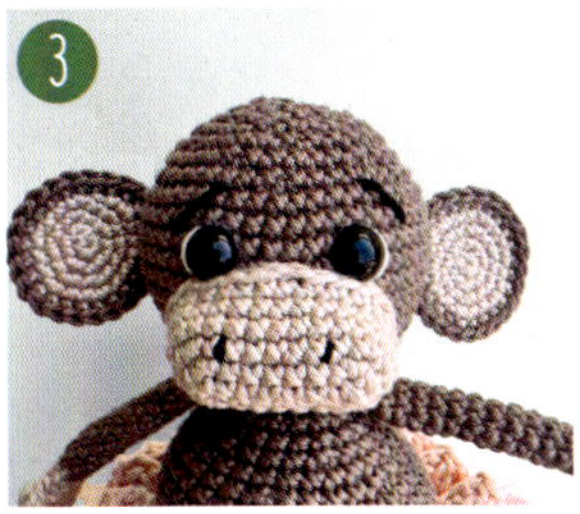

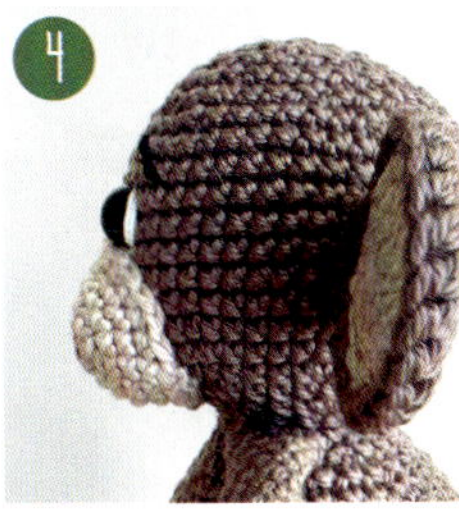

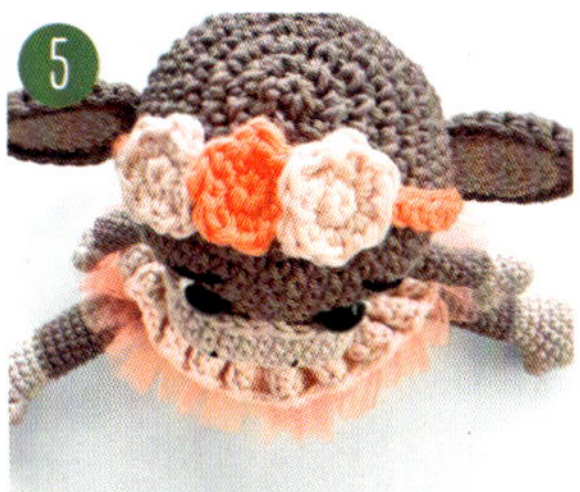

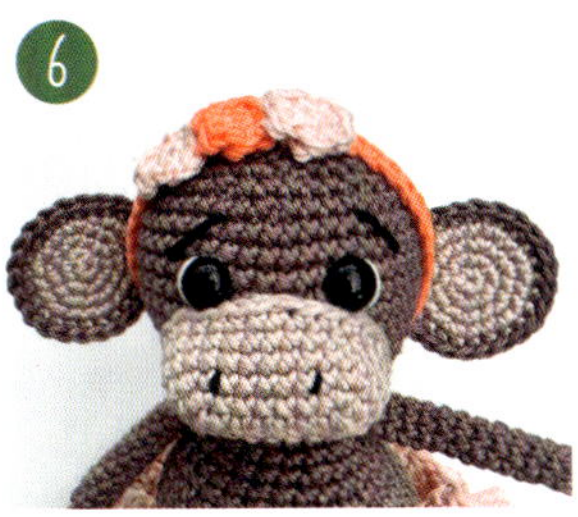

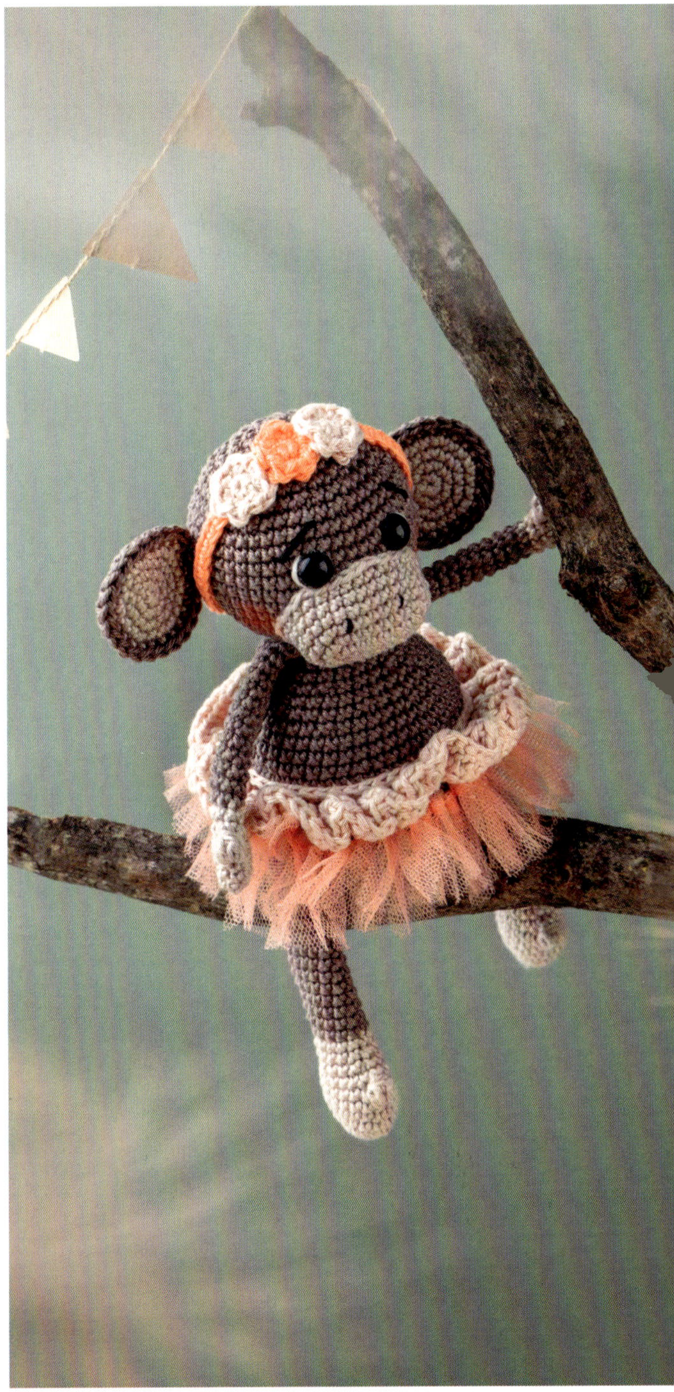

KOALADAME
Edda

Edda ist eine klassische Dame und möchte auch so behandelt werden. Sie legt Wert auf ein gepflegtes Erscheinungsbild und versorgt die kleine Tilda mit nützlichen Tipps zu lackierten Nägeln und Make-Up. Ihr Selbstbewusstsein erscheint manchmal zickig, dabei meint sie es gar nicht so.

GRÖSSE

Bei Verwendung der angegebenen Materialien wird Edda ca. 21 cm groß.

MATERIAL

SCHEEPJES CATONA DENIM
(100 % Baumwolle LL 125 m/50 g) in
Hellgrau, 28 g

SCHEEPJES CATONA
(100 % Baumwolle LL 125 m/50 g) in
Petal Peach (Fb 263), 11 g
Metal Grey (Fb 242), Rest
Old Lace (Fb 130), Rest
Old Rose (Fb 408), Rest

RICO ESSENTIALS COTTON DK
(100 % Baumwolle, LL 120 m/50 g) in
Rot (Fb 076), 15 g

RICO DESIGN TEDDY ARAN
(75 % Polyester, 25 % Polyamid, LL 135 m/50 g) in
Dunkelgrau (Fb 024), Rest

Sicherheitsaugen ø 10 mm
Stickgarn in Schwarz, Rot und Rosa
Häkelnadel 2,0 mm
Häkelnadel 2,5 mm
Füllwatte
Stecknadeln
Wollnadel
Maschenmarkierer
Schere
Rouge
Optional: Drahtbrille 6,5 cm

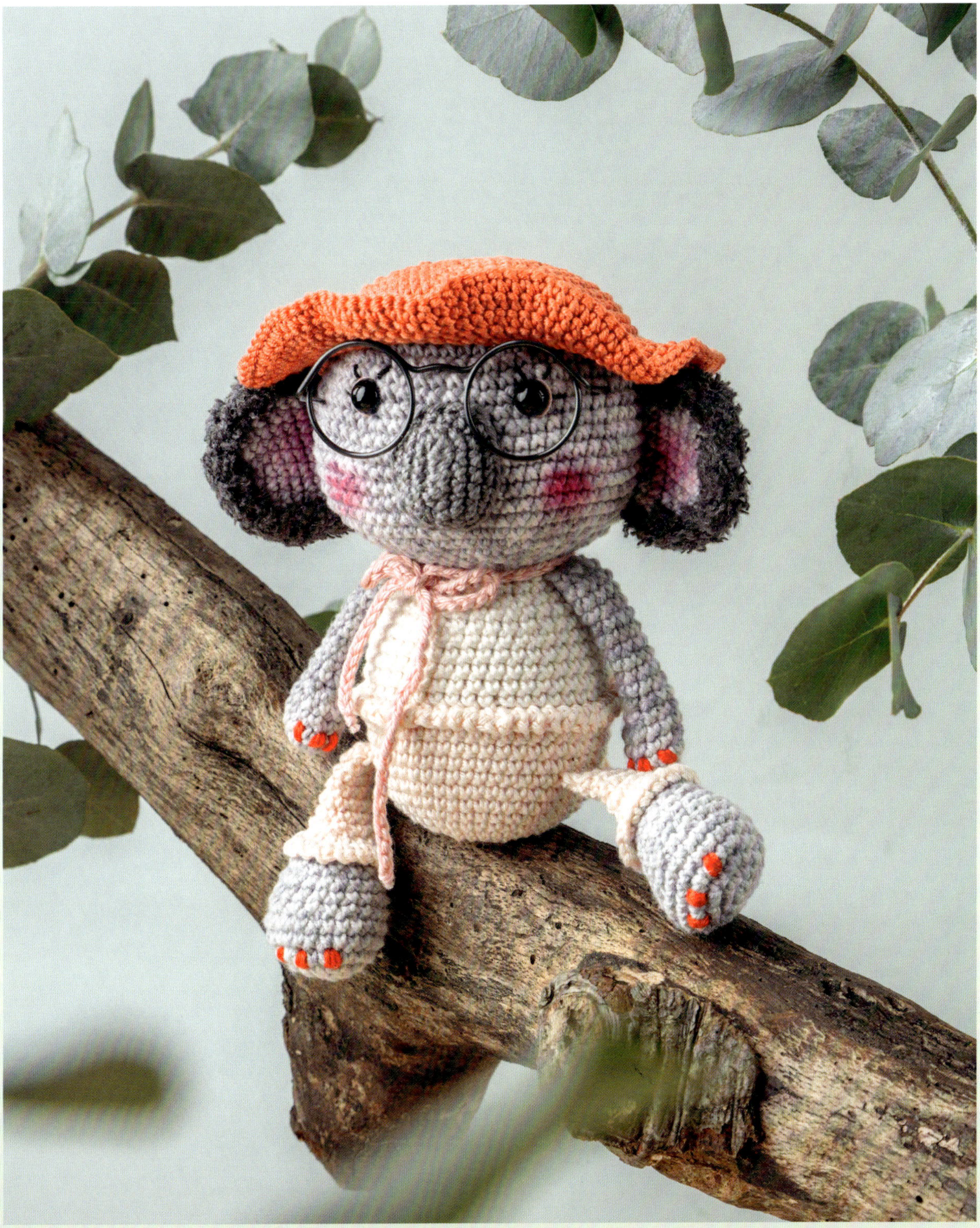

So wird's gemacht

Es wird, wenn nicht anders angegeben, in Spiral-Rd gehäkelt. Denke schon während des Häkelns daran, die Teile nach und nach mit Watte zu füllen.

ARM

(2x, in Hellgrau)

Die Arme werden nicht mit Watte gefüllt.

1. Rd: 6 fM in einen Fadenring arbeiten.

2. Rd: 6x 1 M zun [12].

3.–5. Rd: 12 fM häkeln.

6. Rd: 3 fM, 3x 1 M abn, 3 fM [9].

7.–16. Rd: 9 fM häkeln.

17. Rd: 3x 1 M abn [6]. Die Rd wird nicht zu Ende gehäkelt.

Die Öffnung häkelst du mit 3 fM zusammen. Den Faden abschneiden und vernähen oder später miteinhäkeln (1).

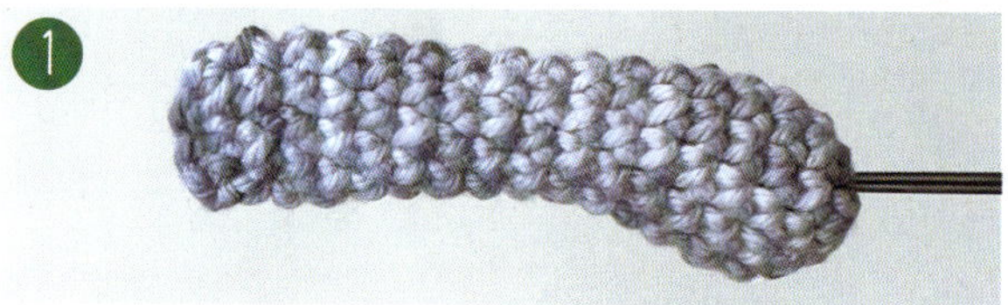

BEIN

(2x, in Hellgrau und Petal Peach)

Beginne mit Hellgrau. Fülle lediglich den Fuß bis zur 15. Rd, der Rest des Beins wird nicht mit Watte gefüllt.

1. Rd: 6 fM in einen Fadenring arbeiten.

2. Rd: 6x 1 M zun [12].

3. Rd: *1 fM, 1 M zun*, von * bis * noch 5x wdh [18].

4. Rd: *2 fM, 1 M zun*, von * bis * noch 5x wdh [24].

5.–6. Rd: 24 fM häkeln.

Achte darauf, dass du die 7. und 10. Rd hinten mittig startest.

7. Rd: 6 fM, *1 fM, 1 M abn*, von * bis * 3x wdh, 6 fM [20].

8.–9. Rd: 20 fM häkeln.

10. Rd: 4 fM, *1 fM, 1 M abn*, von * bis * 3x wdh, 4 fM [16].

11. Rd: 16 fM häkeln.

Fb-Wechsel zu Petal Peach. Lasse einen langen (ca. 90 cm) Anfangsfaden.

12. Rd: 16 fM ihM häkeln.

13. Rd: 2 fM, *1 fM, 1 M abn*, von * bis * 3x wdh, 2 fM [12].

14.–15. Rd: 12 fM häkeln.

Ziehe den langen Anfangsfaden nach außen und häkle ivM der 12. Rd einmal rundherum fM + 1 Lm (2). Den Faden abschneiden und vernähen.

16. Rd: *2 fM, 1 M abn*, von * bis * 2x wdh [9].

17.–18. Rd: 9 fM häkeln.

Die Öffnung häkelst du mit 4 fM zusammen. Achte darauf, dass die entstandene Kante parallel zu den Fussspitzen liegt (3). Ggf. musst du nach der 18. Rd noch 1–2 fM mehr häkeln. Den Faden abschneiden und vernähen oder später miteinhäkeln.

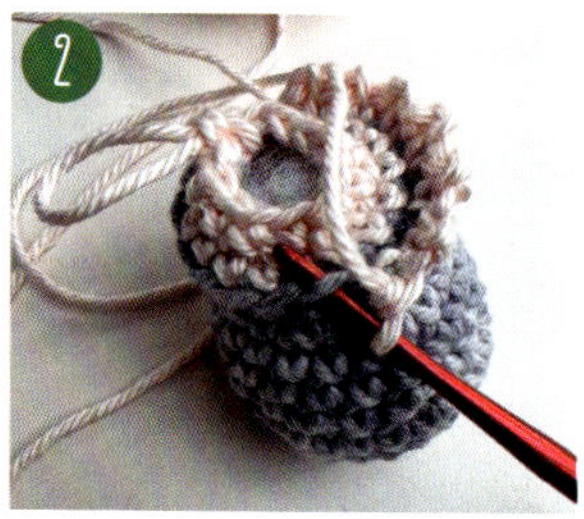

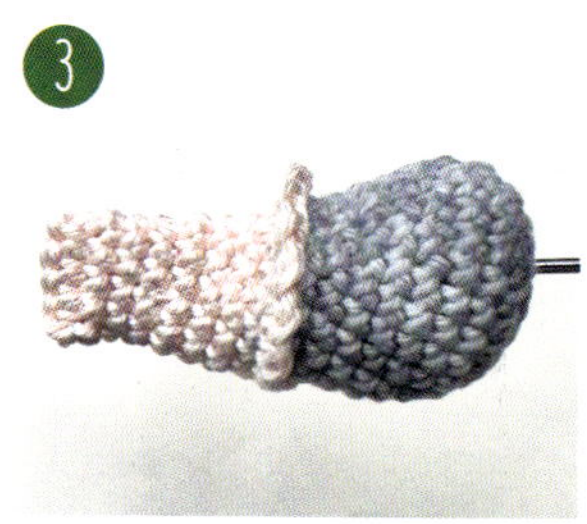

KÖRPER

(in Petal Peach und Old Lace)

Beginne mit Petal Peach.

1. Rd: 7 fM in einen Fadenring arbeiten.

2. Rd: 7x 1 M zun [14].

3. Rd: *1 fM, 1 M zun*, von * bis * noch 6x wdh [21].

4. Rd: *1 fM, 1 M zun, 1 fM*, von * bis * noch 6x wdh [28].

5. Rd: *3 fM, 1 M zun*, von * bis * noch 6x wdh [35].

6. Rd: *2 fM, 1 M zun, 2 fM*, von * bis * noch 6x wdh [42].

7. Rd: *5 fM, 1 M zun*, von * bis * noch 6x wdh [49].

8. Rd: 49 fM häkeln.

In der 9. Rd häkelst du die Beine mit ein. Achte darauf, dass die Abn nach vorne zeigen. Ggf. musst du die M-Aufteilung vor und nach dem Einhäkeln der Beine etwas anpassen. Zwischen den Beinen liegen vorne 17 fM.

9. Rd: 12 fM, 4 fM mit dem 1. Bein, 17 fM, 4 fM mit dem 2. Bein, 12 fM [49].

10.–13. Rd: 49 fM häkeln.

Fb-Wechsel zu Old Lace.

14. Rd: ihM: *5 fM, 1 M abn*, von * bis * noch 6x wdh [42].

15.–18. Rd: 42 fM häkeln.

19. Rd: *2 fM, 1 M abn, 2 fM*, von * bis * noch 6x wdh [35].

20. Rd: 35 fM häkeln.

21. Rd: *3 fM, 1 M abn*, von * bis * noch 6x wdh [28].

In der 22. Rd häkelst du die Arme mit ein. Achte darauf, dass die Abn nach vorne zeigen. Die Arme liegen seitlich auf einer Linie mit den Beinen. Ggf. musst du die M-Aufteilung vor und nach dem Einhäkeln der Arme etwas anpassen. Zwischen den Armen liegen vorne 8 fM.

22. Rd: 6 fM, 3 fM mit dem 1. Arm, 8 fM, 3 fM mit dem 2. Arm, 8 fM [28].

23. Rd: *5 fM, 1 M abn, *von * bis * noch 3x wdh [24].

Den Faden abschneiden und vernähen.

KOPF

(in Hellgrau)

1. Rd: 7 fM in einen Fadenring arbeiten.

2. Rd: 7x 1 M zun [14].

3. Rd: *1 fM, 1 M zun*, von * bis * noch 6x wdh [21].

4. Rd: *2 fM, 1 M zun*, von * bis * noch 6x wdh [28].

5. Rd: 1 fM, 1 M zun, *3 fM, 1 M zun*, von * bis * noch 5x wdh, 2 fM [35].

6. Rd: *4 fM, 1 M zun*, von * bis * noch 6x wdh [42].

7. Rd: 2 fM, 1 M zun, *5 fM, 1 M zun*, von * bis * noch 5x wdh, 3 fM [49].

8. Rd: 49 fM häkeln.

9. Rd: *6 fM, 1 M zun*, von * bis * noch 6x wdh [56].

10.–13. Rd: 56 fM häkeln.

14. Rd: *7 fM, 1 M zun*, von * bis * noch 6x wdh [63].

15. Rd: 63 fM häkeln.

Die Sicherheitsaugen setzt du zwischen der 12. und 13. Rd ein. Zwischen den Augen liegen 10 sichtbare M.

16. Rd: *20 fM, 1 M zun*, von * bis * noch 2x wdh [66].

17.–20. Rd: 66 fM häkeln.

21. Rd: *9 fM, 1 M abn*, von * bis * noch 5x wdh [60].

22. Rd: *4 fM, 1 M abn*, von * bis * noch 9x wdh [50].

23. Rd: *3 fM, 1 M abn*, von * bis * noch 9x wdh [40].

24. Rd: *2 fM, 1 M abn*, von * bis * noch 9x wdh [30].

25. Rd: *3 fM, 1 M abn*, von * bis * noch 5x wdh [24].

Den Faden lang abschneiden und zum späteren Annähen an den Körper nutzen.

OHR

(2x, in Hellgrau und Dunkelgrau)

1. Rd: 6 fM in einen Fadenring arbeiten.

2. Rd: 6x 1 M zun [12].

So geht's weiter

3. Rd: *1 fM, 1 M zun*, von * bis * noch 5x wdh [18].

4.–8. Rd: 18 fM häkeln.

Die Öffnung mit 9 fM zusammenhäkeln. Den Faden lang abschneiden und zum späteren Annähen an den Kopf nutzen. Anschließend häkelst du einmal um die Rundung fM mit Dunkelgrau 4 5.

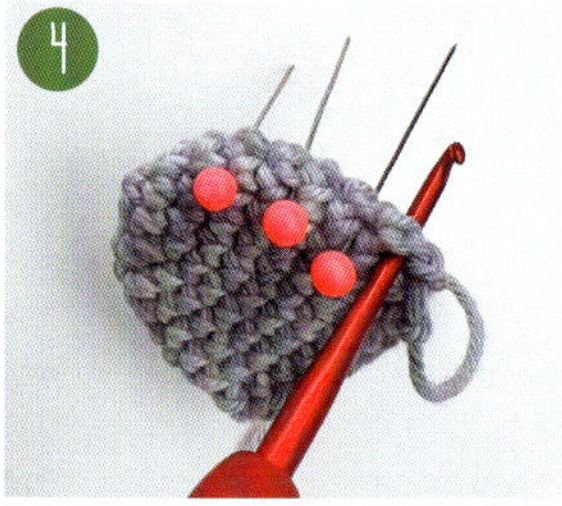

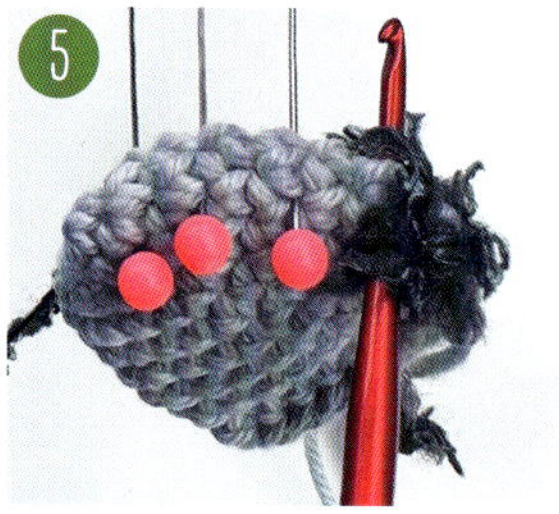

NASE

(in Metal Grey)

Schlage 5 Lm an. Achte darauf, dass sich die Lm-Kette nicht verdreht. Beginne in der 2. Lm von der Nd aus und häkle entlang beider Seiten der Lm-Kette in Rd wie folgt:

1. Rd: 1 M zun, 2 fM, 4 fM in eine M, 2 fM, 1 M zun [12].

2. Rd: *1 fM, 1 M zun*, 2 fM, von * bis * 2x wdh, 3 fM, 1 M zun [16].

3. Rd: *2 fM, 1 M zun*, 2 fM, von * bis * 2x wdh, 4 fM, 1 M zun [20].

4. Rd: 20 fM häkeln.

Den Faden lang abschneiden und zum späteren Annähen an den Kopf nutzen.

HUT

(in Rot)

Benutze Häkelnadel 2,5 mm.

1. Rd: 7 fM in einen Fadenring arbeiten.

2. Rd: 7x 1 M zun [14].

3. Rd: *1 fM, 1 M zun*, von * bis * noch 6x wdh [21].

4. Rd: *1 fM, 1 M zun, 1 fM*, von * bis * noch 6x wdh. [28].

5. Rd: *3 fM, 1 M zun*, von * bis * noch 6x wdh [35].

6. Rd: *2 fM, 1 M zun, 2 fM*, von * bis * noch 6x wdh [42].

7. Rd: *5 fM, 1 M zun*, von * bis * noch 6x wdh [49].

8. Rd: *3 fM, 1 M zun, 3 fM*, von * bis * noch 6x wdh [56].

9.–12. Rd: 56 fM häkeln.

13. Rd: 56 fM ivM häkeln.

14. Rd: *3 fM, 1 M zun*, von * bis * noch 13x wdh [70].

15. Rd: *3 fM, 1 M zun, 3 fM*, von * bis * noch 9x wdh [80].

16. Rd: *1 fM, 1 M zun, 2 fM*, von * bis * noch 19x wdh [100].

17. Rd: *5 fM, 1 M zun, 5 fM*, von * bis * noch 9x wdh, 1 Km [120].

Den Faden abschneiden und vernähen.

FERTIGSTELLUNG

Nähe Kopf und Körper durch alle 24 M zusammen. Die Ohren nähst du seitlich von der 11. bis zur 19. Rd am Kopf fest. Die Nase sitzt von der 11. bis zur 18. Rd des Kopfs vorne mittig. Fülle sie leicht, bevor du die letzten Stiche machst. An den Augen stickst du mit rosafarbenem Stickgarn Akzente und mit schwarzem Stickgarn Wimpern auf. Gib, wenn du möchtest, auf Wangen und Ohren etwas pinkes Rouge 6 7. Die Augenbrauen liegen über der 11. und 12. Rd des Kopfs. Mit rotem Stickgarn stickst du die Nägel auf Arme und Beine. Die vorderen M-Glieder der 14. Rd des Körpers behäkelst du einmal rundherum mit 1 fM + 1 Lm in Petal Peach 8. Den Faden abschneiden und vernähen. Mit Old Rose schlägst du 95 Lm an und bindest die Lm-Kette als Schleife um den Hals.

6

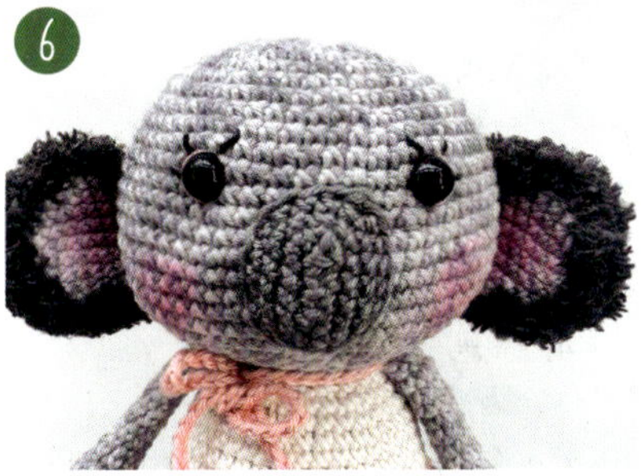

7

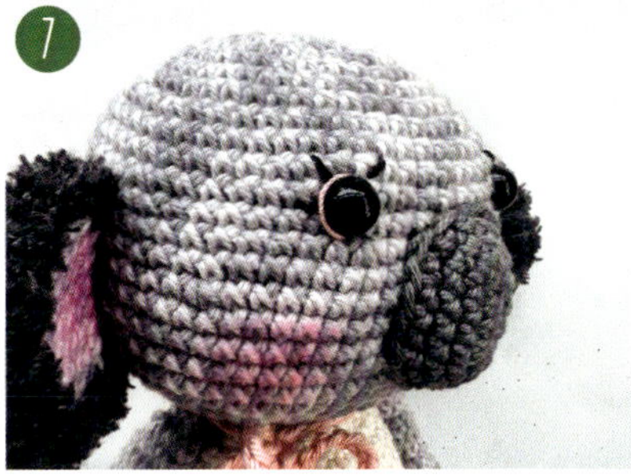

8

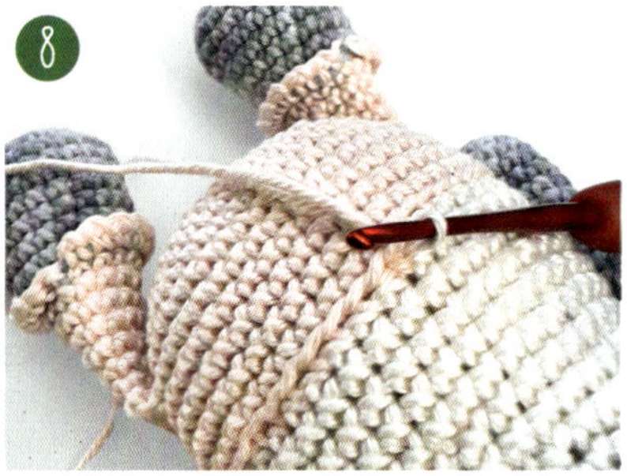

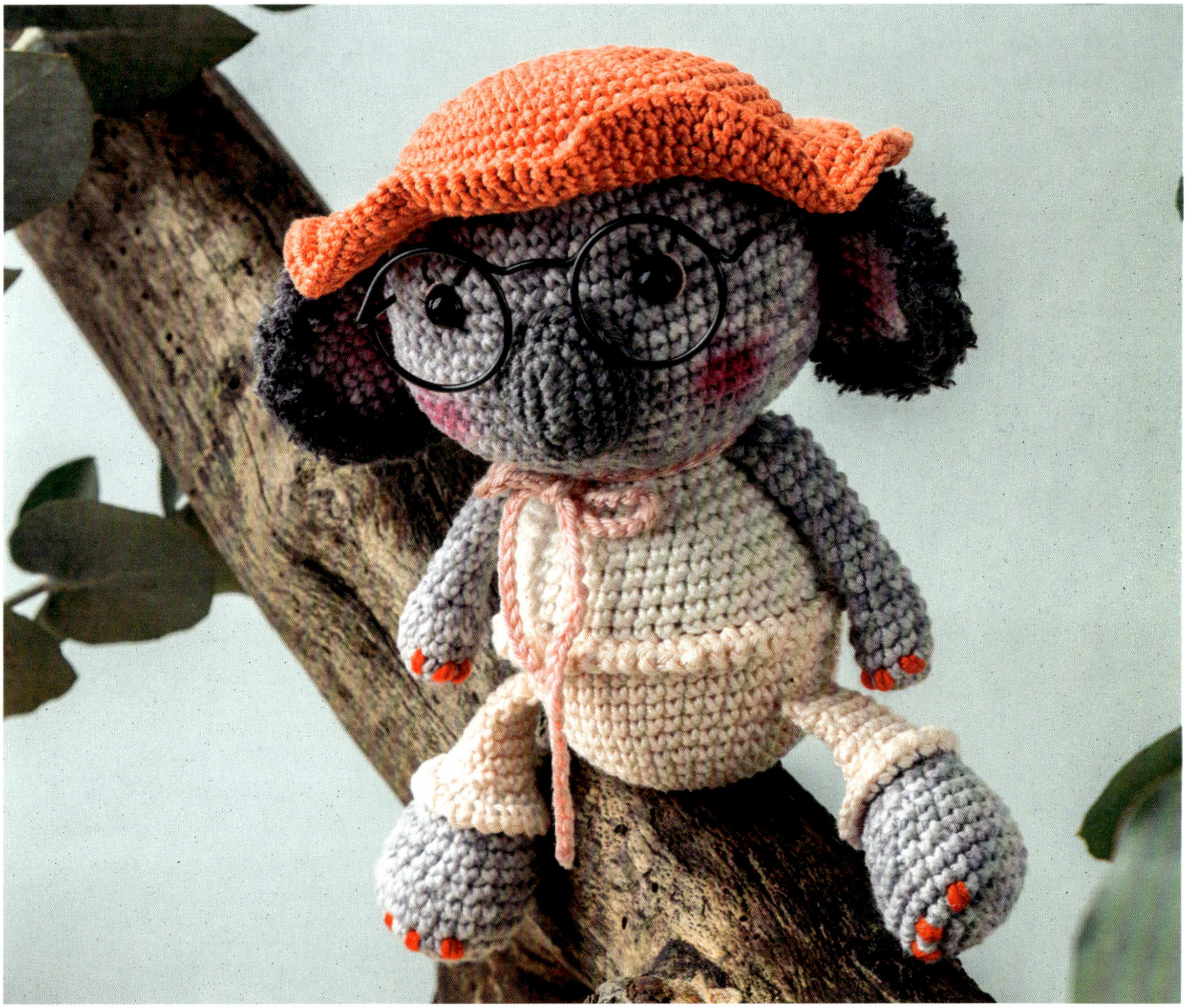

WASCHBÄRIN Käthe

Käthe ist eine Langschläferin. Nach dem Ausschlafen kümmert sie sich täglich um die Reinigung im Baumhaus. Auf Käthe ist Verlass! Sehr gründlich putzt sie in jeder Ecke und sorgt für Ordnung.

GRÖSSE

Bei Verwendung der angegebenen Materialien wird Käthe ca. 16 cm groß.

MATERIAL

SCHEEPJES CATONA
(100 % Baumwolle LL 125 m/50 g) in
Metal Grey (Fb 242), 35 g
Schwarz (Fb 110), 5 g
Creme (Fb 130), Rest
Rose Wine (Fb 396), Rest
English Tea (Fb 404), Rest

SCHEEPJES STONE WASHED
(78 % Baumwolle, 22 % Acryl) in
Schwarz (Fb 803), 7 g

SCHEEPJES RIVER WASHED
(78 % Baumwolle, 22 % Acryl) in
Pink (Fb 943),14 g

Sicherheitsaugen Ø 6 mm
Häkelnadel 2,0 mm
Häkelnadel 2,5 mm
Füllwatte
Stecknadeln
Wollnadel
Maschenmarkierer
Schere
Rouge
Optional: Drahtbrille 6,5 cm, Zahnbürste aus Holz

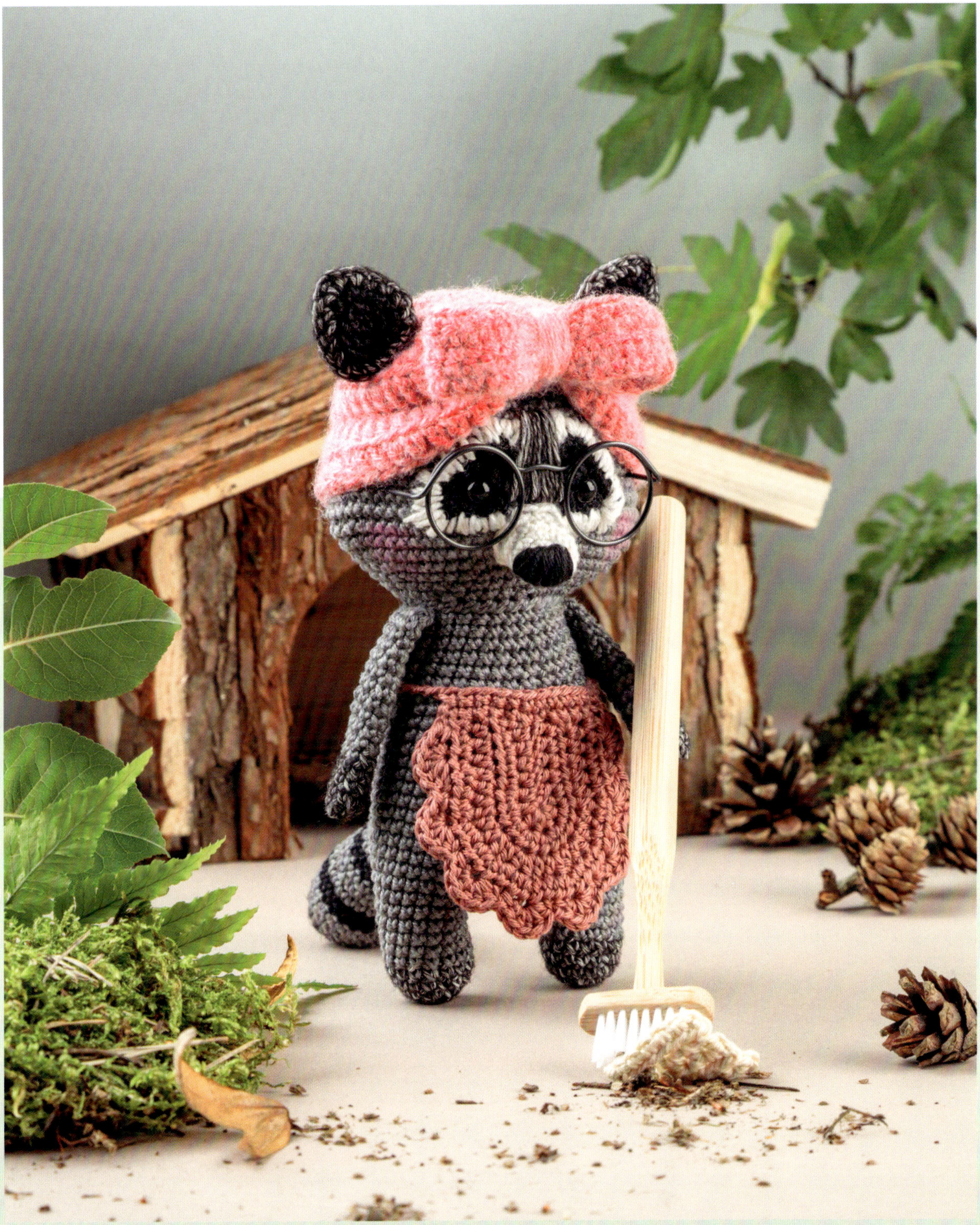

So wird's gemacht

Es wird, wenn nicht anders angegeben, in Spiral-Rd gehäkelt. Denke schon während des Häkelns daran, die Teile nach und nach mit Watte zu füllen.

ARM

(2x, in Stone Washed Schwarz und Metal Grey)

Die Arme werden nicht gefüllt. Beginne mit Stone Washed.

1. Rd: 6 fM in einen Fadenring arbeiten.

2. Rd: *2 fM, 1 M zun*, von * bis * noch 1x wdh [8].

3.–5. Rd: 8 fM häkeln.

Fb-Wechsel zu Metal Grey.

6.–16. Rd: 8 fM häkeln.

Die Öffnung häkelst du mit 4 fM zusammen. Den Faden abschneiden und vernähen oder später miteinhäkeln.

SCHWANZ

(in Stone Washed Schwarz, Metal Grey und Catona Schwarz)

1. Rd: 6 fM in einen Fadenring arbeiten.

2. Rd: *1 fM, 1 M zun*, von * bis * noch 2x wdh [9].

3. Rd: *2 fM, 1 M zun*, von * bis * noch 2x wdh [12].

4. Rd: *1 fM, 1 M zun*, von * bis * noch 5x wdh [18].

5. Rd: *2 fM, 1 M zun*, von * bis * noch 5x wdh [24].

Fb-Wechsel zu Metal Grey.

6.–8. Rd: 24 fM häkeln.

Fb-Wechsel zu Schwarz.

9.–10. Rd: 24 fM häkeln.

Fb-Wechsel zu Metal Grey.

11. Rd: 24 fM häkeln.

12. Rd: *2 fM, 1 M abn*, von * bis * noch 5x wdh [18].

13. Rd: 18 fM häkeln.

Fb-Wechsel zu Schwarz.

14.–15. Rd: 18 fM häkeln.

Fb-Wechsel zu Metal Grey.

16.–18. Rd: 18 fM häkeln.

Fb-Wechsel zu Schwarz.

19.–20. Rd: 18 fM häkeln.

Fb-Wechsel zu Metal Grey.

21. Rd: 18 fM häkeln.

22. Rd: *1 fM, 1 M abn*, von * bis * noch 5x wdh [12].

23. Rd: 12 fM häkeln.

Die Öffnung häkelst du mit 6 fM zusammen. Den Faden abschneiden und vernähen oder später miteinhäkeln (1).

1

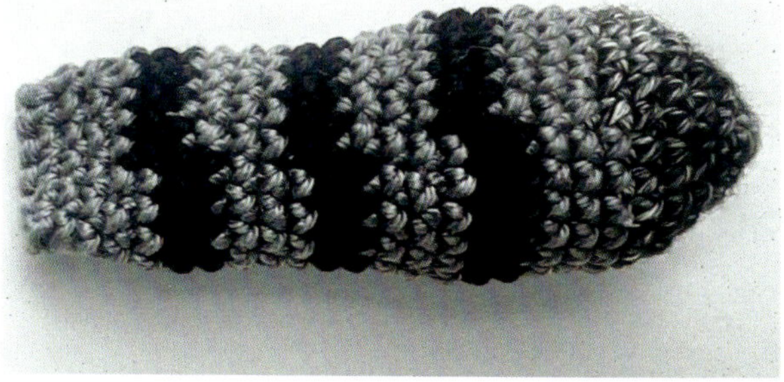

BEIN

(2x, in Stone Washed Schwarz und Metal Grey)

Beginne mit Stone Washed.

1. Rd: 6 fM in einen Fadenring arbeiten.

2. Rd: 6x 1 M zun [12].

3. Rd: *2 fM, 1 M zun*, von * bis * noch 3x wdh [16].

4.–5. Rd: 16 fM häkeln.

Fb-Wechsel zu Metal Grey.

6.–9. Rd: 16 fM häkeln.

Faden beim 1. Bein abschneiden und vernähen oder später miteinhäkeln. Beim 2. Bein den Faden nicht abschneiden, du häkelst direkt mit dem Körper weiter.

Körper

(in Metal Grey)

Um die beiden Beine nun miteinander zu verbinden, häkelst du eine Lm-Kette aus 7 Lm. Achte darauf, dass sich die Lm-Kette nicht verdreht. Häkle seitlich in das 1. Bein.

1. Rd: 16 fM ins 1. Bein, 7 fM in die Lm-Kette, 16 fM ins 2. Bein, 7 fM in die Lm-Kette [46].

2. Rd: *11 fM, 1 M zun, 10 fM, 1 M zun*, von * bis * noch 1x wdh [50].

3.–9. Rd: 50 fM häkeln.

10. Rd: *10 fM, 1 M abn, 11 fM, 1 M abn*, von * bis * noch 1x wdh [46].

11. Rd: 46 fM häkeln.

In der 12. Rd häkelst du den Schwanz mit ein. Er liegt hinten mittig. Ggf. musst du die M-Aufteilung vor und nach dem Einhäkeln des Schwanzes etwas anpassen.

12. Rd: 38 fM, Schwanz mit 6 fM, 2 fM [46].

13. Rd: 46 fM häkeln.

14. Rd: *10 fM, 1 M abn, 9 fM, 1 M abn*, von * bis * noch 1x wdh [42].

15. Rd: 42 fM häkeln.

16. Rd: *9 fM, 1 M abn, 8 fM, 1 M abn*, von * bis * noch 1x wdh [38].

17.–18. Rd: 38 fM häkeln.

19. Rd: *7 fM, 1 M abn, 8 fM, 1 M abn*, von * bis * noch 1x wdh [34].

20. Rd: 34 fM häkeln.

21. Rd: *6 fM, 1 M abn, 7 fM, 1 M abn*, von * bis * noch 1x wdh [30].

22.–23. Rd: 30 fM häkeln.

24. Rd: *13 fM, 1 M abn*, von * bis * noch 1x wdh [28].

25. Rd: 28 fM häkeln.

In der 26. Rd häkelst du die Arme mit ein. Ggf. musst du die M-Aufteilung vor und nach dem Einhäkeln der Arme etwas anpassen. Zwischen den Armen liegen vorne 9 fM.

26. Rd: 6 fM, 1. Arm mit 4 fM, 9 fM, 2. Arm mit 4 fM, 5 fM [28].

Den Faden lang abschneiden und zum späteren Annähen des Kopfs nutzen.

Kopf

(in Metal Grey)

Der Kopf wird erst bei Fertigstellung gefüllt.

1. Rd: 7 fM in einen Fadenring arbeiten.

2. Rd: 7x 1 M zun [14].

3. Rd: *1 fM, 1 M zun*, von * bis * noch 6x wdh [21].

4. Rd: *2 fM, 1 M zun*, von * bis * noch 6x wdh [28].

5. Rd: *1 M zun, 3 fM*, von * bis * noch 6x wdh [35].

6. Rd: *4 fM, 1 M zun*, von * bis * noch 6x wdh [42].

7. Rd: 42 fM häkeln.

8. Rd: *2 fM, 1 M zun, 3 fM*, von * bis * noch 6x wdh [49].

9.–12. Rd: 49 fM häkeln.

13. Rd: *6 fM, 1 M zun*, von * bis * noch 6x wdh [56].

14. Rd: 56 fM häkeln.

Die Zun in den folgenden Rd liegen seitlich am Kopf. Ggf. musst du die M-Aufteilung etwas anpassen.

15. Rd: 13 fM, 1 M zun, 28 fM, 1 M zun, 13 fM [58].

16. Rd: 13 fM, 2x 1 M zun, 28 fM, 2x 1 M zun, 13 fM [62].

17. Rd: 13 fM, 1 M zun, 1 fM, 2x 1 M zun, 28 fM, 2x 1 M zun, 1 fM, 1 M zun, 13 fM [68].

18. Rd: 16 fM, 1 M zun, 34 fM, 1 M zun, 16 fM [70].

So geht's weiter

19. Rd: 15 fM, 2x 1 M abn, 32 fM, 2x 1 M abn, 15 fM [66].

20. Rd: 14 fM, 2x 1 M abn, 30 fM, 2x 1 M abn, 14 fM [62].

21. Rd: 12 fM, 3x 1 M abn, 26 fM, 3x 1 M abn, 12 fM [56].

22. Rd: *6 fM, 1 M abn*, von * bis * noch 6x wdh [49].

23. Rd: *5 fM, 1 M abn*, von * bis * noch 6x wdh [42].

24. Rd: *2 fM, 1 M abn, 2 fM*, von * bis * noch 6x wdh [35].

25. Rd: *1 M abn, 3 fM*, von * bis * noch 6x wdh [28].

Den Faden lang abschneiden und zum späteren Annähen an den Körper nutzen.

OHR

(2x, in Catona Schwarz und Stone Washed Schwarz)

Beginne mit Catona Schwarz.

1. Rd: 6 fM in einen Fadenring arbeiten.

2. Rd: *1 fM, 3 fM in 1 M*, von * bis * noch 2x wdh [12].

3. Rd: *2 fM, 1 M zun, 1 fM*, von * bis * noch 2x wdh [15].

Den Faden abschneiden und Rd unsichtbar beenden. Arbeite auf dieselbe Weise einen Kreis in Stone Washed Schwarz, schneide den Faden aber nicht ab. Du legst nun den Kreis in Catona Schwarz auf den Kreis in Stone Washed Schwarz, wobei die schöne Seite jeweils außen liegt, und häkelst die Außenkanten wie folgt zusammen:

4. Rd: 14 fM, 2 Lm, 1 fM [15].

Den Faden lang abschneiden. Die 2 Lm bilden die Ohrspitze, du musst also zum Annähen den Faden zur Ecke fädeln.

SCHNAUZE

(in Creme)

Schlage 4 Lm an. Achte darauf, dass sich die Lm-Kette nicht verdreht. Beginne in der 2. Lm von der Nd aus und häkle entlang beider Seiten der Lm-Kette in Rd wie folgt:

1. Rd: 2 fM, 3 fM in eine M, 1 fM, 1 M zun [8].

2. Rd: *1 fM, 1 M zun*, von * bis * noch 3x wdh [12].

3. Rd: *5 fM, 1 M zun*, von * bis * noch 1x wdh [14].

4.–5. Rd: 14 fM häkeln.

Den Faden lang abschneiden und zum späteren Annähen nutzen.

AUGENPARTIE

(2x, in Catona Schwarz)

Die Augenpartien werden in R gehäkelt. Das bedeutet, dass du die Arbeit nach jeder R wendest. Schlage 2 Lm an und beginne in der 2. Lm von der Nd aus:

1. R: 3 fM in 1 M, 1 Wende-Lm, Arbeit wenden [3].

2. R: 1 M zun, 1 fM, 1 M zun, 1 Wende-Lm, Arbeit wenden [5].

3. R: 1 M zun, 3 fM, 1 M zun, 1 Wende-Lm, Arbeit wenden [7].

4. R: 1 M zun, 5 fM, 1 M zun [9].

Den Faden lang abschneiden und zum späteren Annähen an den Kopf nutzen.

TURBAN

(in Pink)

Benutze eine Häkelnadel 2,5 mm. Arbeite in geschlossenen Rd. Das bedeutet, dass du jede Rd mit 2 Lm beginnst und mit 1 Km ins erste Stb beendest.

1. Rd: 12 Stb in einen Fadenring arbeiten, 1 Km [12].

2. Rd: 2 Lm, 12x 1 Stb zun, 1 Km [24].

3. Rd: 2 Lm, *1 Stb, 1 Stb zun*, von * bis * noch 11x wdh, 1 Km [36].

4. Rd: 2 Lm, *5 Stb ihM, 1 Stb ihM zun*, von * bis * noch 5x wdh, 1 Km [42].

5. Rd: 2 Lm, *3 Stb ivM, 1 Stb ivM zun, 3 Stb*, von * bis * noch 5x wdh, 1 Km [48]

6. Rd: 2 Lm, 48 Stb ihM, 1 Km häkeln [48].

7. Rd: 2 Lm, 48 Stb ivM, 1 Km häkeln [48].

8. Rd: 2 Lm, 48 Stb ihM, 1 Km häkeln [48] (2).

Den Faden abschneiden und vernähen [48].

Für die Schleife schlägst du 37 Lm an. Achte darauf, dass sich die Lm-Kette nicht verdreht. Beginne in der 2. Lm von der Nd aus und häkle in R wie folgt:

1.–5. R: 36 fM, 1 Wende-Lm, Arbeit wenden.

Faden sehr lang abschneiden. Arbeit an den beiden kurzen Seiten zusammennähen. Um die Schleife zu formen, musst du mittig den langen Faden ein paar Mal darum herumwickeln (3). Die Naht, die durch das Zusammennähen entstanden ist, liegt hinten mittig.

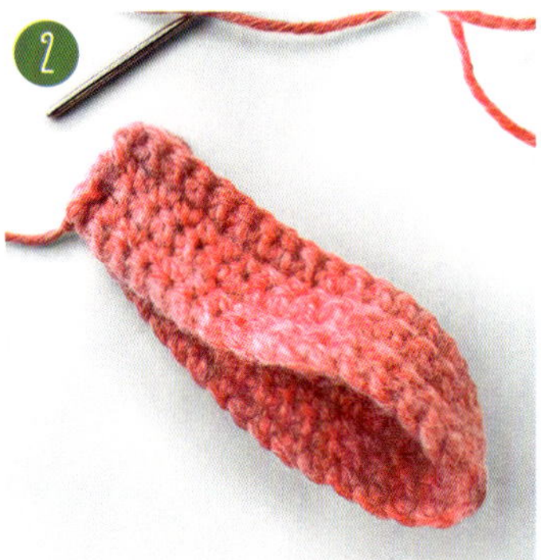

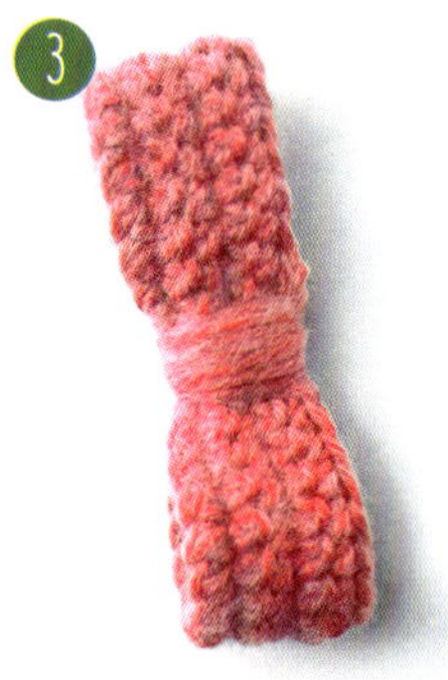

SCHÜRZE

(in Rose Wine)

Schlage 8 Lm an. Achte darauf, dass sich die Lm-Kette nicht verdreht. Beginne in der 3. Lm von der Nd aus und häkle in R entlang beider Seiten der Lm-Kette wie folgt:

1. R: 5 hStb, 6 hStb in 1 M, 5 hStb, 2 Wende-Lm, Arbeit wenden [16].

2. R: 5 hStb, 6x hStb zun, 5 hStb, 2 Wende-Lm, Arbeit wenden [22].

3. R: 5 hStb, *1 hStb zun, 1 hStb*, von * bis * noch 5x wdh, 5 hStb, 2 Wende-Lm, Arbeit wenden [28].

4. R: 5 hStb, *1 hStb zun, 2 hStb*, von * bis * noch 5x wdh, 5 hStb, 1 Wende-Lm, Arbeit wenden [34].

5. R: 1 fM, 1 M überspringen, *5 hStb in 1 M, 1 M überspringen, 1 Km*, von * bis * noch 7x wdh, 1 fM [50].

Häkle nun einmal oben entlang der Kante 12 fM. Den Faden abschneiden und vernähen. Das Band zum Binden der Schürze häkelst du wie folgt: Schlage 30 Lm an. Achte darauf, dass sich die Lm-Kette nicht verdreht, 12 fM in die obere Kante der Schürze, 30 Lm. Den Faden durchziehen und abschneiden (4).

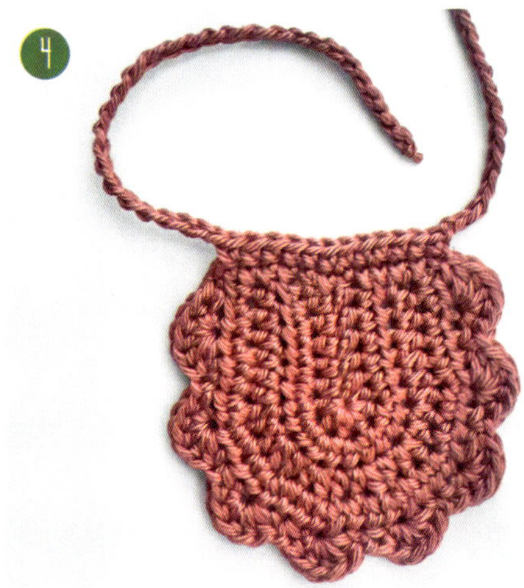

SPÜLLAPPEN

(in English Tea)

Schlage 8 Lm an. Achte darauf, dass sich die Lm-Kette nicht verdreht.
Beginne in der 3. Lm von der Nd aus und häkle in R wie folgt:

1.–4. R: 6 hStb, 1 Wende-Lm, Arbeit wenden [6].

5. R: 6 hStb häkeln.

Den Faden abschneiden und vernähen.

So geht's weiter

Fertigstellung

Stelle zuerst den Kopf fertig. Die Augenpartien nähst du vorne fest. Sie enden mit einer Kante zwischen der 7. und 8. Rd des Kopfs (von unten gezählt). Zwischen den anderen Kanten der Partien liegen 5 sichtbare M unten. Nach oben verlaufen sie etwas zueinander. Die Sicherheitsaugen platzierst du mittig in den Augenpartien 5. Mit Creme stickst du ungleichmäßig den hellen Rand um die Augenpartien. Führe dafür den Faden leicht schräg ein paar Mal über 2 oder 3 Rd 6. Auf die Schnauze stickst du die Nase mit schwarzem Garn. Führe den Faden mehrmals von oben nach unten durch die M. Die Schnauze nähst du anschließend mittig zwischen den Augenpartien fest. Sie wird leicht mit Füllwatte gefüllt, bevor du die letzten Stiche machst. Achte darauf, dass sie eher platt und nicht vollrund angenäht wird 7. Über die Schnauze bis hoch zu den weißen Umrandungen der Augenpartien stichst du ein paar Mal mit dem Faden in Stone Washed den letzten Akzent zwischen den Augen auf. Stopfe den Kopf gleichmäßig und fest mit Füllwatte und verbinde dann Kopf und Körper, indem du beide Teile durch alle 28 M zusammennähst. Den Turban kannst du vorne durch das abwechselnde Häkeln ihM und ivM zusammenlegen. Nähe diese Positon mit ein paar Stichen in River Washed fest 8 9 10 11. Die Schleife platzierst du vorne mittig. Die Ohren nähst du auf dem Turban zwischen der 4. und 5. Rd mit der schwarzen Seite nach vorne fest. Führe den Faden für mehr Festigkeit auch durch den Kopf 12. Binde die Schürze um den Bauch. Wenn du möchtest, benutzt du für die Wange etwas Rouge und setzt Käthe eine Brille auf. Ich habe den Besen aus einer Zahnbürste gebastelt. Säge dafür den Bürstenkopf ab, schleife ihn und klebe ihn mit dem Handstück zusammen. Den Spüllappen kannst du über die Schürze hängen.

5
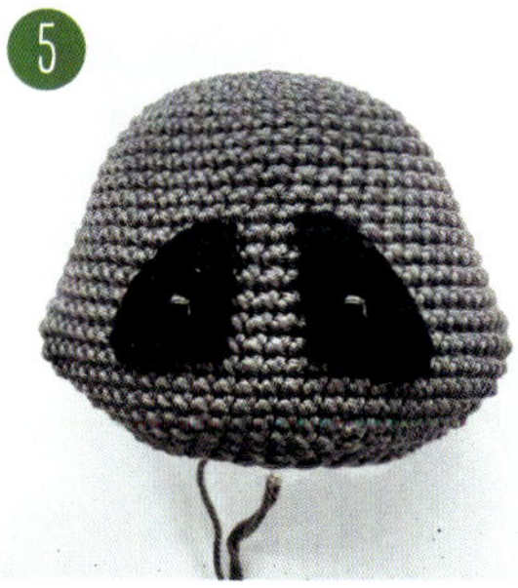

6
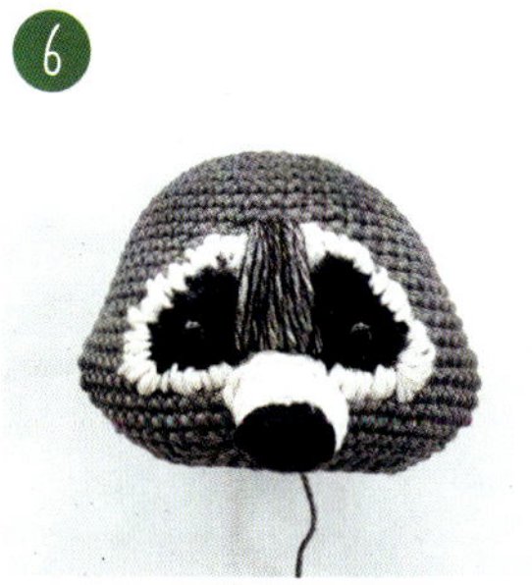

7
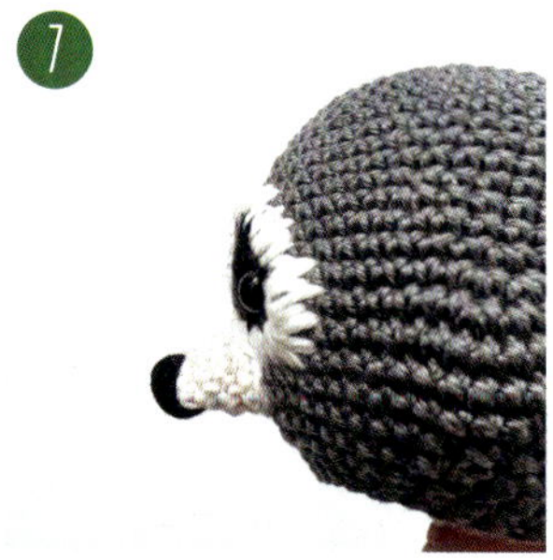

8
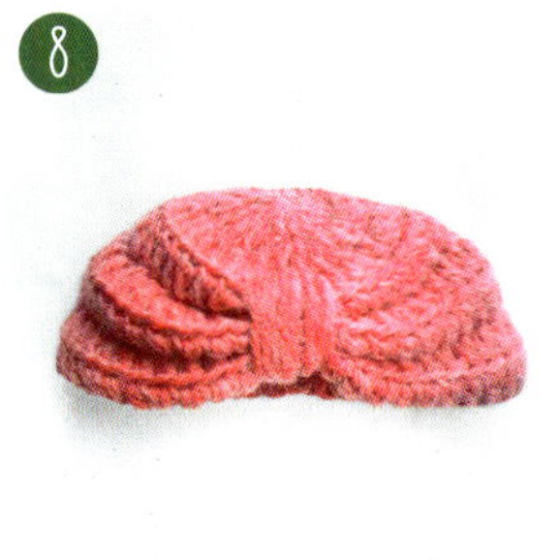

9
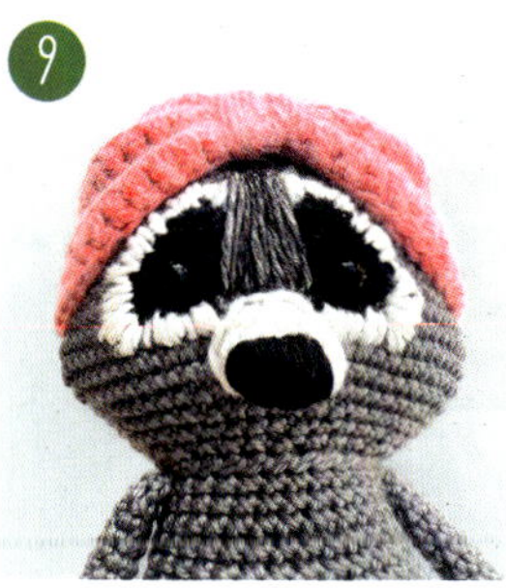

10
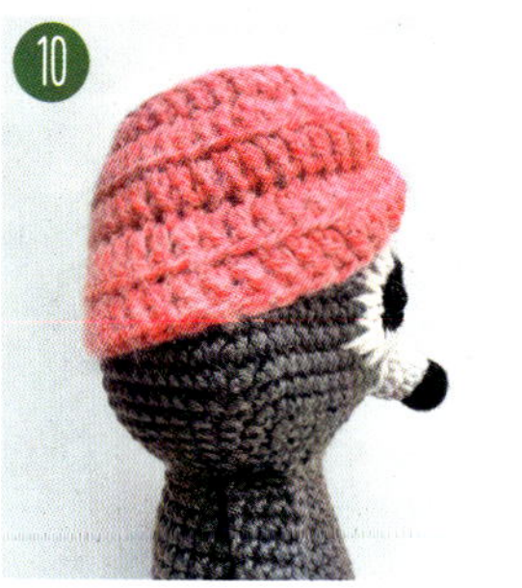

11
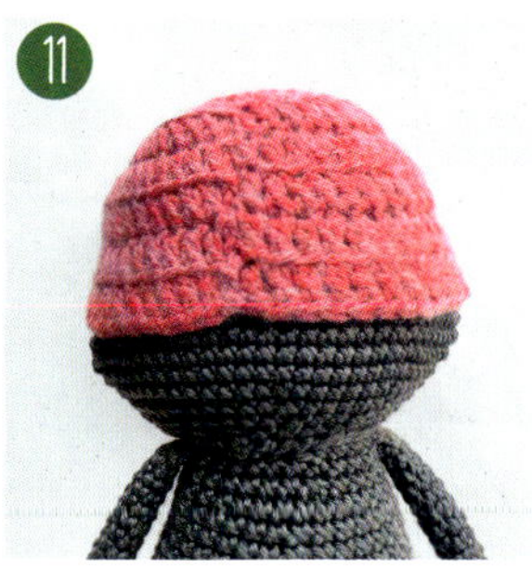

12
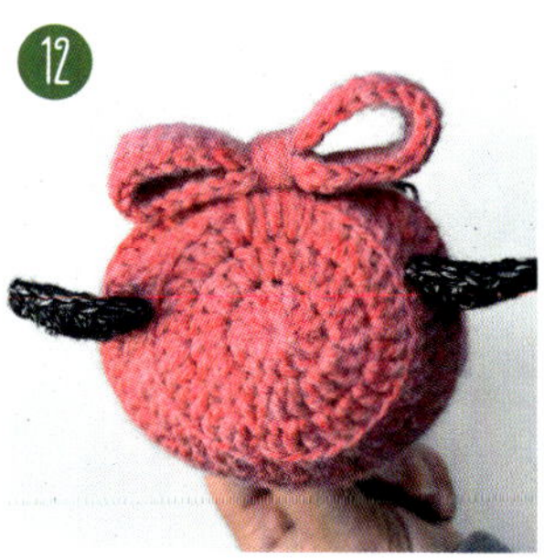

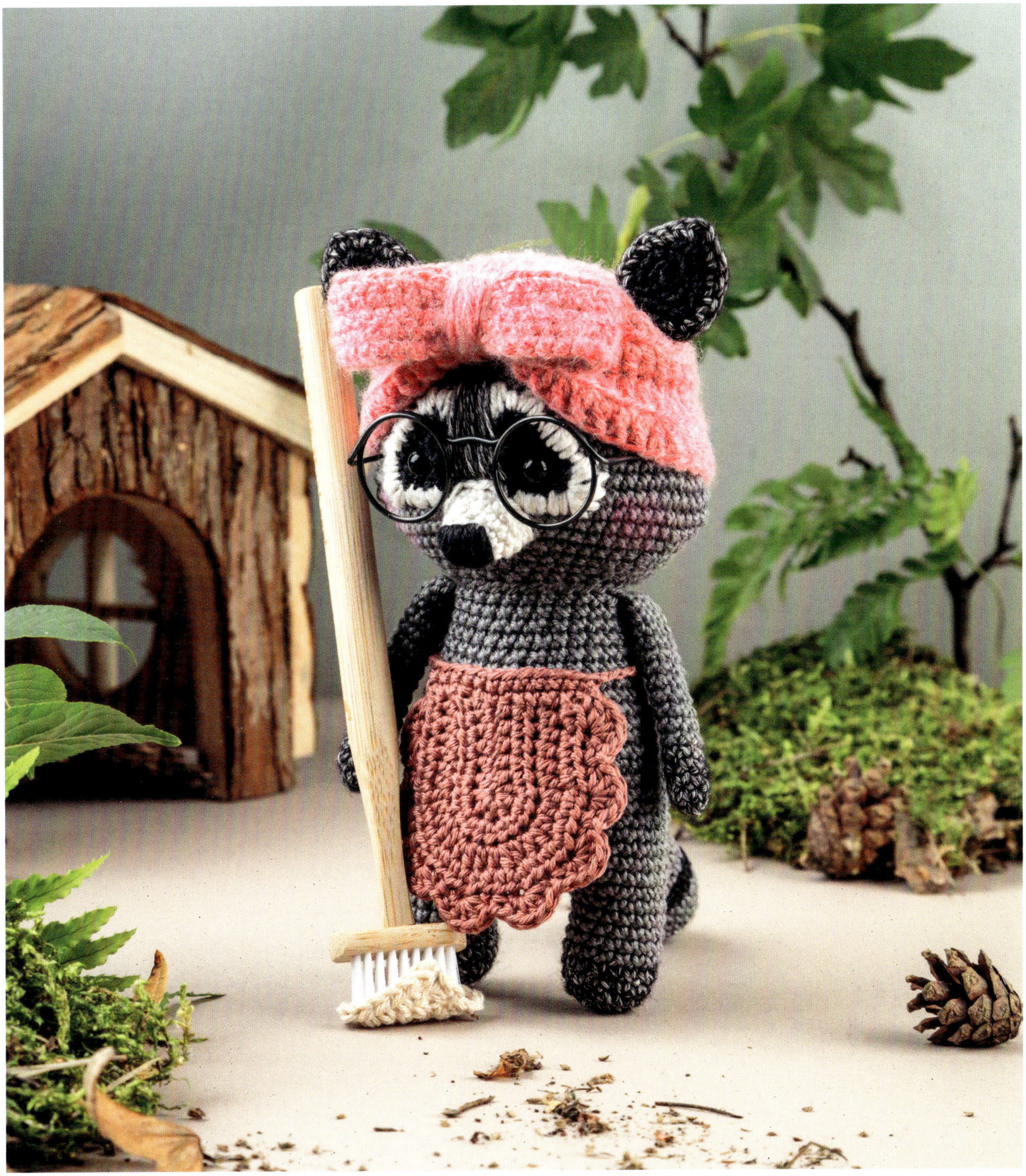

Eichhörnchen Benno

Benno liebt das Wandern. Jeden Morgen steht er früh auf und dreht eine große Runde im Wald. Außerdem kümmert er sich um die Reparaturarbeiten im Baumhaus. Die „Hausmeistertätigkeit" bereitet ihm Freude, denn das handwerkliche Arbeiten weckt seine Kreativität.

Grösse

Bei Verwendung der angegebenen Materialien wird Benno ca. 18 cm groß.

Material

SCHEEPJES CATONA
(100 % Baumwolle LL 125 m/50 g) in
Light Navy (Fb 164), 12 g

SCHACHENMAYR CATANIA
(100 % Baumwolle, LL 125 m/50 g) in
Fuchs (Fb 426), 32 g
Zartbitter (Fb 415), Rest

Stickgarn in Weiß
Häkelnadel 2,0 mm
(Holz-)Knopf ø 8 mm
Stoffstück 10x10 cm
Acrylfarbe in Weiß (oder Kajalstift)
Pinsel
Nähgarn in Weiß
Nähnadel
Maschenmarkierer
Füllwatte
Stecknadeln
Wollnadel
Schere
dunkles Rouge

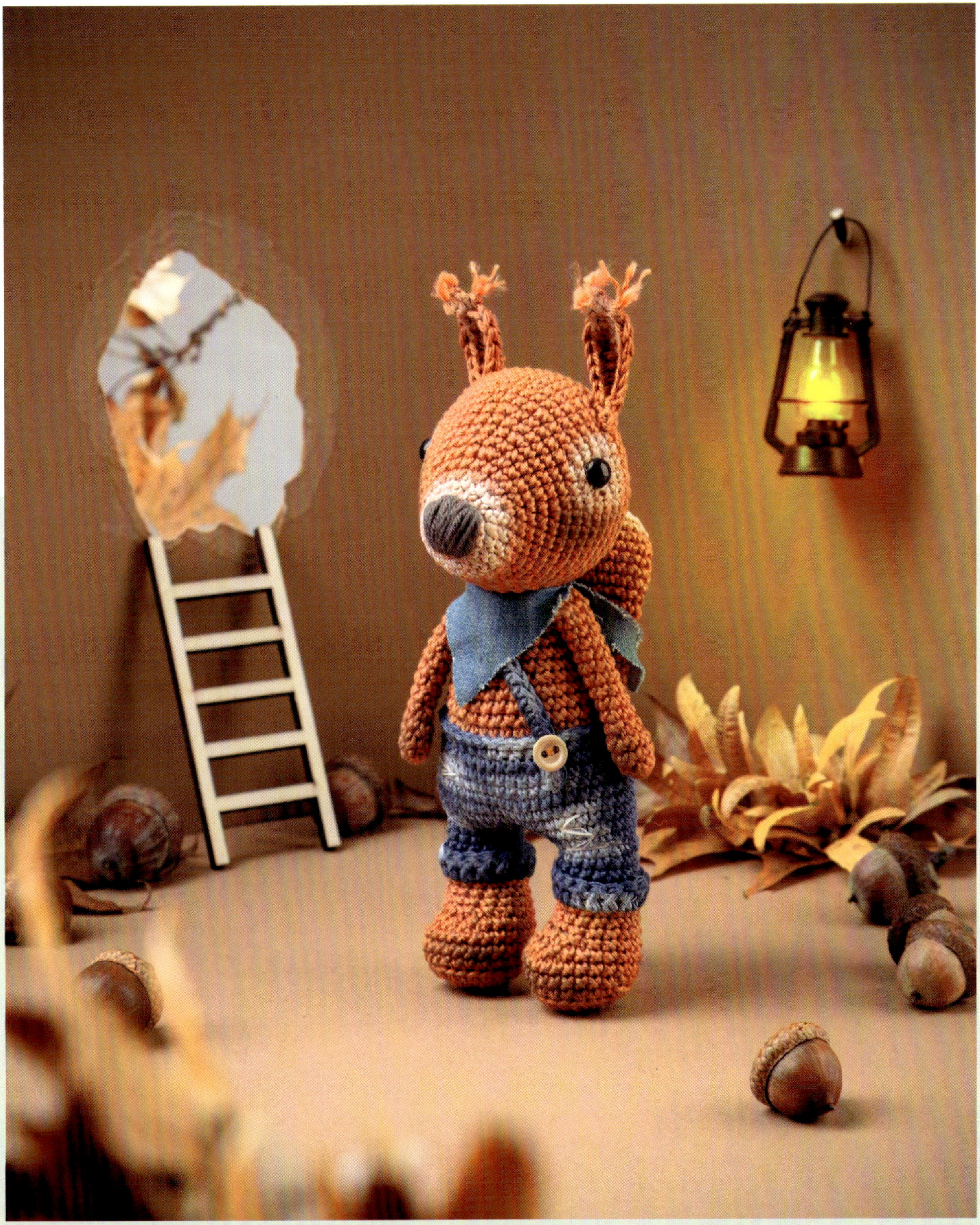

So wird's gemacht

Es wird, wenn nicht anders angegeben, in Spiral-Rd gehäkelt. Denke schon während des Häkelns daran, die Teile nach und nach mit Watte zu füllen.

ARM

(2x, in Fuchs)

Die Arme werden nicht mit Watte gefüllt.

1. Rd: 6 fM in einen Fadenring arbeiten.

2. Rd: *1 fM, 1 M zun*, von * bis * noch 2x wdh [9].

3.–4. Rd: 9 fM häkeln.

5. Rd: 2 fM, 2x 1 M abn, 3 fM [7].

6.–15. Rd: 7 fM häkeln.

Die Öffnung häkelst du mit 3 fM zusammen. Den Faden abschneiden und vernähen oder später miteinhäkeln.

SCHWANZ

(in Fuchs)

Der Schwanz wird nicht mit Watte gefüllt.

1. Rd: 6 fM in einen Fadenring arbeiten.

2. Rd: 6x 1 M zun [12].

3. Rd: *1 fM, 1 M zun*, von * bis * noch 5x wdh [18].

4. Rd: *2 fM, 1 M zun*, von * bis * noch 5x wdh [24].

5.–13. Rd: 24 fM häkeln.

14. Rd: *2 fM, 1 M abn*, von * bis * noch 5x wdh [18].

15.–20. Rd: 18 fM häkeln.

21. Rd: *7 fM, 1 M abn*, von * bis * noch 1x wdh [16].

22.–23. Rd: 16 fM häkeln.

24. Rd: *6 fM, 1 M abn*, von * bis * noch 1x wdh [14].

25. Rd: 14 fM häkeln.

Die Öffnung häkelst du mit 7 fM zusammen. Den Faden abschneiden und vernähen oder später miteinhäkeln.

BEIN

(2x, in Fuchs und Light Navy)

Beginne mit Fuchs.

1. Rd: 6 fM in einen Fadenring arbeiten.

2. Rd: 6x 1 M zun [12].

3. Rd: *3 fM in 1 M häkeln, 4 fM, 3 fM in 1 M häkeln*, von * bis * noch 1x wdh [20].

4. Rd: 1 M zun, 8 fM, 2x 1 M zun, 8 fM, 1 M zun [24].

5. Rd: 24 fM ihM häkeln.

6.–7. Rd: 24 fM häkeln.

8. Rd: 8 fM, 4x 1 M abn, 8 fM [20].

9. Rd: 6 fM, 4x 1 M abn, 6 fM [16].

10.–12. Rd: 16 fM häkeln.

Fb-Wechsel zu Light Navy. Lass einen ca. 120 cm langen Anfangsfaden stehen und ziehe diesen nach außen.

13. Rd: 6 fM ihM häkeln.

14.–16. Rd: 16 fM häkeln.

Den Faden beim 1. Bein abschneiden und vernähen oder später miteinhäkeln. Mit dem langen Faden in Light Navy häkelst du nun einmal rundherum 16 Stb ivM der 13. Rd (1). Beim 2. Bein schneidest du den Faden nicht ab. Du häkelst im Anschluss direkt mit dem Körper weiter.

1

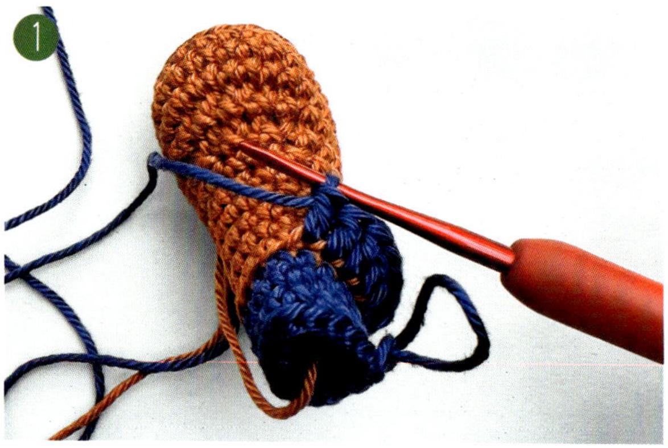

KÖRPER

(in Light Navy und Fuchs)

Um die beiden Beine nun miteinander zu verbinden, häkelst du am 2. Bein noch ca. 4 fM, damit das Ende dieser Rd seitlich und die Abn vorne liegen; und anschließend eine Lm-Kette aus 5 Lm. Achte darauf, dass sich die Lm-Kette nicht verdreht. Häkle seitlich in das 1. Bein, achte dabei darauf, dass auch dieses Bein die Rd-Übergänge hinten und Abn vorne hat.

1. Rd: 16 fM ins 1. Bein, 5 fM in die Lm-Kette, 16 fM ins 2. Bein, 5 fM in die Lm-Kette [42].

2. Rd: *6 fM, 1 M zun*, von * bis * noch 5x wdh [48].

3.-5. Rd: 48 fM häkeln.

In der 22. Rd häkelst du den Schwanz mit ein. Er liegt hinten mittig. Ggf. musst du die M-Aufteilung vor und nach dem Einhäkeln des Schwanzes etwas anpassen.

6. Rd: 39 fM, Schwanz mit 7 fM, 2 fM [48].

7. Rd: *6 fM, 1 M abn*, von * bis * noch 5x wdh [42].

8. Rd: 42 fM häkeln.

9. Rd: *5 fM, 1 M abn*, von * bis * noch 5x wdh [36].

10. Rd: 36 fM häkeln.

Fb-Wechsel zu Rotbraun.

11. Rd: 36 fM ihM häkeln.

12. Rd: *4 fM, 1 M abn*, von * bis * noch 5x wdh [30].

13.-14. Rd: 30 fM häkeln.

15. Rd: *3 fM, 1 M abn*, von * bis * noch 5x wdh [24].

16.-17. Rd: 24 fM häkeln.

18. Rd: *2 fM, 1 M abn*, von * bis * noch 5x wdh [18].

19.-20. Rd: 18 fM häkeln.

In der 21. Rd häkelst du die Arme mit ein. Sie liegen seitlich auf einer Linie mit den Beinen. Ggf. musst du die M-Aufteilung vor und nach dem Einhäkeln der Arme etwas anpassen. Zwischen den Armen liegen vorne 5 fM.

21. Rd: 4 fM, 1. Arm mit 3 fM, 5 fM, 2. Arm mit 3 fM, 3 fM [18].

Den Faden lang abschneiden und zum späteren Annähen des Kopfs verwenden.

KOPF

(in Fuchs)

1. Rd: 6 fM in einen Fadenring arbeiten.

2. Rd: 6x 1 M zun [12].

3. Rd: *1 fM, 1 M zun*, von * bis * noch 5x wdh [18].

4.-5. Rd: 18 fM häkeln.

6. Rd: 6 fM, 3x 1 M zun, lege dir hier einen Markierungsfaden ein, 3x 1 M zun, 6 fM [24].

7. Rd: 24 fM häkeln.

8. Rd: *3 fM, 1 M zun*, von * bis * noch 5x wdh [30].

9. Rd: 30 fM häkeln.

10. Rd: *2 fM, 1 M zun, 2 fM*, von * bis * noch 5x wdh [36].

11. Rd: 36 fM häkeln.

12. Rd: *5 fM, 1 M zun*, von * bis * noch 5x wdh [42].

13. Rd: 42 fM häkeln.

14. Rd: *3 fM, 1 M zun, 3 fM*, von * bis * noch 5x wdh [48].

15.-19. Rd: 48 fM häkeln.

Die Sicherheitsaugen setzt du zwischen der 13. und 14. Rd ein. Sie haben einen Abstand von 18 sichtbaren M.

20. Rd: *3 fM, 1 M abn, 3 fM*, von * bis * noch 5x wdh [42].

21. Rd: 42 fM häkeln.

22. Rd: *5 fM, 1 M abn*, von * bis * noch 5x wdh [36].

23. Rd: 36 fM häkeln.

24. Rd: *2 fM, 1 M abn, 2 fM*, von * bis * noch 5x wdh [30].

So geht's weiter

25. Rd: 30 fM häkeln.

26. Rd: *3 fM, 1 M abn*, von * bis * noch 5x wdh [24].

27. Rd: *1 fM, 1 M abn, 1 fM*, von * bis * noch 5x wdh [18].

28. Rd: *1 fM, 1 M abn*, von * bis * noch 5x wdh [12].

29. Rd: 6x 1 M abn [6].

Den Faden abschneiden, die Öffnung unsichtbar schließen, den Faden vernähen.

OHR

(2x, in Fuchs)

Schlage eine Lm-Kette mit 9 Lm an und achte darauf, dass sich die Lm-Kette nicht verdreht. Beginne in der 2. Lm von der Nd aus und häkle wie folgt um die Lm-Kette herum: 1 fM, 1 hStb, 4 Stb, 1 DStb, 2 DStb + Picot aus 2 Lm + 2 DStb, 1 DStb, 4 Stb, 1 hStb, 1 fM.

Faden lang abschneiden. Ziehe oben ein paar Fäden durch, schneide sie kurz und franse das Garn etwas aus, indem du die einzelnen Fäden auseinanderziehst (2). Den Ohransatz zusammenfalten und mit einigen Stichen zusammennähen (3). Den Restfaden nutzt du zum Annähen an den Kopf.

2

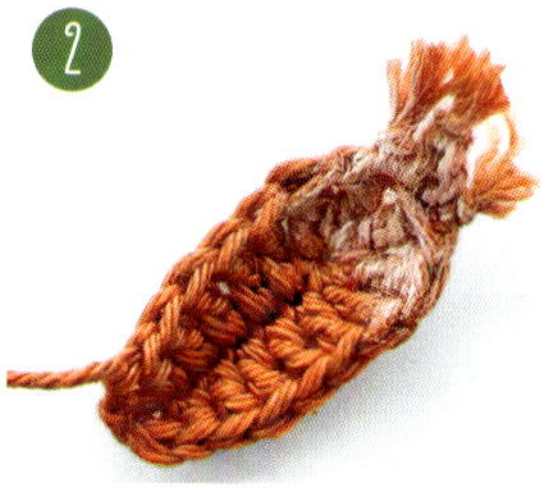

3

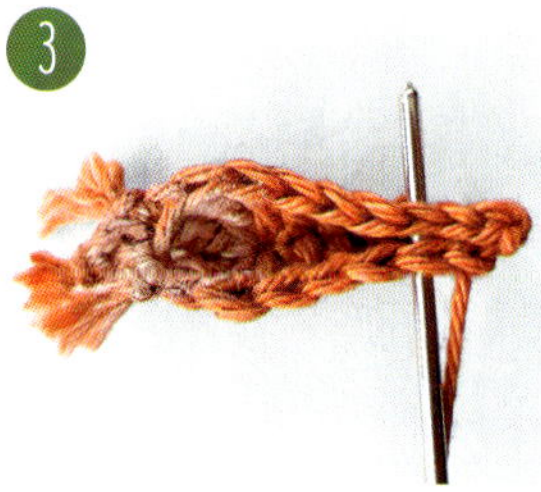

FERTIGSTELLUNG

Dein gesetzter Markierungsfaden hilft dir bei der Positionsfindung zum Annähen des Kopfs an den Körper. Benutze den lang abgeschnittenen Faden vom Körper und stopfe den Halsbereich noch einmal schön fest nach, damit der Kopf später nicht wackelt. Der Markierungsfaden liegt oben. Die Nase stickst du vorne über den Fadenring und der 2. Rd des Kopfs auf. Hierfür führst du den Faden in Zartbitter ein paar Mal von oben nach unten durch die M. Die Ohren liegen auf Höhe der 20. Rd; sie stehen nach oben. An den Augen setzt du mit weißem Stickgarn Akzente. Zur Fertigstellung der Hose schlägst du für den Träger 28 Lm an und häkelst ab der 2. M von der Nd aus 27 fM zurück. Lege ihn einmal von vorne nach hinten über eine Schulter und nähe ihn fest (4) (5). Vorne platzierst du den kleinen Knopf. Die Akzente stickst du mit weißem Nähgarn zickzackförmig auf die Hose auf. Den Schwanz legst du nach oben und nähst ihn mit ein paar Stichen am Rücken mittig fest. Den oberen Bereich wölbst du, sodass sich eine schöne Rundung ergibt (6). Abschließend tupfst du den Pinsel ganz leicht in die weiße Acrylfarbe und trägst diese um die Nase, um die Augen, an den Ohrspitzen, an der Schwanzspitze und auf der Hose auf (7). In dein Stoffstück schneidest du oben eine Rundung, damit sich ein Dreieck ergibt. Binde es um den Hals. Wenn du möchtest, benutze noch etwas dunkles Rouge für die Wangen, Arme und die Fußspitzen.

4

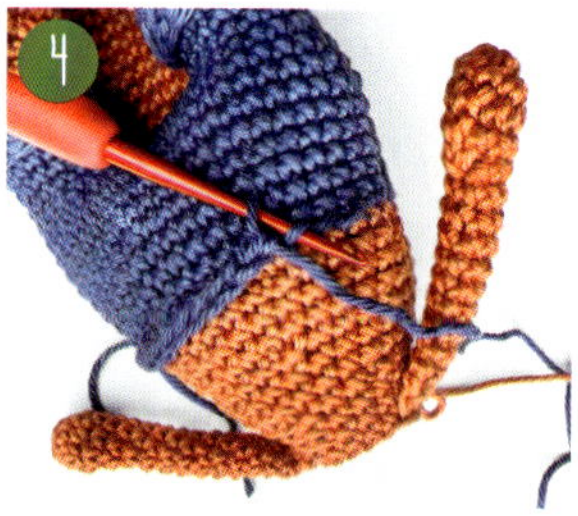

5

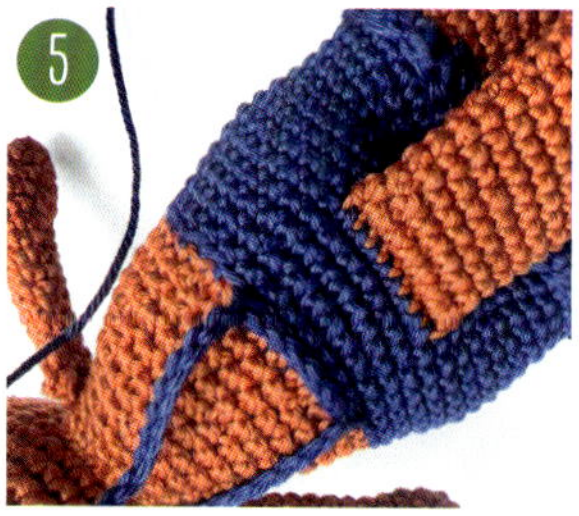

6

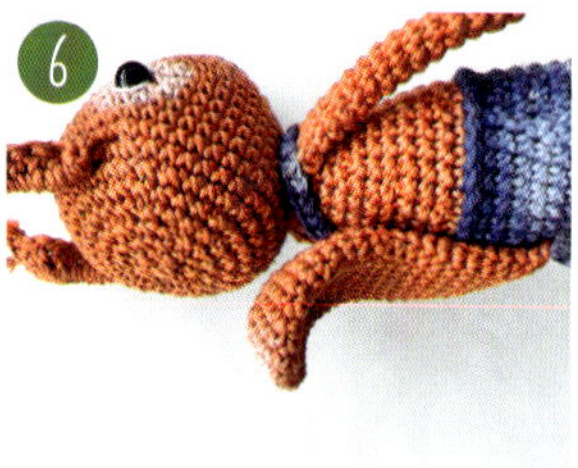

7

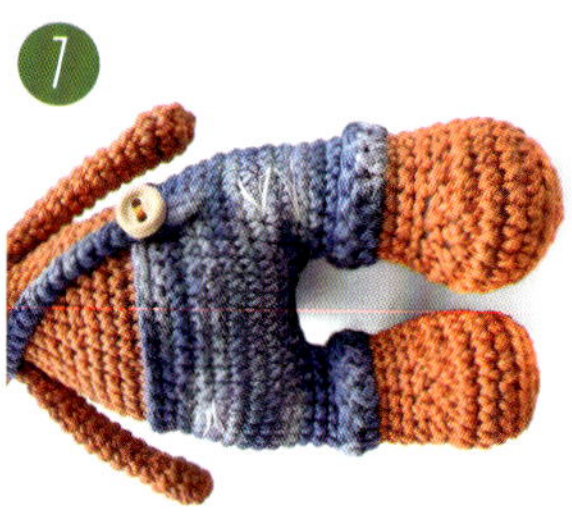

ÜBER DIE AUTORIN

Claudia Nikolenko designt leidenschaftlich gerne Amigurumis und Puppen, um einen Alltagsausgleich zu ihrem Beruf im Steuerrecht zu schaffen. Die 1985 in Rostock geborene Häklerin ist auf Instagram unter ihrem Label **@himbeersalz** unterwegs. Heute lebt sie mit ihrem Mann und zwei Kindern in Mecklenburg-Vorpommern.

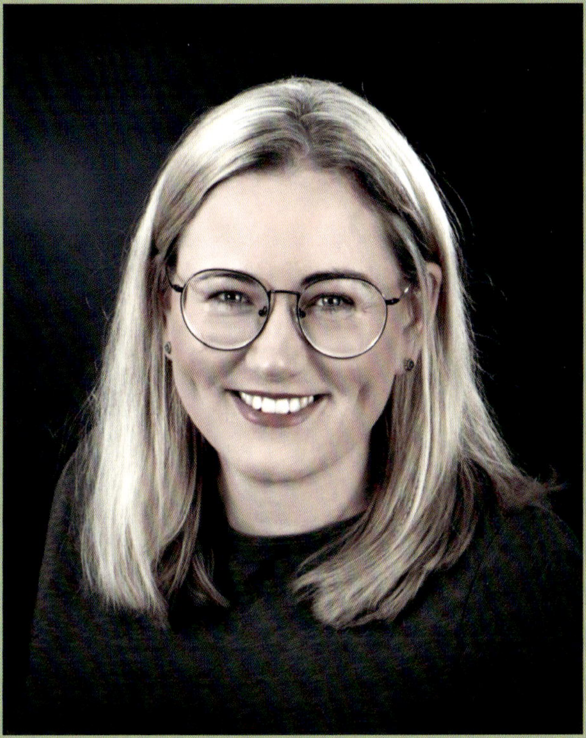

DANKSAGUNG

Mein allergrößter Dank gilt dem EMF-Verlag, Linda Urbannek und meinen Lektorinnen Lisa und Melanie. Liebe Linda, du hast mich geschubst und mir damit den letzten Anstoß zur Verwirklichung zu diesem Buch gegeben. Danke an Lisa und Melanie, die mich auf dem Weg bis zur Fertigstellung begleitet haben. Immer ehrlich und offen, immer hilfsbereit und unterstützend habt ihr mir jederzeit zur Seite gestanden. Für das entgegengebrachte Vertrauen und die grandiose Umsetzung gilt großer Dank dem EMF-Verlag!

Ebenfalls ein großes Dankeschön an die Kooperationen mit RicoDesign, Schachenmayr und Scheepjes. Danke für die großartigen Spenden! Darüber hinaus haben mich Alex, Oxana, Sabine, Alex und Petra so wertvoll unterstützt. Sie alle haben die Projekte auf Herz und Nieren getestet und standen mir als Testteam so wertschätzend zur Seite. Danke! Und Silke, meine liebe Kollegin, hat sich gemeinsam mit mir Gedanken zu den Umsetzungen gemacht. Danke, Silke! Es hat mir so viel Spaß mit dir gemacht! Zu guter Letzt und von ganzem Herzen möchte ich mich bei meinem Mann und unseren wundervollen Kindern Oscar und Anna bedanken. Ihr zeigt mir immer wieder, wie stolz ihr auf mich seid und unterstützt mich in jeder Hinsicht. Ich liebe euch! Dir, liebe*r Häkelfreund*in, danke ich für den Kauf meines Buches. Das ist für mich nicht selbstverständlich, das ist pure Freude. Ich hoffe, dass auch du diese Freude mit diesem Buch haben wirst!

IMPRESSUM

Bibliografische Information der Deutschen Bibliothek.

Die Deutsche Bibliothek verzeichnet diese Publikation in der Deutschen Nationalbibliografie.

Detaillierte bibliografische Daten sind im Internet über http://www.dnb.de/ abrufbar.

EIN BUCH DER EDITION MICHAEL FISCHER

1. Auflage 2024

Covergestaltung, Layout und Satz: Alexandra Wolf

Produktmanagement und Lektorat: Melanie Kowalski

Fotos: © Holger Albrich, Munchen (Coverfoto, S. 5), © SHOT Stills – Katja Schubert, München (Aufmacherfotos), © Claudia Nikolenko (Stepfotos), Shutterstock/© Netrun78 (S. 8), © Jana Weißpflog (Autorinnenfoto)

Illustrationen: Shutterstock/© Marish

ISBN 978-3-7459-2104-5

Gedruckt bei Polygraf Print, Čapajevova 44, 08001 Prešov, Slowakei

www.emf-verlag.de